陈力丹 / 主编

陈力丹带你读
新闻传播学经典

中国人民大学出版社
·北京·

写在前面

中国人民大学为鼓励本科生读书，要求各学科的理论基础课设置 1 学分的读书笔记作业。新闻学院的两门理论基础课"新闻理论"和"传播理论"都有这样的要求。我是这两门课的主讲教师之一，最初与其他教师一样，要求同学任选一本书，写出一篇 800 字以上的读书笔记，给个分数就完成了任务。但在批阅的时候发现，有些学生认真读了书，谈到读书对提升自己很有帮助，希望老师进一步指导。于是我开始有意识地组织同学读书，开列建议阅读的书目。为激励同学读书，我与《青年记者》杂志社联系，从 2011 年 8 月起，以我的名义开辟了一个"读新闻传播学书"专栏，每期组织 3 位（个别情况下 4 位）同学读同一本书，我写一则关于这本书的按语，3 位同学则从不同角度谈读这本书的体会。凡是愿意按照我建议的阅读书目写读书笔记的同学，自愿组合为 3 人组，我要求写 2 000 字以上而不是 800 字以上，3 人的主题要有所差别。我对学生的读书笔记逐字逐句地修改，删减到平均每篇 1 200 字。修改中，有的稿子需要与同学进行好几个来回的讨论。

由于读书笔记均为学生单独署名，所以尽管这个栏目花费了我很多精力，但在科研上是什么都不算的，属于自找的事情。我与《青年记者》杂志社谈好，我不要稿费，杂志社也不要向学生收取版面费。2015 年，杂志社通知我这个栏目办到当年 12 月为止。算下来持续做了 4 年 5 个月，我组织同学读了 53 本书，写了 53 则关于书的按语，共发表同学们的读书笔记 162 篇。读书笔记的作者，大多数是中国人民大学新闻学院的本科生（他们中的很多人后来成为硕士生和博士生），少数是硕士研究生，也有少量其他学院的本科生；还有个别河北大学、辽宁工业大学、渤海大学、浙江工商大学、中南财经政法大学、北京外国语大学的学生。

此栏目开办后，发表的第一组文章的第一篇被中央党校报纸《学习时报》全文转载，随后中央电视台《新闻联播》播出采访作者兰青的镜头。发表第 100 篇读书笔记时，《青年记者》发表一则纪念性的编者按。结束"读新闻传播学书"专栏时，该刊发表了我的《新闻传播学科文献基础》。

由于读什么书由我建议，故我考虑到了所读的书在本学科的影响和学术意义。所以，这些书的选择和关于这些书的读书笔记，对于在读的和未来的新闻传播学本科生、研究生，在读书方面会有一定引导意义。这里经过我的进一步筛选，将书目压缩到 41 部，新组织了 2 组我国新闻传播学界不熟悉的传播学格拉斯哥学派的两个系列书（共 5 本）的读书笔记（共 5 篇）。这样，本书共涉及关于 46 本书的 128 篇读书笔记，以飨年复一年踏入新闻传播学之门的学子们。

陈力丹

2016 年 2 月 11 日于时雨园

目 录 CONTENTS

"读新闻传播学书"的开栏按语 ………………………………………… /001

一、读马克思的论著

马克思:《评普鲁士最近的书报检查令》

阅读马克思的酣畅淋漓之感 ………………………………… 兰青/004

书报检查的三重内在矛盾 …………………………………… 李鹏南/007

杜绝一切非理性言行是不现实的 …………………………… 杜林芸/010

马克思:《黑格尔法哲学批判》

批判中的求实精神和人文主义 ……………………………… 王敏/013

破君主制,立民主制 ………………………………………… 黄泽民/015

人为主体与经验方法 ………………………………………… 李梓樱/017

二、从语言、文字到互联网

宋昭勋:《非言语传播学》

电子媒体如何发挥非言语传播的无限潜力 ………………… 徐可/022

电影中的身体语言 ················· 陈嘉仪/024

从新闻报道看非语言传播 ················· 穆雨薇/026

萨丕尔：《语言论》

语言的定义与起源 ················· 潘辰/029

语言与思维 ················· 黄哲雅/031

从网络语言的词汇发展看语言沿流 ················· 刘鑫怡/033

洛根：《字母表效应：拼音文字与西方文明》

字母表与西方人的思维 ················· 王玉琪/036

字母表对古希腊精神的影响 ················· 陈嘉懿/038

从《字母表效应》看媒介的效应 ················· 孙文烨/040

英尼斯：《传播的偏向》

重新审视"媒介与文明" ················· 杨智/043

互联网时代的传播偏向 ················· 张晗/045

政治传播视野中的《传播的偏向》 ················· 李多睿/047

麦克卢汉：《理解媒介——论人的延伸》

全新的《理解媒介》 ················· 魏薇/050

媒介改变了什么 ················· 李煜菲/052

不容乐观的传播科技的无限发展 ················· 李璐璐/054

莱文森：《软刃：信息革命的历史与未来》

从媒介早期发展看软决定论 ················· 周晏/057

软决定论与媒介批判 ················· 梁博宇/059

信息时代的人性回归 ················· 张燕祎/061

吴伯凡：《孤独的狂欢》

网络时代：一个人的狂欢 ················· 项一闪/064

谈交往 ……………………………………………… 吴悠/066

电视与网络的隐喻与现实 ……………………… 曾俊玮/068

胡泳：《众声喧哗》

共有媒体使公共空间私人化、私人空间公共化？ ………… 崔帅/071

互联网时代的"众声喧哗"是把双刃剑 ……………… 葛蔚宁/073

新媒体技术真的让普通人更有话语权了吗？ ………… 王硕/075

三、电视批判

艾英戈、金德：《至关重要的新闻——电视与美国民意》

网络时代对传统媒体议程设置的冲击波 ………………… 王晓颖/080

媒体的职责：新闻的真实与客观 ……………………… 潘骐畅/082

我们该做怎样的电视新闻？ …………………………… 李苑宜/084

布尔迪厄：《关于电视》

电视是什么 ……………………………………………… 朱航/087

窥见彼岸的深渊 ………………………………………… 王婧/089

批判的武器：《关于电视》 …………………………… 甘沁鑫/091

波斯曼：《娱乐至死》

从《娱乐至死》看 Web 2.0 时代的媒介隐喻 ……………… 许若溪/094

做痛苦的苏格拉底还是做快乐的猪 ……………………… 尚昊/096

谈《娱乐至死》的批判主义 …………………………… 蔡亦楠/098

格拉斯哥大学媒介小组："坏新闻"系列书

质疑"电视镜头不会撒谎" ……………………………… 李永文/101

坏新闻不是阴谋产物 …………………………………… 王娇阳/103

电视新闻不平衡和扭曲事实原因分析 ………………… 戴幼卿/105

格拉斯哥大学媒介小组："来自以色列的坏新闻"系列书

受众认知与公关策略 ……………………………………… 李曼莉/109

新闻无法达到绝对客观真实 ……………………………… 许文谦/111

四、传播现象

彼得斯：《交流的无奈》

送给全人类的礼物 ………………………………………… 常吉/118

爱是交流的希望 …………………………………………… 吴林峰/120

新媒体时代下"交流的无奈" ……………………………… 赖曾濂/122

李普曼：《舆论》

像通常那样，新闻界做了加工 …………………………… 李雨澄/125

多数新闻并不具备独立的知识 …………………………… 李湛/127

成见使我们安心 …………………………………………… 潘彩霞/129

伯内斯：《舆论的结晶》

舆论：自发的民意表达还是被操纵的产物？ …………… 杨艺/132

公关应塑造公共良心 ……………………………………… 王越/134

无知者难容异见 …………………………………………… 张千千/136

爱德华·霍尔：《无声的语言》

跨文化传播下的时间和空间 ………………[马来西亚] 林迎祥/139

关于《无声的语言》的学术分析 ………………………… 刘骏瑶/141

用霍尔的观点看环境媒体广告 …………………………… 龚喜谜缘/145

利贝斯、卡茨：《意义的输出》

从《达拉斯》看"文化帝国主义"的尴尬 ……………… 高翔/148

从跨文化传播角度解读《达拉斯》在日本的失败 ……… 张翔/150

从研究方法的视角看《意义的输出》 ……………………… 欧阳建东/152

麦库姆斯：《议程设置：大众媒介与舆论》

用实证调查的方法看传播效果 …………………………… 王畔/156

一种具有"生产力"的理论模式 ………………………… 张延泽/158

从《议程设置》看当今舆论把握 ………………………… 赵鲲绪/160

科瓦奇、罗森斯蒂尔：《真相》

辨别真相：可以被训练的洞察力 ………………………… 方音/163

六个辨别真相的环节 ……………………………………… 师文/165

洞察真相：新闻背后潜藏的利益 ………………………… 向笑楚/167

五、新闻生产与传播

舒德森：《发掘新闻》

新闻客观需要记者具备质疑精神 ………………………… 王蔚/172

解读"客观性"理想背后的现实 ………………………… 高一凡/174

从客观性的角度看新闻"故事化" ……………………… 刘慧/176

盖伊-塔奇曼：《做新闻》

我们如何"做新闻" ……………………………………… 金鸽/179

在新媒体时代做新闻 ……………………………………… 汤洋/181

做好新闻首先得拆散原有框架 …………………………… 赵小雨/183

科瓦齐、罗森斯蒂尔：《新闻的十大基本原则》

宏观微观两个层面看新闻 ………………………………… 陈国韵/187

"用核实进行约束" ……………………………………… 王娟/189

新闻——有目的地讲故事 ………………………………… 王振宇/191

梵·迪克:《作为话语的新闻》

新闻话语背后的社会认知 …………………………… 程雪莹/194

社会语境中的新闻话语与制作 …………………… 黄荣荣/196

新媒体的"新话语" ………………………………… 刘琳格/198

六、传播主体

勒庞:《乌合之众》

一本当之无愧的名著 ………………………………… 孙瑞/204

群体特征与个体表现 ………………………………… 王琪/207

做社会的良心 ……………………………………… 曹沙/209

莫斯科维奇:《群氓的时代》

领袖是如何炼成的? ………………………………… 赵重睿/213

群体之殇 …………………………………………… 樊欣然/215

《群氓的时代》的传播学启迪 ……………………… 杨若曦/217

霍弗:《狂热分子——群众运动圣经》

《狂热分子》的启示 ………………………………… 吴尚蔚/221

失意,"狂热分子"的诞生 ………………………… 杨晴/223

群众运动中的狂热心灵 …………………………… 杨志强/225

麦奎尔:《受众分析》

结构严谨的《受众分析》 …………………… [韩国] 姜旼秀/228

全媒体环境下的新闻受众 ………………………… 丁嗣赓/230

新媒体时代如何解析"受众" ……………………… 石爱丽/232

舍基:《未来是湿的——无组织的组织力量》

"舍基原则"下迅速的政治行动力 ……………… 赵白执南/235

人人时代的人性回归 …………………………………… 景丹阳/237

互联网兴盛与公民新闻兴起 ………………………………… 常菲/239

七、新闻与传播史

曼古埃尔：《阅读史》

阅读：进入符号世界的通关仪式 ………………… 毛思遥 /244

"沉默的读者"并不沉默 ………………………………… 李婧怡/246

图像传播与阅读图像 …………………………………… 张子语 /248

斯蒂芬斯：《新闻的历史》

载体在变，新闻传播规律不变 ………………………………… 王聪/251

新闻传播技术的螺旋式上升 ………………………………… 孟令尧/253

政治与新闻控制 …………………………………………… 黄泽禹/255

林语堂：《中国新闻舆论史》

新闻人的使命：宣扬真理，为民发声 ………………… 黄婉盈/259

舆论与中国当权者之间的斗争史 ……………………… 高艳楠/261

舆论监督需要法律的保护 ………………………………… 黄怡/263

斯诺：《西行漫记》

《西行漫记》引出的怀念与反思 ……………………… 董芷菲/266

新闻真实的魅力 …………………………………………… 何林璘/269

以诚待人就是最好的宣传 ………………………………… 王坤/273

郭嵩焘、刘锡鸿等：《郭嵩焘等使西记六种》

晚清中国驻外公使对西方新闻业的认识与局限 ………… 王艺霖/276

郭嵩焘与《泰晤士报》 ………………………………… 倪怡然/278

郭嵩焘：透过西方报纸看中国 ………………………… 杨燕媚/280

八、新闻传播政策

弥尔顿：《论出版自由》

在多元的信息中认识真理 ………………………………………… 刘宇航/287

向几百年前的智者取经 …………………………………………… 张晓媛/289

自由有多远？ ……………………………………………………… 冉杰文/291

欧文·费斯：《言论自由的反讽》

"言论自由的反讽"的反讽 ……………………………………… 饶沛/294

自由与平等之悖论 ………………………………………………… 冯阳/296

言论自由的中国式解读 …………………………………………… 张小雪/298

奥威尔：《1984》

公权力与私权利 …………………………………………………… 程艺佳/301

人性的泯灭是最可怕的 …………………………………………… 曹姗姗/303

不惊叹于这个英国的卡桑德拉 …………………………………… 袁秋岳/305

九、新闻传播理论

哈贝马斯：《交往行动理论》

《交往行动理论》的传播学启示 ………………………………… 陈露菡/310

哈贝马斯的"生活殖民化"思想 ………………………………… 周洋/312

哈贝马斯一生建构的交往集合 …………………………………… 王靖雨/314

陈力丹：《精神交往论》

历史唯物主义坐标下的传播观念 ………………………………… 贾琼/317

人类交往的三种社会形态 ………………………………………… 韩子秦/319

从民族交往到世界交往 …………………………………………… 麻可寒/321

维纳：《人有人的用处》

控制论——动物和机器中控制与通信的科学 ………………… 邱志伟/324

可爱的异类 ………………………………………… 黄雅靖/326

通信与反熵 ………………………………………… 马嘉璐/328

丹尼斯、梅里尔：《媒介论争：数字时代的重大问题》

有意思的观点冲突 ………………………………… 刘志铮/331

关于新闻客观性论争的启示 ……………………… 张婧/333

做思想上的"仁者"和"智者" …………………… 李莹莹/335

"读新闻传播学书"的开栏按语

文字发明以来，人类出现了一种以往没有的传播现象——阅读。人们面对书本，借助自己的知识和经验记忆，通过句子、段落间的关联，从而理解和产生意义。阅读是一种具有个人色彩的重新建构的过程，因此，阅读会产生一种精神力量。宁静的阅读是一种享受，得到的回报是精神的丰满。来自阅读的积累会在无形中积淀为自我性情、修养和思想。因此，自印刷术发明以来，书成为人文精神的家园。在印刷品为主要信息载体的千年，特别是最近的几百年间，书籍聚集了人类史上的思想精华，并最大限度地普及了知识。这一宝贵的精神财富不该被中断。

如今进入网络时代，印刷书正在被电子书替代，但阅读的原理不会改变。读书，依然是我们获取知识的重要途径。恩格斯说过："新闻事业使人浮光掠影，因为时间不足，就会习惯于匆忙地解决那些自己都知道还没有完全掌握的问题。"因而，不论外部环境发生怎样的变化，读书对于弥补我们新闻从业人员的缺陷是必要的。当然，网络时代读的书不一定是纸质版的书，然而读的内容是不会发生根本变化的。这里提倡读的书，大部分是与新闻传播专业有关的书，但首先请同学们熟悉一下马克思的论著，意在鼓励学习马克思主义的原著。

陈力丹

写于 2011 年 7 月 20 日

一、读马克思的论著

马克思：《评普鲁士最近的书报检查令》

马克思：《黑格尔法哲学批判》

马克思:《评普鲁士最近的书报检查令》

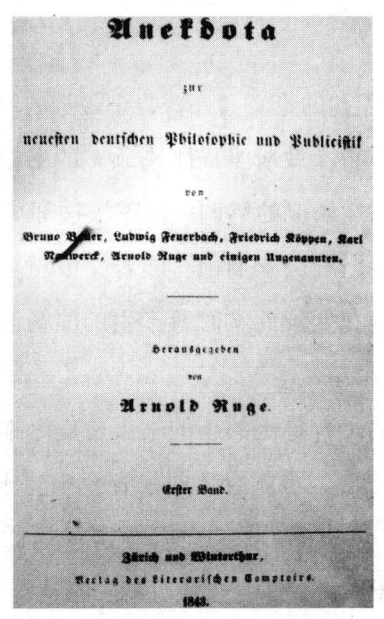

载有马克思的《评普鲁士最近的书报检查令》一文的
《德国现代哲学和政论界轶文集》第 1 卷封面

　　开栏我们先集中读一读马克思的第一篇政论《评普鲁士最近的书报检查令》。该文 1 万多字,写于 1842 年 1~2 月,收入 1843 年 2 月在瑞士出版的《德国现代哲学和政论界轶文集》第 1 卷;1851 年收入在德国科隆出版的《卡尔·马克思文集》第 1 分册,列为第一篇。该文评论了 1841 年 12 月德意志联邦普鲁士王国推出的新的书报检查令。

阅读马克思的酣畅淋漓之感

兰青

在这篇写于 1842 年初的论文《评普鲁士最近的书报检查令》中,马克思毫不留情地抨击了普鲁士政府当局刚刚颁布的书报检查令。他以德国古典哲学的有力逻辑和适度调侃的笔调,揭露了这部"自由主义"检查令的伪善,将其专制本质暴露在公众面前。随着文中马克思对专制政府抨击的激烈程度不断加深,我在阅读此文时所产生的酣畅淋漓之感,越靠近结尾处越明显。

如果我最先阅读的是普鲁士的新的书报检查令本身,大概也会被检查令通篇的文字游戏所蒙蔽,可能会赞同检查令中要求行文"严肃"、"谦逊",对其不能容忍"轻佻的、敌对的"反对某一教理行为的条文点头称是。所幸马克思及时发表《评普鲁士最近的书报检查制度》,将人们从专制政府制造的虚幻美梦中叫醒,并告知大众,这其实是一场精心策划的专制统治的文字游戏。

新的书报检查令在 1819 年 10 月 18 日颁布的书报检查法令第 2 条的基础上,有了向具体化和模糊化两方面的发展,因而使得该检查令背后的含义更加耐人寻味。

"根据这一法律〈即根据第 2 条规定〉书报检查不得阻挠人们对真理作严肃和谦逊的探讨,不得使作者受到无理的约束,不得妨碍书籍在书市上自由流通。"

这是新书报检查令中的最值得玩味的条文之一。乍看上去,这是多么开明的一条规定啊!人们开始拥有对真理进行"严肃和谦逊探讨"的权利,作者不用再受到"无理的约束",言论和出版自由已荣幸地由开明的弗里德里希四世国王赋予了普鲁士公民。在这样令人振奋的法律条款之下,鲜有人仔细琢磨这项条文中的关键字眼，而问题却恰好出在这些关键字眼上，正是这些字眼将整条看起来站在公众立场上的法律条文，不知不觉划到了统治者的利益范围。

马克思抓住两个关键的词（"严肃"、"谦逊"），并对它们做出了精准和深刻的分析。他认为："这两个规定要求探讨注意的不是内容，而毋宁说是内容以外的某种东西。"马克思质疑道：如果我们在讨论某个东西时一味地把注意力放在讨论的形式上，那么我们还有可能去认真思考我们所讨论的内容吗？答案显然是否定的。既然连对普通问题的讨论都无法兼顾讨论的形式和其内容，更何况我们所谈论的对象是真理呢？其次，何为"严肃和谦逊的探讨"？这两个词语的内涵都是非常含糊的："严肃在哪里结束，诙谐又从哪里开始呢？谦逊在哪里结束，不谦逊又从哪里开始呢？"因此，不能不顾我们所谈论的对象的性质而一律采用所谓"严肃和谦逊"的态度，这是因为"我把可笑的事物看成是可笑的，这就是对它采取严肃的态度；对不谦逊仍然采取谦逊的态度，这也就是精神的最大的不谦逊"。

马克思写道："你们赞美大自然令人赏心悦目的千姿百态和无穷无尽的丰富宝藏，你们并不要求玫瑰花散发出和紫罗兰一样的芳香，但你们为什么却要求世界上最丰富的东西——精神只能有一种存在形式呢？""每一滴露水在太阳的照耀下都闪现着无穷无尽的色彩。但是精神的太阳，无论它照耀着多少个体，无论它照耀什么事物，却只准产生一种色彩，就是官方的色彩！"

不管该条文在字面上显得多么平易近人、多么鼓舞人心，但令人遗憾的是，这只是一种伪善。检查令允许自由的讨论，却又限制讨论的形式，这难道不是一种玩弄公众于股掌之上的做法吗？这比直接明文规定限制公众自由讨论，更令人所不耻。

再往下查看这部新书报检查令，便不难发现，几乎每一条条款都在玩类似的文字游戏。如"凡以轻佻的、敌对的方式反对一般的基督教或某一教理的行为，均不应容忍"。这一条中的"轻佻的"和"敌对的"，可以方便书报检查官为任何他们不满意的言论扣上这两顶帽子。马克思认为，唯一能整治这种制度的方法就是废除它，这样才有真正实现新闻出版自由的可能。

读罢全文，我不能不赞叹马克思思维的敏捷与智慧的高深。全文的思辨色彩很浓，一定程度上为阅读和理解该文带来了困难，我不得不经常停下来回想之前的语句和思考正在读到的某个词，甚至某个字，即使是这样，有些话还是无法完全理解。但这并不妨碍通读全文所带来的酣畅淋漓的快感，虽非德国人，但眼见普鲁士政府当局丑恶伪善的嘴脸一点点在马克思犀利的批判下原形毕露，大声叫好的冲动油然而生。

我非常喜欢马克思在总结全文时引用的古罗马历史学家塔西佗在其著作《历史》中所讲的那句话："当你能够想你愿意想的东西，并且能够把你所想的东西说出来的时候，这是非常幸福的时候。"这句话不仅适用于那个时代，我认为对现在的中国也是需要的。我希望在中国，《人民日报》2011年4月28日的评论《以包容心对待"异质思维"》所引证的伏尔泰的话（"我不同意你的看法，但我誓死捍卫你说话的权利"），能够被更多的人知悉、熟悉并得到践行。

书报检查的三重内在矛盾

李鹏南

读毕《评普鲁士最近的书报检查令》后，我认为可以将马克思的批判大致归结为对普鲁士新书报检查令中三种矛盾的揭示。马克思通过这种对逻辑的批判，使新书报检查令在表象上所昭示的各种"自由"露出了真面目，即实为王权者维护自身利益、侵犯公民基本权利的"伪自由"。

（1）伪自由的法理矛盾。文章一开头，马克思就撼动了新令存在的根基。他指出，"书报检查就是官方的批评。书报检查的标准就是批评的标准"。换言之，新令的本质仍是将官方制定的主观标准，直接等同于批评的客观标准，因而新令所力图塑造的"公正的、自由的书报检查"根本就是不存在的。不论其表述如何冠冕堂皇，以官方的意志和态度来评判个体的精神创造及其言论，都是荒唐的。

就法律而言，旧的书报检查令于1819年颁发，限期5年，可22年来却一直未见废止过，这就说明公开限制自由的旧制度一直在发挥着作用。现在出笼的新检查令实际上是对旧制度的重温，只是因形势所迫，要以"自由"的面目继续维持书报检查制度。新令希望将矛盾转移至书报检查官的身上，但是马克思指出："虚伪自由主义的手法通常总是这样的：在被迫让步时，它就牺牲人这个工具，而保全事物本身，即制度。这样就会转移从表面看问题的公众的注意力。"倘若人们看不清这种伪自由的真相，放心大胆地去反对和抨击个别检查官或不受政府宠幸的大臣，这实际上也就中了当局的计谋。

（2）伪自由的真理矛盾。新令指出："书报检查不得阻挠人们对真理作严肃和谦逊的探讨，不得使作者受到无理的约束，不得妨碍书籍在书市上自由流通。"从这一冠冕堂皇的词句来看，新令好像非但没有限制公民的言论自由，反而鼓励人们对真理进行探索。其实这又是一种假象！

马克思首先指出，这种规定实际上让人们不是去关注真理的内容，而毋宁说是内容以外的东西，即人们探讨真理的态度："严肃"和"谦逊"。而后，从马克思的论证中我们可以看到，面对真理，所谓"谦逊"、"严肃"都是荒谬的。与此同时，探索真理的过程会因个体的差异而显示出不同的个性风格，这种多样性，决定了人们在探索真理的进程中不可能只有一种色彩，一种表情，一种乡音，更不可能局限于"谦逊"、"严肃"。

由此，我们恍然大悟，新令所谓"谦逊"、"严肃"的实质其实要扼杀人们的个性和其所可能发出的不同声音。正如马克思所言，新的书报检查令所鼓吹的严密和谦逊的态度，实际上是使人寸步难行的绊脚石。它就是规定在探讨时要对得出结论感到恐惧，它只是一种对付真理的预防剂而已。

还有，到底何谓"严肃"？何谓"谦逊"？显然，他们的概念都太过主观，太过暧昧。最荒谬的是，这些主观的概念最终都要由他人——书报检查官们来做定夺！那么索性就赤裸裸地宣布，凡是政府的命令都是真理罢了！

（3）伪自由的宗教矛盾。新的书报检查令又规定："它的〈书报检查的〉目的是：与宗教的一般原则相违背的一切均应杜绝，不管个别宗教党派和国内允许存在的教派的见解和教义如何。"马克思认为，这种貌似保护宗教的法令，其观点却是反宗教的。因为它把宗教的一般原则同它的实际内容和规定性分割开来的做法，恰恰违背了宗教的一般原则。无论何种宗教，源出何处，也不论各种教义有怎样的差别，其基本精神与一般原则总是大体相同的；而以一种宗教去代替另一种宗教，甚至消灭异教徒，这本身就是对源于人类基本道德基础的宗教的极大讽刺。

还有，由于宗教的基础是人类精神的他律，道德的基础是人类精神的自律，两者都不可偏废。但新的书报检查令却将虚伪的礼仪、习俗和外表礼貌代之为道德和良好习俗，这不仅失却了道德的本义与原则，以警察的尊严和传统的礼仪阉割并玷污道德精神，而且也大大弱化了人类应有的宗教良心。

　　马克思分析了新检查令产生的背景，写道：这（指新令——笔者注）与罗伯斯比尔执政时期国家在危急情况下所制定的那些法律，以及罗马皇帝在位时期，国家处于腐败不堪的情况下所颁布的恐怖法律没有两样。正如马克思所言，书报检查这种追究思想和倾向的法律，实际上就是一种恐怖，就好比我国"文革"时期的那句口号——"狠斗私字一闪念"一样让人不寒而栗。

　　"整治书报检查制度的真正而根本的办法，就是废除书报检查制度。"马克思给了我们最终的答案。和马克思这位伟人一样，我相信他最后引证的塔西佗的话："当你能够想你愿意想的东西，并且能够把你所想的东西说出来的时候，这是非常幸福的时候。"

杜绝一切非理性言行是不现实的

杜林芸

马克思发表的第一篇论文《评普鲁士最近的书报检查令》和发表在《莱茵报》的第一篇论文《第六届莱茵省议会的辩论——关于新闻出版自由和公布省等级会议辩论情况的辩论》写于 1842 年初，讨论的是书报检查制度。在今天、此地，书报检查也许不再是一个制度和法令，但是与之等同的书报检查行为仍然在发生，甚至由于没有了成文的书报检查令，这种检查要来得更秘密和"任性"。

我相信书报检查行为对自由和法治的破坏在今天应该受到同等的批评，但是我怀疑马克思所提到的书报检查阻碍人们准确认识社会的实际效用，在今天还有多少。也许书刊可以被禁止发行，但是在信息时代如何做到禁绝事实的传播和观点的交流呢？一种常用的网络上的"书报检查"的替代品是"关键词过滤"，但是汉语的丰富加上网民的想象力，配合网络强大的传播力，使重大的信息一旦被发出，就必定会流传。

马克思在第二篇文章中援引了古希腊历史学家希罗多德记录的这样一段话："你知道做奴隶的滋味；但是自由的滋味你却从来也没有尝过。你不知道它是否甘美。因为只要你尝过它的滋味，你就会劝我们不仅用矛头而且要用斧子去为它战斗了。"这在马克思写下这两篇文章时，或许是作为一个预言，而现在它成真了——人们已经尝过或至少见过自由是什么样的，如果再将自由夺走，人们为捍卫它而宁愿付出的代价，可能远远超过当初取得它的时候所付出的。高明的统治者应该明白历史的潮流是不可逆转的。

马克思写道："德意志的精神发展并不是由于书报检查制度，而是由于违背了这种制度。"并且在文中举了一些欧洲国家的发展历程为例，从中可以看见新闻出版自由和社会进步的关系：新闻出版并不能够决定历史进程，但是受压抑的诉求会激发反抗和斗争；当人民需要革命时，革命也会体现在新闻出版领域。总而言之，对新闻出版自由的渴望，用马克思的话说，既是一种"历史个性"，也是"人民性"的，虽然不合统治者的心意，但是统治者必须要考虑其中体现出的人民的精神。由此想到前些时候《人民日报》发表的评论《希望杜绝一切非理性言行是不现实的》和《执政者当以包容心对待"异质思维"》等，前者中有这样一句话："希望杜绝一切非理性言行是不现实的。与其紧张焦虑，不如解析它们生长的社会根源，寻求化解它们的现实路径。"说的就是执政者应该有让人发声的雅量，并且不论人们的声音发不发得出来，问题的社会根源总是存在的，假如人们被逼得没法理性地说话了，假如再不给这个声音一个出口，就可能导致麦克卢汉和鲍德里亚所说的"内爆"。

书报检查的这段历史还有一点现实意义是，它说明：一丁点的权利上的进步，哪怕是纯粹认识上的进步，都来自于一场坚持不懈的争取，而且只有当自由成为大多数人的关注和共识而不是少数知识分子声嘶力竭的呼喊的时候，它才可能变成现实。

马克思：《黑格尔法哲学批判》

我们都熟悉马克思的《〈黑格尔法哲学批判〉导言》，因为它被视为马克思从革命民主主义转向共产主义的标志。然而这篇文章只是一部论著的导言，正文《黑格尔法哲学批判》却长期被忽略了。黑格尔的《法哲学原理》是他作为普鲁士官方哲学家的代表作。恩格斯说，这本书可能潜藏着革命的成分，但在字面上"显然把现存的一切神圣化，是在哲学上替专制制度、替警察国家、替王室司法、替书报检查制度祝福"。因而，马克思走上革命的道路，必须要清算黑格尔的法哲学思想。研究这部马克思25岁时写的12万多字的书稿，才可以真正理解马克思主义的出发点。现在的大学生能弄通这部著作吗？我请中国人民大学、中南财经政法大学、北京外国语大学的各一位大四同学将马克思的《黑格尔法哲学批判》和黑格尔的《法哲学原理》对照着读，他们大体看懂了，下面便是他们写的读书笔记节录。

批判中的求实精神和人文主义

王敏

初读黑格尔的《法哲学原理》，理解上的确存在一定的难度，现在对照着读马克思的《黑格尔法哲学批判》读，情况就有所改善了，对很多内容也有了些许理解。马克思的《黑格尔法哲学批判》逐节引用和评价了黑格尔《法哲学原理》第261～313节，这53节属于该书第三部分，即论证市民社会的部分，主要涉及王权、行政权和立法权等国家制度方面的内容。

黑格尔严格区分市民社会与国家，并认为国家高于市民社会。马克思在批判中得出"市民社会决定国家"的观点。黑格尔说，"国家的力量在于它的普遍的最终目的和个人的特殊利益的统一"，即个人对国家权利和义务的统一。马克思则认为，黑格尔提出国家是家庭和市民社会存在的"外在必然性"和"内在目的"，这是无法解决的"二律背反"。马克思从历史现实出发，指出市民社会和家庭的发展先于国家，家庭和市民社会是国家的真正构成部分，是国家的存在方式，"家庭和市民社会本身把自己变成国家"，"政治国家没有家庭的天然基础和市民社会的人为基础就不可能存在"。国家是在家庭和市民社会的基础上被构建出来的。在这里，马克思已经站在唯物主义的立场上探究国家和市民社会的关系。

黑格尔在《法哲学原理》序言中说，"我们不像希腊人那样把哲学当作私人艺术来研究，哲学具有公众的即与公众有关的存在，它主要是或者纯粹是为国家服务的"。黑格尔的思想导向在于，要求哲学家站在统治阶级的立场上说话，哲学教授受普鲁士政权的任命，应该为政府办事。他在正文中甚至说，"国家人格只有作为一个人，作为君主才是现实的"。马克思批判道："黑格尔证明了君主一定是生出来的（这一点谁也没有怀疑过），但是他没有证明出生使君主成为君主。人由于出生就注定成为君主，这如同关于圣母玛利亚的圣灵妊娠的教条一样"。马克思指出，"主权在君"的思想使除了君主之外的人都被排除在国家之外，这是明显的专制主义思想，他则就此提出了对应的"人民主权"思想。

在对黑格尔立法权思想的批判中，马克思认为黑格尔提出的立法权从属于国家制度的观点，实质上是为普鲁士专制制度辩护。他认为，"必须使国家制度的实际体现者——人民成为国家制度的原则。这时，进步本身也就成了国家制度"。"国家制度如果不再真正表现人民的意志，那它就变成有名无实的东西了"。这里清晰地显现了马克思以人民为本的思想，马克思主义维护最广大人民的利益而不是少数人的特权。

马克思的《黑格尔法哲学批判》一书针对黑格尔《法哲学原理》的君本位、官僚本位的思想进行了无情的批判，初次显现出他的历史唯物主义立场。马克思看问题，注重抓住事物的主要矛盾直指要害，同时尊重历史现实和人们的生活经验，其批判思维逻辑严密，具有浓厚的人文主义色彩。在政治生活中反对专制特权，强调以人为本，我认为这是我们在学习马克思批判精神的同时要格外谨记的一部分，这样才能在现实生活中坚持习近平所要求的党性和人民性的统一。

破君主制，立民主制

黄泽民

论及"王权"时，黑格尔描绘了自己所想象的立宪君主制，马克思则针锋相对，由破而立地提出了民主制。

黑格尔提出"王权本身的特殊规则"，即"自我规定的最后决断"是"其余一切东西的归宿"和"现实性的开端"。如此一来，君主个人意志的主观性取代了客观理性。如马克思所阐明的，这种"绝对的自我规定"即"任性就是王权"或"王权就是任性"。然而，国家非私人特质，国家的管理必须由有意识的理性来完成。

黑格尔还将"国家主权意义上的王权"人格化，不仅神化君主，还把其他所有人都排除在主权和国家人格之外。马克思则认为，是人民构成了现实国家的内容，"国王的主权倒是以人民的主权为基础"。黑格尔视主观性为主体，推演出"君主"这个谓语，由此建立拥护君主制的逻辑基础。马克思逐节驳斥黑格尔的观点，指出：现实才是主体，而观念是现实的规定。人民构成了现实的国家，所以主权应当归属于人民。

至此，马克思完成了批判的第一步，即否定对象的逻辑基础和所得的结论，由里及外地反驳了黑格尔的论说。但若仅仅抽去君主制，国家和人民之间就失去了制度的连接。马克思接下去所做的，便是用"民主制"及时填补了这处空白。

马克思所说的民主制是指人民当家做主，其中"任何一个环节都不具有本身意义以外的意义"，"每一个环节都是全体民众的现实的环节"，民主制是"人民的国家制度"。是人民组建了国家，也给予了人民在规定国家制度时的主动性。国家制度本身就是"人民的自我规定"。只有这样，才会不断趋向于国家的现实基础，趋向于现实的人民的真实诉求。这与君主制根本不同，后者是部分（甚至单一）决定整体，只有"国家制度的人民"；整个国家制度和现实都必须去迎合、甚至建立在单个个人的偶然意志之上，而人民无法表达自己。所以，"从君主制本身不能了解君主制"，只能窥见制度的形式，而非实质的内容。

当今，马克思的主张依然有其可适用之处。一些人害怕民主制，因为他们见证过暴民政治——国家由一群占大多数的却未受过良好教育的人来统治是何等的不理智。然而如马克思所言，民主制是"国家制度一切形式的猜破了的哑谜"，它是一种试金石，人民若有智慧和理性，国家制度最终会是合理的。问题在于不能将少数人的不服从归咎于整个制度的运行问题。即便发生冲突，民主制提供畅通的意愿表达的渠道，少数人的权益可以得到保护；当权者的决定基于人民理性，法律会约束小部分人的非理智行为。国家进入良性的新陈代谢中。反观黑格尔所主张的君主制，君主权的理念不外乎是意志专断的理念，人民的共识被伪造，国家的现实被虚构，长此以往，注定会有一场最后的革命将其终结。

黑格尔曾说明，王权本身应包含国家制度和法律的普遍性，并受咨议的具体内容的束缚，然而，他还是落到了保守立场的窠臼中，得出哲学"主要是或者纯粹是为国家服务的"这一结论——当时的普鲁士王国大致就是这般情形。

马克思批驳了这种"朕即国家"的旨趣，揭露了黑格尔的意图，即把君主说成"真正的'神人'"和"理念的真正化身"。既然黑格尔所言的君主制行不通，以什么来取代它呢？答案是民主制。"只有民主制才是普遍和特殊的真正统一"，国家制度"确定为人民自己的事情"。马克思由破而立，既使得君主制的簇拥者哑口无言，又顺理成章地通向了"民主制"这个令人难忘又富有远见的结论。

人为主体与经验方法

李梓樱

作为马克思早期思想转变的开端，《黑格尔法哲学批判》令笔者感触极深的有二，一为把人确立为主体，二为论证方法的变化，即从社会历史中、从经验当中获得判断与结论，而不只是逻辑的自我演绎。

黑格尔在《法哲学原理》中将国家视为地上的神，而与国家在同一层次对应的是人，具有个体特殊性的人。他的推论在于，国家既然作为主体，市民社会中的个体的特殊性便应该与国家相一致，如此才合乎理性。马克思在《黑格尔法哲学批判》中把人作为主体，作为逻辑的出发点与归宿。这一点该书"导言"说得很明确："我算不了什么，但我必须主宰一切。""人的自我异化的神圣形象被揭穿以后，揭露非神圣形象中的自我异化，就成了为历史服务的哲学的迫切任务。"这就构成了对黑格尔理论体系的颠覆。马克思不仅要确立人作为体系中的主体地位，还要破除一切外在的异化人的力量，回归人本身，致力于人的解放。

黑格尔逻辑上否定市民社会对于国家制度与现实干预的可能和权利，强化作为国家的化身——君主的权力与地位。马克思从经验事实出发，认为市民社会当中的私人利益会影响到法的确立乃至国家制度的形成。他批判了黑格尔关于人的概念，他认为每一个人都是感性的、自然的并具有特殊利益的个体。君主不会自然地反映理性的普遍性与无限性，这种情形的国家不过是君主与官僚自身维护特殊利益的代表，而非所有人的普遍性和本质的实现归宿。

马克思否定国家抽象精神的合理性，根据当时德国现状，从事实出发，他认为官僚的贪腐和容克地主对人民的剥削，都是从自身的利益出发。当时国家的内部制度不过是利用外在力量维护自己特殊利益的卑鄙事物，这样的国家不是维护人的普遍性的力量。

笔者读完《黑格尔法哲学批判》，感到这是继读过《资本论》后再一次深化了对马克思思想的认识。结合自身的经历与思考，谈一下"人为主体，经验方法"的认识。

人无论在市民社会还是在政治生活中，毫无疑问都应是主体。这种理念不是来源于逻辑推理，而来自于人本主义的价值取向。人不是抽象的、普遍的人，而是具体的、感性的、有特殊性和社会属性的人，任何客观的现实存在都没有能力认为自己可以作为人的类本质的代表，号称可以实现所有人的普遍性的本质解放。

既然作为主体的人是具体的、现实的，那么就没有可能存在一种事物了解到所有人，没有一种现实物可以囊括所有人的特殊利益，那么在实现所有人的本质的过程中，就不应该有一种权威或理念可以成为不变的教条，而应在批判和重新认识中不断完善。进一步扩展而言，没有一种权威或机构可以利用已有的观念或意识，遏制人民的自由。经验性的命题在逻辑上自身就不是周延的，所以任何一种认识或意识形态都不应该作为不变的真理，成为限制人的借口。持有这一认识的人或机构，就像马克思所说，只是为了一小部分人的卑鄙利益，它不应该成为压制人民的锁链。

笔者一直以来信奉的宗旨大抵也是这两点：要有人本主义的情怀，以关注人自身的幸福与自由为目的；要有谦逊的经验主义精神，不断探索，不断批判。不故步自封，方可渐行渐远。

二、从语言、文字到互联网

宋昭勋：《非言语传播学》

萨丕尔：《语言论》

洛根：《字母表效应：拼音文字与西方文明》

英尼斯：《传播的偏向》

麦克卢汉：《理解媒介——论人的延伸》

莱文森：《软刃：信息革命的历史与未来》

吴伯凡：《孤独的狂欢》

胡泳：《众声喧哗》

宋昭勋:《非言语传播学》

　　宋昭勋博士的《非言语传播学》1999 年出版后我就列为研究生的必读书,2008 年作者重写再版,我写了再版序言。假如人类有 100 万年的历史,其中 90 万年是非言语传播的历史,人类会说话只有 10 万年的历史。传播学的研究对象,包含言语传播和非言语传播。宋博士实际上在我国开辟了一个很重要的传播学研究领域,因为我们几乎没有对非言语传播的系统研究。在语言文字符号充斥所有角落的当下信息时代,非言语符号的使用永远占据着相当大的比例,有时甚至是主要的传播方式,表达着语言符号所难以表达的内容。生活中存在着太多的非言语传播现象,只是被人们忽视了。有鉴于此,我组织同学写了关于这本书的读书笔记,以期引起更多同学的关注。

电子媒体如何发挥非言语传播的无限潜力

徐可

在我们的传统思维下，言语传播的位置毋庸置疑，而非言语传播的效力无形之中就会被忽视。《非言语传播学》一书为我们展现了非言语传播的无限潜力。

就电子媒体（包括电视、电影、广播、网络、移动媒体等）而言，其非言语传播元素和手段（比如声音、画面、视频等）相当丰富。这些元素和手段之间既可以组合，又能与言语传播相互补充，创造出很多可以发挥、创造的空间。

我国新闻类电视节目的非言语传播手段应该有所加强，因为除了播音员正襟危坐和记者实地采访的镜头外，几乎没有更多样的视频画面。相比之下，英国BBC的电视新闻就更胜一筹。在一则关于叙利亚内战的新闻中，多媒体平台展现出了动态的叙利亚地图，随着主播的指点，地图不断变化，出现叙利亚政府和各反对派的地理分布、交战位置等信息。这样，一则单调的新闻变得生动、可感，仿佛身临其境。其实，从央视春晚的高级演播室来看，电视新闻使用非言语传播的方式在技术上不成问题，需要的是大胆的设想和实际尝试的魄力。

我国的纪录片也有很长的路要走。一部《舌尖上的中国》能够红火半年，可见优秀纪录片的匮乏。其实，大多数纪录片没有运用好非语言传播中潜藏的能量。一部优秀的纪录片应该能够运用好音效和视频效果，并穿插以动画、图形、图片。在视频中，景别的变化组合、光影的运用、镜头的推拉摇移、拍摄的角度、构图的完美与和谐、剪接的流畅以及各元素之间的协调都是至关重要的非语言传播内容。在听觉符号中，旁白、自然声、音乐也都是必不可少的元素。还有音、视符号的配合。去年热播的综艺节目《爸爸去哪儿》虽然不是中国独创，但是该节目采用了纪录片的拍摄手法，在非言语传播和言语传播的结合方面做得不错。比如，每一个孩子说话的时候，都会出现孩子的卡通头像，还会根据说话内容配以效果音。背景音效的运用也在情感调节上独具匠心，时而轻松欢快，时而温情感人，更调动了观众的情感。

信息化的今天，新媒体和移动媒体平台更加需要把非言语和言语传播结合起来。新媒体结合移动终端具有了很强的互动性，在视觉、听觉的基础上可以发挥动觉、触觉。比如，电子杂志《男人装》就有不错的尝试，让用户做出吹的动作，吹动模特的裙摆。如果移动新媒体只是把图片、文字、视频堆叠摆放，就浪费了新媒体互动的资源。这方面，2013 年获得普利策新闻特稿奖的《雪崩》提供了一个很好的案例。《纽约时报》的团队几乎把雪山搬了过来，在三维效果图中呈现事故点，安插音频、视频、风向等信息，制作雪崩的动画。这种三维模拟比实际拍摄更具有传播效果，它可以在一定程度上进行抽象和忽略，还可以让读者进行选择性阅读。

如果我国电子媒体能在非言语传播和言语传播的结合上下些功夫，结合传统传媒的经验和新媒体的思维方式，发掘各种传播符号的潜力，就可以实现多种传播符号的有机配合。

电影中的身体语言

陈嘉仪

在语言出现之前，人类交流中身体的动作是重要的交流符号。一直到现在，身体语言在人际传播当中仍占比较大的比重。人不同于其他动物的地方在于，人的身体语言除了其表面意义之外，往往还有更深的含义，而不像其他动物那样挠就是挠，抓就是抓。《非言语传播学》中有一章专门讲解人作为一个个体，是如何利用身体语言去进行各种各样的人际交流和传播的。

我认为，作为一种传播手段的身体语言，应用得最经典也最广泛的无疑是电影艺术。早期的典型当属无声片。从 1895 年第一部真正意义上的电影《工厂的大门》问世，一直到 1923 年第一部同步有声电影在美国纽约公映，近 30 年的时间内电影艺术一直是个"伟大的哑巴"。无声片中，人们最熟知的当然是卓别林以及他创作的一系列无声片。卓别林滑稽的外形装扮深入人心，而他夸张却不做作的身体语言表现，正是为他赢得无数赞誉的来源。著名戏曲大师梅兰芳说过，卓别林的表演教会他很多通过身体语言表达人物内心情绪和思想的表演方式。无声电影为身体提供了一个可以独立发挥的空间，身体语言成为无声电影中叙事、传情、表达内心的重要手段。"此时无声胜有声"的境界，在卓别林的无声电影时期达到了巅峰。他不必用嘴告诉你他失业了，没有工作，因为他一身不合身的别扭的衣服已经表达了这个意思；他不必用嘴告诉你他是社会底层人物，因为他走路的姿势告诉你了。

有赖技术的进步，电影界终于在 1927 年迎来了第一部有声电影《爵士歌王》。自此，无声片的辉煌年代似乎就这样过去了，但身体语言在有声电影时代仍然发挥着重要的作用。

有声电影时代，演员对话几乎占据了整个电影绝大多数的时间，观众对角色个性的理解、剧情的进展也都是根据对话来判断的。其中比较特殊的一类电影就是艺术片。艺术片具体来说不能算是一种严格的电影分类，但此类片子有个非常明显的特点就是演员对白很少。声音在这种电影形式当中只是陪衬之一，角色心境的塑造、剧情的进展，似乎与对白的关系并没有那么的重要。

声音与身体语言的较量中，还有一个很有意思的地方。我们在日常生活中也总是会有这样的经历：想表达一个意思却总是找不到合适的词语来形容，但往往一个简单的表情或手势就能让对方明白。声音表达内容毕竟是有限制的，而身体语言表达的内容则是无限多样的。在电影中，如果生硬地通过声音来表现角色的情感，有时反而会破坏原有角色本来的个性，内心复杂矛盾的心理也无法展现。

《非言语传播学》中提到了体语学这个概念，指的是通过观察动物和人的动作、表情等，辨别其非言语含义。从某种程度上来说，观众观看电影就是体语学在实际生活中应用最广泛的例子。书中提到的最具代表性的体语的分类有五种：象征性行为（emblems）、解说性行为（illustrators）、情绪表达行为（affect displays）、体控性行为（regulators）和体适性行为（adaptors）。这五种体语在电影中有时结合蒙太奇的表现手法，有时单独传达着某种讯息或是表达着某种情感。

当然，我们对体语的分析不是绝对的。体语分析家也承认：大部分有关行为语言分析统计的结论都是就一般情形而言的，且多少带有主观性。同样的行为，不同的人、在不同情况下，其含义不尽相同。"有一千个读者就有一千个哈姆雷特。"由于观众本人也参与到电影的解构中，一部完整的电影就应该是由导演、演员和观众共同完成的。

从新闻报道看非语言传播

穆雨薇

中国的文化一向提倡含蓄。《红楼梦》中贾宝玉给林黛玉的一块旧手帕，便有着说不尽道不完的旖旎情思；《项脊轩志》中的"庭有枇杷树，吾妻死之年所手植也，今已亭亭如盖矣"被称为最有韵味的三行情书；国画更是不讲求平铺直叙，而要虚虚实实，轻描淡写，浓墨重彩，总是要横看成岭侧成峰才好；便是在秋风起荻花落的江上卖艺的歌女，也要犹抱琵琶半遮面地出场，方能显出其容貌秀美，引人遐思。

这种含蓄也体现在大众传播上，比如，有经验的记者最擅窥测平静的表象下山雨欲来的态势。但是，在我看来，新闻中真正的价值并不在其言语，而在其言外之意。

政治动荡的年代，报馆处境最是艰难。总有一些政治上的事情，不能说，不好说，不便说；但不报道，又是失职。在这种情况下，新闻报道所传达出的言外之意，便显得分外重要。新中国成立前，为了反抗新闻检查官扼杀重要新闻的行径，编辑们想出了"开天窗"的法子，一块醒目的空白时刻提醒着读者看到国民党的文禁行径。

正所谓高山流水遇知音，传播者懂得并善于运用非语言传播方式编码，可以准确而高效地完成信息传播任务。比如，法新社记者通过几份传媒资料，正确推测出赫鲁晓夫的辞职和林彪外逃失事两件大事，并及时予以报道，抢占先机。而受传者也需要懂得对这一言语之外的意会传播方式予以解码，才能获得其背后隐含的极有价值且很重要的信息，否则就是"对牛弹琴"。正如《非言语传播学》提到的，大众传播过程的非语言传播包括两部分，解读媒介信息和报道新闻信息。

报道新闻之时，媒介自身、媒介特征和媒介所处的环境本身，提供着一种可以感觉到但却难以说清楚的信息，它们也构成信息不可或缺的一部分。哪些事实要加以报道或编辑，哪些新闻应该被抛弃，通过选取不同的报道角度、用语等等，传递出不同的言外信息。

《新闻联播》的两位主播每逢重大节庆会改穿红衣；每逢哀悼国家领导人的逝世或是哀悼重大灾难的死难者，主播会改穿黑衣，打黑领带，如哀悼改革开放的总设计师邓小平的逝世之时，以及全国哀悼"5·12"汶川大地震的死难者时。通过新闻播出的顺序、主播衣着的改变等等细节，便可以推测政治风向抑或当前国家大局。

不论是报道新闻信息，还是解读媒介信息，其中都少不了人为的痕迹、主观性的层层叠加。《红楼梦》中不曾明言彼此心意的贾宝玉和林黛玉总是在闹脾气，最终还是错失姻缘；《项脊轩志》情意缠绵悱恻；国画淡雅隽永，但又有多少人能解其中味；便是江上琵琶女，也要从琵琶后露出真容。

新闻以真实性、客观性为第一准则，在报道之时，还是应力图以简洁明了的语言传递最重要的信息，切不可让言外之意喧宾夺主，只为宣传或制造噱头，否则反而会有损新闻本真。

萨丕尔:《语言论》

　　美籍波兰人爱德华·萨丕尔的《语言论》是商务印书馆的汉译名著之一。1984 年我读施拉姆、波特的《传播学概论》时，第一次知道萨丕尔。为了进一步了解他而买了他的专著《语言论》，拿起书来就被他提供的观点吸引了。我们平常说话习以为常，对语言已没有特别的感觉，而他提出语言与思维、文化的有机联系，使我不由得深思语言现象，进入若有所思的学术境界，解读我们的文化基因——语言。以萨丕尔及其学生本杰明·沃尔夫命名的"萨丕尔—沃尔夫假说"对跨文化传播研究很有影响，主要观点是：不同语言里所包含的文化概念和分类会影响语言使用者对于现实世界的认知，语言的使用者会因语言差异而产生思考方式、行为方式的不同。薄薄的一本《语言论》，引用语言有 60 种以上，足见萨丕尔语言知识的丰富。

语言的定义与起源

潘辰

萨丕尔的《语言论》不仅是为研究语言的人写的，也是为"门外汉"所写。作为语言学研究的旁观者，这本书让我几乎零门槛地近距离接触语言学。萨丕尔没有将语言限制在纯粹的语音或者文字上，而是把语言定义为人与人之间进行观念、情绪、欲望交流的一种工具。这实际上是一种"社会契约"，语言是在社会（更多的是在同一地域范围内的族群或种群）公共经验的基础上，对个体自发自觉形成的声音进行定义和标识，从而形成的表达规范的总和。

一般我们研究语言，总把语言与文字两部分混合起来。而在实践过程中，这两个部分是相互联系、相互影响但又相互独立存在的。从语言形成的历史过程来说，是先有语音部分，然后再有文字部分，而且文字是作为"第二重符号系统"而存在，是书面地对语音部分进行标识的符号系统。也就是说，所谓的"公共经验"应该是两个部分，语音的公共经验以及文字的公共经验。

关于语音的公共经验，我基本认同萨丕尔的"胶囊"说，即基于个体经验扩大化并获得公共认可的一切感觉或印象，封装成固定的语言"胶囊"，进而形成语言的基础。但形成文字，却并不完全是这样，例如仓颉造字或者韩国的彦文摈弃汉字转向拼音文字，便是明显的例子，说明文字系统很大程度上更是"社会契约"形成的。

萨丕尔也是人类学家，他以人类学的眼光来审视语言问题，沿用人类学种族、语言、文化三个基本纲目来研究语言学。他作为西方文化环境下的研究者，其研究内容和结果或许符合西方语言系统，但对于东方语言，尤其是汉语，明显有些不适用，以至于他也感叹说："从拉丁语到俄语，我们觉得视野所及，景象是大体相同的……然而，一来到汉语，头上的天都变了。"所以，所谓"经验简化"并不适用于所有语言系统，至少是汉语语言系统。这里面尤其值得强调的是，萨丕尔研究的西方语言，基本上都属于拼音语言，而汉字却是拼义语言。

语言究竟从何而来？萨丕尔指出："不管本能表现和自然环境能给某些语言成分的发展多大刺激，不管本能的趋势（运动的或其他的）在多大程度上规定了语言表达的范围和方式，人为语言本身并没有可以觉察到本能的基础。人或动物用不由自主的、本能的喊叫来进行的交际（如果可以叫做交际的话），根本不是我们所谓的语言。"也就是说，他明确表达了语言的产生并不是由于本能，至少不是由于生理本能。

不是由于本能，语言从何而来？萨丕尔没有作明确的说明。而现在对语言的起源有"神授说"、"人创说"以及"劳动创造说"。我个人倾向于"人创说"。"神创说"我不去纠缠，在科学技术日新月异高速发展的今天，如果还将某一东西或某一现象归诸"神"，无疑是可笑的、不可取的。"劳动创造说"听起来似乎有道理，骨子里还是"人创说"的一个分支而已。有很多例子可以去证明语言是由人自身创造出来的，无论是莫尔斯电码还是世界语的形成，只不过初民在语言创造的最初，有一个相对漫长的由个体经验向公共经验发展的过程而已。关于这个过程，恩格斯就此写道：语言的逐渐发展与听觉的完善化和脑髓的发展同时进行。

语言与思维

黄哲雅

世界上的语言数千种，不同文化种族的人的思维习惯也不尽相同，比如德国人的严谨、英国人的幽默、日本人的善学与团结等等。那么，语言与思维之间是否会有什么不为人知的联系呢？

萨丕尔的《语言论》在第一章《什么是语言》中，对语言和思维的关系根据自己的推理提出了一种假说：语言决定思维。但是总会有人认为，自己可以做到不用言语来思想。萨丕尔将这种现象的产生归为两种原因。一个原因是没有能够区分印象和思维。我们不需要语言就能在脑海中形成一个印象。而当我们把一个印象和另一个印象在意识上发生关系，便需要语言的辅助了。印象之间关系的产生，就是思维的过程。另一个原因是语言与听觉符号的错误等同。语言可以用运动符号或视觉符号一个对一个地代替，仅因为一个人不觉得有听觉符号存在就否定了语言的存在，这是不合理的。

基于以上分析，萨丕尔认为，言语是通向思维的唯一途径，"最清虚的思维可能只是无意识的语言符号的有意识的对应物"。

在此之后，萨丕尔又提出了另一种可能性——思维影响语言的成长。"这种语言和思维相互作用的复杂过程在我们眼前进行着。工具使产品成为可能，产品又改良了工具。"即：当旧有的语言材料不足以表达出思维内容（概念）时，已经存在的语言会按照一定的方式创造出一个新的符号，来表达思维的内容。这样，语言材料就会不断发展丰富。

这些新的语言符号（词）是我们认识和了解思维内容的"钥匙"，而与此同时，新的语言也影响我们的行为。比如，我们创造并认识了"自由"、"理想"这些概念，如果这些词不在我们心里作响，我们会为自由而死，为理想而奋斗吗？

语言对思维有影响的最有力的证据体现在空间语言上——我们如何描述世界的定向。一种是以自我为中心，习惯于用前后左右来表示不同方位。而另一种则是使用固定的地理方位——东西南北，它不随着我们本身位置的变化而变化。在澳大利亚的一种土著语言 Guugu Yimithirr 中没有以自我为中心的语言词汇。这种语言总是以东西南北来描述地理方位。类似于这种方位表达方式的语言，世界各地还有很多。从波利尼西亚到墨西哥，从纳米比亚到巴厘，都有分布。研究表明，身处这样环境的孩子从 2 岁就开始使用地理方向，到 7、8 岁时就能完全掌握这样的系统。他们不会解释是如何知晓南北的位置，就像我们不会说怎样熟悉"前后"这样的概念一样。

有一个报告叙述了这样一个故事：一位来自墨西哥南部说 Tzetal 语的人，在一个漆黑的房屋里被蒙上眼睛，然后转上 20 多圈。在他还被蒙着眼，感觉非常眩晕的时候，他可以毫不迟疑地指出地理方向。他们大脑中的方向都是东西南北而不分前后左右。如沃尔夫所说：用不同语言讲话的人对宇宙的看法是不同的。

然而，这并不表示这种语言环境中的人对"前后"这一概念是无法理解的，也不能排除不同语言环境中的人对某些客观世界（比如，东西南北）有着同样的认识。也就是说，虽然语言是对思维有一定的影响，却不能充分地认为语言能决定思维。在这一假说提出之后，不断有学者质疑并修正这一理论，并在此基础上提出了"弱式"假说：语言反映思维、信念、态度等，或者语言并不完全决定思维，但的确影响认知和记忆方式，影响人们从事思维的难易程度。也就是说，语言并不是思维的"桎梏"，语言对思维的影响不是无限的、决定性的。

实践结果与学术研究，并不能对语言与思维的关系得出一个准确的论断。但无论如何，萨丕尔的观点对于后来关于语言对思维的影响以及跨文化传播中各类现象的研究，具有一定的指导意义。

从网络语言的词汇发展看语言沿流

刘鑫怡

"语言自成为一个潮流，在时间里滚滚而来。它有它的沿流。"

沿流，即语言的发展演变。社会分化、群体领地的分隔产生了各种语言和同一种语言的不同的方言，而统一的经济、政治需要和文化普及又促进了民族或国家的普通话和官方语言的发展。除了社会因素，语言内部词汇、语音、语法结构的相对变化也是语言发展的动因。下面就以网络语言的词汇发展为例，谈谈网络语言的沿流。

本文所说的网络语言是指中国网民所说的话语，它正以一种不可阻挡的姿态出现在人们生活中，并冲击着以往的规范语言。它自成一家，通常以标点符号、字母、数字、拼音缩写和汉字所组成，具有方便快捷、幽默诙谐、与时俱进的特点，深受网民的青睐。

网络语言词汇的发展大致可分为三个阶段：第一，以标点符号、字母、数字为主，主要目的是提高网上交流效率，增强趣味性。比如颜文字、火星文等等。第二，以旧词新用、谐音词为主，也是以追求娱乐性为目的，显得生动形象，如"童鞋"（同学）、"恐龙"（长得不好看的人）。第三，以网络热词为主。这一阶段的网络语言虽然也具有趣味性，但其主要目的已经改变，它不仅反映社会现实生活，而且旨在揭示现象背后的社会问题，寓意深刻。比如2012年的热词"表叔"（讽刺贪污受贿的官员）、2013年的"厚德载雾，自强不吸"（影射全国雾霾严重）。同时，网络语言的创作形式也不仅仅局限于词汇，各种古体字新用（"囧"，本指窗户通明，网民依字形赋予其悲伤、无奈之义）、新语体（淘宝体、咆哮体）、流行句式层出不穷。这些话语也向规范语言悄然渗透：《人民日报》出现了"给力"一词，某地警方发布了"淘宝体通缉令"……

　　这三阶段并不是孤立分割的，每一阶段也存在上一阶段的语言形式的创作。可以看出，网络语言由最初的仅仅为网络生活、为趣味而创作，变为聚焦民生、为社会热点事件发声，从而完成了功能和意义的转型。那么互联网在中国发展的十几年间，网络语言为何会有这些变化呢？

　　从客观方面来看，社会节奏加快固然是一方面，人们必须提高文字输入速度才能在网络聊天中跟上别人的节奏，所以不断有标点符号、字母拼音缩写等提高效率的网络语言出现；而社会的民主法治发展，更是推动网络语言意义转变的重要动力。随着民主与法治理念的普及，网络成为表达民意、反映社会现状的重要渠道；法律赋予公民言论自由，使网民在网络中拥有自主、平等的话语权；越来越多的网民通过网络行使知情权、参与权和监督权。

　　从主观方面看，如萨丕尔所说："语言的沿流是由说话的人无意识地选择的那些向某一方向堆积的个人变异构成的。"语言是人的交流工具，人的创造力和需求会促进语言的转变。我国有大量的年轻网民，他们具有创新意识，追求时尚，能够创造出生动而内涵丰富的网络语言；同时，责任感和使命感使他们关注时政民生和社会热点事件，并通过网络语言表达自己的关切。

　　当然，网络语言自身的特色也随其发展而变化。从简洁生动到越来越富有个性化、自由化色彩。德国语言学家洪堡特（Wilhelm von Humboldt，1767—1835）说："在语言中从来都没有真正静止的片刻，就好像人类思想之火永远不停一样。根据自然规律，它永远处于不断发展之中。"网络语言的沿流流向何处，我们拭目以待。

洛根：《字母表效应：拼音文字与西方文明》

　　我初次看到洛根的书《字母表效应：拼音文字与西方文明》，差点给错过了，以为是一本纯粹文字学的书，看译者是何道宽，就重视起来了，因为何先生是传播学著作的翻译家，绝不会无缘无故地翻译一本与传播学关系不大的书。翻开书的目录，我就被吸引了，18 章谈的都是不同文字体系如何作为载体传播思想，一经这类文字传播，思想呈现何种特征等等，从西方的拼音文字到东方中国的语标文字、日本的音节文字，再回头追溯拼音文字的起源、发展与传播的关系。我们习惯了的文字使用起来已没有特别的感觉，但作者通过历史纵向的分析，让我们对习惯了的汉字和正在学习的外国文字都有了理性的感觉，学术研究的魅力油然而生。

字母表与西方人的思维

王玉琪

这个春假，我阅读了加拿大学者罗伯特·洛根的《字母表效应：拼音文字与西方文明》。在这本书中，作者梳理了几个主要的西方文明所使用的字母的演变，力图说明拼音文字的使用与西方文明的相关性。作者认为，现代化、工业化起源于西方并非偶然，拼音文字造就的西方人思维方式在其中起到了很大作用。

作者在书中详细对比了中国人与欧洲人思维方式的差异。西方是逻辑的、演绎的、抽象的、理性的；中国是类比的、归纳的、具体的、直觉的。而这些与文字使用的类型有关：拼音文字让音与字母的形一一对应，这给了欧洲人重理性、重逻辑的思维；拼音文字将字母与字形的含义完全分离，这和欧洲人的抽象思维能力有关；拼音文字促进了欧洲人分类、整合的分析意识，形成现在知识体系的雏形。西方人的抽象思维使他们发明了"美"的概念，开始了文学艺术中对美的探寻；严谨逻辑思维促进了自然科学的发展，从而促使了工业化、现代化。在现代化的过程中，拼音文字的简单字母组合，通过印刷机被迅速放大了不知多少倍。

第八章和第九章中对希腊文明的叙述，是书中最为深刻而全面的部分。作者把希腊文化的方方面面都与希腊字母联系了起来，其中一个例子是"自然"概念的产生。象形文字以外在实物为依据，而拼音文字将字母的组合的"形"与含义完全分离，于是希腊人将人和人造物与自然分离，自然被对象化，逐渐成了人类搜刮、压制、征服的对象。这个观点很有道理。希腊的拼音文字将单词的音、形和含义完全分离，如果没有学习过这种语言，就根本猜不到单词的意义。相比之下，汉字属于象形文字体系，能从字形的视觉上看出或猜出大概意思。

文字和指意的分离影响了希腊人如何看世界。希腊人在阅读、表达的时候，与客观世界隔了一层抽象的拼音文字，自然而然地会把自己和客观世界分开；而中国人在使用汉语的时候就会对客观世界有比较直观的感受。所以中国哲学强调天人合一、物我不分。西方哲学从未有过老庄的想象力，中国哲学也未有过严密的逻辑体系。

作者提到"零"的概念，以及"零"引发的分数、负数、无理数等概念，没有出现在希腊，而是印度数学家提出的。作者认为，使用字母带来的严谨逻辑抑制了希腊人的想象力，而印度人兼有拼音文字的逻辑思维和东方式的直觉与想象力。我们通常认为人的思想决定了笔下的文字，但在这个例子中，文字有可能已经先在地影响了人的思想方式。这本书所以被视为对"媒介即讯息"的理论研究，我想原因就在此。

该书也存在着一些比较明显的问题。首先，作者有意无意地夸大了字母表的作用。实际上很多情况是地理、历史等多重原因导致了文字的形成和文字间的差异。第二，字母表和西方文明的联系没有可信的例证。作者只是发现了字母表和文明成就在时间上的吻合。第三，作者有时将数字与文字混为一谈，没有给出太多的证据说明数字和文字的关系。该书的问题或许是传播理论著作共有的问题：论据难以充分证明观点，解释力有限。

瑕不掩瑜，总体来说这是一本极富创见的著作，它从文字的角度回答了"李约瑟之谜"，是对"媒介即讯息"理论的延伸论证。

字母表对古希腊精神的影响

陈嘉懿

罗伯特·洛根在其著作《字母表效应》中提到了拼音文字对古希腊精神的影响。而这种影响，直接或间接地涉及整个古希腊社会的不同方面。

首先是场景与符号的分割。荷马所在的前文字时代，媒介是口语，人们的交流很大程度上依赖于听觉系统。由于听觉信息不方便记录，只能在现场吸收和处理，各种信息的加工都是在人的头脑中同步进行的。如果说口语传统下需要强化的是人的记忆，那么文字给人们一种便于回忆的记录方式。由于拼音文字语词的音、形、义被分割开来，感官中的视觉也与其他感觉分离，尤其是将眼睛与耳朵分离开来，这样就使得使用拼音文字的人偏重于视觉，眼睛成为处理信息的最重要工具。

古希腊的字母表间接带动了希腊语的发展，即洛根说的"知识的视觉暗喻悄悄潜入希腊语"。后来也影响了英语，比如英语中的 see 可以暗指知识或视觉。知识的发展还体现在希腊词句对其他拼音文字的影响方面，例如作为英文词的 idea（思想）起源于希腊词 eidos（事物的露面）、theory（理论）起源于 theorein（观看）。这些都是在新的视觉偏向环境下产生的概念。我认为，这种象征着个人认知进步词语的出现，也预示着后来个人主义的兴起。

拼音文字不仅使得感官分工更加细化，也分割了希腊人的知识研究领域。他们将观察的内容进一步分门别类，形成不同的学习领域和学科。由于学科更加细化，不同人的研究领域拉开了差距，这样的差异性使得古希腊人在社会中扮演着更多的不同角色。

传播中符号感官上的分割也带动了人们用不同眼光来看待事物，例如古希腊人将人及人造物与自然分割开来，自然成为他们的科学研究的对象。

无文字的民族将自己视为环境不可分割的一部分，而希腊人将自然对象化，他们在自然中获取和征服自然。在人类历史进程中，为了经济利益而不断获取也常常能带动社会的进步，尽管他们缺乏像那些无文字民族那样对于自然的独特感悟。

拼音文字引入古希腊 500 年后，人们获得书籍变得容易，书的受众增加，一些新的思想和理念得以推广。这时，在人与社会、家庭的关系上，新观念开始萌芽。荷马时代希腊没有"个人"的概念，在荷马的作品里，个人和社会是一体的，个人意志与成功没有关系，知识也未与行为和情感分离。拼音文字出现以后，先是作者出现在自己的诗歌中，个人主义开始有所体现；随后在公元前 7—前 6 世纪，典章化的法律一定程度上强调个人的利益，社会共享的认识弱化；同时，一场新的宗教运动促成自我意识的唤醒，个人主义得到进一步的发展。

哲学上的辩论为希腊的思想史添上浓墨重彩的一笔，同时个人主义渗透到希腊艺术中。亚历山大大帝的征服战争使得一个文化混合的泛希腊国家诞生，不同文化背景、不同种族、不同宗教、不同人的个性显得更为突出。为了管理这样一个文化混合的大国，统治者就需要强调"人人平等"的信条，个人主义也因此得到更为明显的体现。

进一步地，古希腊人开始追求抽象观念。他们抽象层次的提升一定程度依赖于细分后的学科发展和法律与宗教的实践，也体现在此前不曾有过的新词汇的产生方面。

拼音文字在古希腊的普遍使用，其影响渗透古希腊的各个方面，而且环环相扣。这种对古希腊精神的理解视角，觉着很开阔眼界啊。

从《字母表效应》看媒介的效应

孙文烨

罗伯特·洛根是马歇尔·麦克卢汉的同事，也是媒介环境学派的核心成员。以麦克卢汉为首的媒介环境学派主张泛媒介论。他们关注的焦点之一是媒介这种人造环境对人类的生存发展、对人类社会和人的心理的长效影响。洛根的这本书是此种思想下的产物。

洛根在《字母表效应》一书的"前言"中表示，"本书的一个核心主题是：传播媒介不是纯粹被动的信息传输管道，而是一种活跃的力量，是'活生生的力的漩涡'，产生新的社会模式和新的感知现实"。

在洛根看来，拼音文字作为一种媒介，推进了西方文明的抽象逻辑思维。这种影响纯粹是因为拼音文字本身独立于文字的内容。拼音文字是抽象的符号系统，它将口语分解成音素，用有限的字母进行组合，再转写为文字。因此，字母的使用有益于线性思维和演绎推理。洛根认为，印刷得到的机印书和手抄书是迥然不同的传播媒介。虽然内容一致，但印刷书页更为规整、统一，因此强化了视觉偏向。机印书页的视觉偏向和字母的线性排列造成一种新秩序的感觉，促成了文艺复兴时期科学和其他学术形式的系统性。印刷书多副本的形式使得记录更为持久，有助于科学数据和文字书籍的保存，能够促进文化的普及。所以洛根说，"媒介即讯息，印刷术的讯息是组织、按字母表排序和标准化"。

最近100年，人类迈入了电子信息时代。在这个时代，互联网成为新型传播媒介。信息瞬间可以传遍全球，工业化的、印刷书构型的社会专门化和集中化的机械形式开始逆转，朝向整合一体的、非集中化的发展，而这正是拼音文字出现之前口语传播时代的特征。

电子信息技术开始兴起时，麦克卢汉和洛根有所担忧，提出了"传播的双重束缚"问题。在他们看来，印刷机等书面传播模式能够强化左脑的分析、理性技能，但可能会导致专门家的管状视野，从而忽略一些整体的全球性问题；而电子信息系统如电视强化直觉、类比、模式识别、同步性、整体性等右脑模式，虽然能够促进人们的整体化视野和关切，但却可能挫伤与左脑有关的分析技能，造成人们阅读能力和分析能力的退化，从而给我们的生活带来严重的问题。

在书的最后，洛根认为"微电脑"的兴起是解决这个问题的一个方向。何道宽的这本译著是经洛根 2004 年修订后的第二版翻译而来。11 年后的今天，电子媒介的发展日新月异，各种新媒体层出不穷，应该超乎 11 年前人们的想象。如今，洛根的这个问题基本不成为问题了。笔记本电脑、平板电脑、智能手机、电子书这些新媒介在人群中迅速普及，人们不仅可以使用它们阅读文字（与印刷品类似）、处理文字信息，也可以用它浏览图像、视频（与电视类似）。也就是说，新的媒介可以同时开发我们的左右脑，在促进专门化知识的同时使我们保持着一个整体的视野。更重要的是，新媒介的作用并不止于此，互动媒体、电子商务等为人们的互动交往、消费生活带来了前所未有的变化。

人类的发展经历了口语传播时代、书面传播时代和电子信息传播时代。在这个过程中，媒介一直形塑和控制着我们的生活。对于媒介的效应，我们应该予以关注。特别是在当今的新媒体时代，媒介技术的发展极大地改变着人们的生活和人与人之间的交往。只有对传播媒介的效应有所感知，才能够更好地使用它们，从而使传播媒介更好地便利于我们的生活。

英尼斯：《传播的偏向》

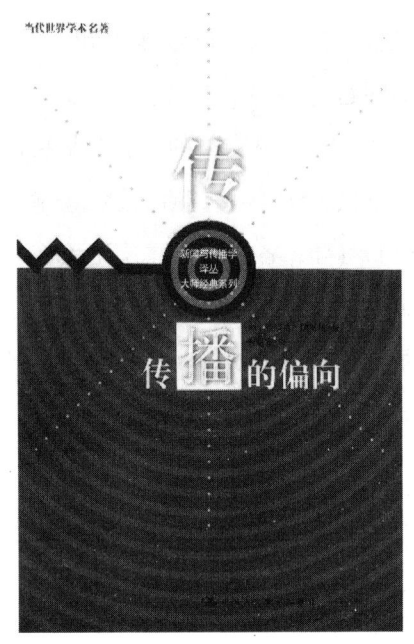

　　加拿大传播学者英尼斯（Harold Innis，又译"伊尼斯"）的著作《传播的偏向》，观照了人类文明发展过程中不同传播媒介形态对文明的影响，以及不同媒介形态在文明发展过程中的偏向；从历史哲学的视角研究各大人类文明中传媒媒介形态的技术特征，有的媒介形态偏向空间，有的则偏向时间。这一对不同人类文明中主要传播媒介形态的技术分析，构成了英尼斯的文明分期理论和传播偏向论的理论基础。今天重读此书，其价值却不仅仅在于媒介形态的技术"偏向"思想，还在于它试图唤醒现代人审视早已习以为常的周遭事物的能力及意愿。社会的进步让人类逐渐丧失了想象的能力，面对一张可以承载信息的白纸，会有多少人能想到它在空间传播中的便利而在时间传播中的脆弱？……

重新审视"媒介与文明"

杨智

传播学者麦克卢汉说，英尼斯是一位好老师；那我，不得不承认自己是个笨学生。在阅读《传播的偏向》这本书时，我时常感受到这位大师的深奥。初读此书，作者就把我带入了他的媒介二维哲学世界中，让我深刻体验到传播媒介发展过程中时间观念和空间观点的变迁，以及时间观念和空间观念对人类文明发展起的作用。文字很艰深，但的确是一本值得多读的好书。

不同的传播媒介伴随着人类各大文明发展，媒介的更新则伴随着文明的兴盛与衰落，不同的文明具有不同的传播方式和传播媒介。伊尼斯把人类文明和传播媒介这两大主题联系到了一起，让我们清楚地看到了媒介对社会、对政治、对文化的影响。这位跨学科的奇才，对各种文明如数家珍——埃及文明、巴比伦文明、希腊文明、罗马文明、中世纪、文艺复兴、现代文明，无不是信手拈来。但研究各种文明的精妙之处，便是这些文明中传播媒介的更新、变迁。围绕着传播技术的进步，各大文明都能得到解释，让人叹为观止。从小事情中见到大理，可谓是该书特色。从书中大量的历史细节和事实中，我们可以看出作者具有非凡洞察力，笔端细腻，却蕴含深刻哲理——各种细小的传播媒介，组合到一起，便成为一门传播哲学。在英尼斯的研究中，一支笔、一页纸、一把黏土，都具有非凡的意义。如莎草纸、软笔结合到一起创造了埃及文明，黏土的使用巩固了两河流域的统治等。传播媒介是各种文明发展过程中的中心，可谓是该书的一个主要观点，这个观点常被看成是"技术决定论"而受到批评，但这个观点却很有吸引力。

传播媒介或偏向时间观念或偏向空间观念。当下，媒体具有偏向作用已成为不争的事实，但是，这是从媒介对现实作用的角度来说的。英尼斯从哲学的高度，探讨了时间和空间的传播，或者说纵向传播和横向传播，又或者说基于经验的传播和基于系统的传播。纵向的、经验的传播偏向过去、注重历史，即偏重时间观念；横向的、系统的传播偏向现实、注重当前，即偏重空间观念。如石头、黏土、羊皮纸等，由于其耐久易保存的物质特性，记录的符号可以长久流传，可以传承宗教、建立威权和维护权威。如埃及文明中，尼罗河的定期泛滥诉求绝对权威，石刻与金字塔的出现满足了这一诉求，其传递的是至高的王权以及宗教中对于永生的信仰，并且随着时间的推移，森严的等级制度越发导致王权崇拜。在这里，不禁要问，偏向时间观念还是偏向空间观念对于文明更有利呢？英尼斯偏向于希腊文明式的口头传统，因为口头传统里有"对活生生的传统重要的东西"，是一种时间和空间趋于平衡的状态。不难看出，这多少是一个理想状态，要达到这个状态很不容易。正如他所说："传播媒介的性质往往在文明中产生一种偏向，这种偏向或有利于时间观念，或有利于空间观念。"

英尼斯因其生活时代（1894—1952）所致，并未能给出如今信息时代给予的深刻思考，未免让读者有些遗憾，但他教给我们的思考方法，对于我们研究当下的媒体，非常有益。其后继者麦克卢汉、波斯曼等所洞见的，同样影响着我们对媒体的思考。《传播的偏向》这本书使我印象深刻的，是英尼斯所推崇的时间和空间平衡的媒介观。这种媒介观代表着辉煌文明的最高成就。在如今信息时代，追求这种媒介观，应该是一件高尚的事情。

互联网时代的传播偏向

张晗

传播媒介对于社会各个方面的影响是我们都承认的，只是很少有人把它与文明兴衰挂上钩，而英尼斯把传播媒介与文明发展这一宏大的主题联系起来，试图告诉我们媒介在社会文化发展中的重要作用。他的"媒介与文化"的思想精髓深刻展示了世界文明兴衰中一个关键原因——传播媒介。他认为，"一种新媒介的长处，将导致一种新文明的产生"。回首传播媒介的历史发展，从古埃及文明的石刻、纸莎草到现代文明的报纸、广播、互联网，传播活动及传播媒介自身的属性决定了其影响社会的方式。

现代媒体由报纸、电报、照相术、电影、广播到电视、网络虚拟技术，发展的速度越来越快，属性也越来越复杂，但其传播属性的偏向依旧明显。英尼斯深刻地指出现代媒介是一把"双刃剑"：现代政治、经济过于依赖现代媒介而变得异常敏感与脆弱，如报纸、电视、网络等大众媒介既可以迅速传递经济资讯，也可以快速传播经济恐慌。

新兴的互联网媒介引起了我们的关注，互联网在空间偏向上将整个世界联系在了一起，又能够在时间偏向上创造虚拟空间，将人们的关系在同一个场景中呈现，创造了一种新的传播环境。互联网是一种新型信息平台，它可能解决了传播中信息单向不对等的问题，创造了新的关系传播网络。但它仍然存在"另一刃"：缺少核心组织与中心结构的互联网信息环境，让无数个体聚集在一起，面对庞大的无筛选的信息，选择和判断变得困难了。

无意识的信息偏转或蓄意的信息，往往在这种群体中引起意想不到的效果，个体处在符合其情感人格标准的信息包围中，往往会丢掉理智，一个火星就能在这样的群体中引起爆炸式的反应，进而可能演变成网络群体暴力。"传播的突飞猛进常常导致野蛮行径的突然爆发"，英尼斯的这句话也许是最好的解释。互联网媒介的这种问题，我想可以解释为缺少权威情况下的信息"燃烧不充分"，这是互联网传播中本身无意识的缺陷，也暴露了它被看做"全能"媒介是有偏差的，互联网存在忽视时间偏向的问题。当错误信息在"乌合之众"的舆论场中被几百倍的放大"燃烧"时，缺乏理性权威的引导，使得空间优势得到最大利用而不能即刻斩断信息链，这就造成了空间与时间的极不对称。

这种情况并不是不能避免的，需要权威信息的正确引导以及非"唯我主义"的网络环境。更多要思考的是，我们传播信息的初衷是什么，是传递一种文明还是放任传播逐渐偏离它的目标。媒介偏向性对于一个国家、文化的深远影响，如果一个文明的传播媒介在时间与空间关系上达到一种平衡的话，它将会是成功灿烂的文明。我想，现代文明的结构失衡问题更值得我们关注，人类应该冷静下来，不要忘记自己传承文明的初衷。

政治传播视野中的《传播的偏向》

李多睿

花了一个多月的时间才把《传播的偏向》看完。不得不承认，对我来说这本书十分难读，不过受益匪浅。书内容博大，不仅在于其囊括了从巴比伦到古希腊、从中国到近代美国的各种文明形态，还在于其独特的媒介定义。传统的观点或许认为，古代的媒介只包括口语、纸笔、文字等很少的几种。但是在英尼斯看来，从方言、货币、雕像、宗教、算术到官僚组织，都是媒介。连羊皮纸、莎草纸、象形文字和表音文字都是截然不同的媒介。英尼斯的媒介观是广义的，并不仅仅是用固定的方式传递"信息"。算术和方言到底传播了什么？受众对雕像的解读更加倾向各自的艺术感受与理解，其传递的形式和内容，从其诞生之日起就固定了……它们确实与传统意义上的媒介有显著的不同。不过，英尼斯认为，传播问题才是在文明的确立、生长、扩张与绵延的过程中起影响作用的，仅仅讨论传统意义上的媒介远远不够。因此，我试着把它理解为"一种改变大众喜好、习惯和思维方式的公共品"。

毫无疑问，媒介向人群提供公共品的属性是必然的，而只有改变人的种种喜好、习惯和思维方式，历史的变动才有可能。比如我们往往把一场胜利的战争当作一个帝国兴起的标志，却殊不知，只有当人民知道了战争胜利的消息，提升为国民的自豪感，同时通过有效的行政管理和货币的延伸，将获得的土地从经济到文化与本土紧密相连，才可说是王朝的复兴之象。政治权力与经济利益是否合理流动分配、文化价值是否被大多数社会成员共享共信，是这一文明能否实现内部整合的基础；而在外部扩张上，文明同样面临对自然的开发是否超过自然所能忍受并自我修复的限度、文明是否能合理对待其他文明中的社区与人群等等问题。英尼斯注意到了媒介桥接了 mass 与文化、帝国、统治者这样的"宏大叙事"的功用。桥接过程中的利弊得失，是英尼斯判断文明走向与盛衰的重要原因。当然，"上层建筑"往"桥"上加载的"信息"本身自有对错，但如果执着于此，英尼斯也不是一位传播学大师了。

英尼斯极端认同希腊人"万事勿过"的理念。他认为西方文明之症结所在，即"专门化"，他批评道：对专门化过度关注，使我们无法理解那些关心平衡与比例的文明，妨碍我们理解这些文明。工业主义意味着把时间切分成精确的段落，以满足工程师和会计师的需要。如果不能逃避工业主义对时间的要求，我们评价空间局限的能力就会削弱。

所以，英尼斯认为，只有在两者之间获得平衡才是恰到好处的。这个结论是英尼斯对西方文明痛彻心扉的考察之后的结论。因为这个结论本身就像德国历史哲学家斯宾格勒（Oswald Spengler，1880—1936）名著的标题一样给西方文明下了按语：西方的没落（The Decline of the West）。而他的方法论不能不说与斯宾格勒有异曲同工之妙：英尼斯就是从媒介与文明的关系来考察文明的形态，本质上，英尼斯是一位历史学家，他的传播理论远远超出了芝加哥学派经验主义社会学的域限。在某种意义上，他为我们提供了一种新的政治视野。

麦克卢汉：《理解媒介——论人的延伸》

　　现在谈到麦克卢汉，新闻传播学界无人不晓。而在 30 多年前（1983年），我们才知道这个人，而且其论点被说成是奇谈怪论。十年后，才有了他的第一本书的中文版，即何道宽翻译的《人的延伸——媒介通论》，这是他的代表作，原名应该是《理解媒介——论人的延伸》，但当时出版社为了好卖而改名。该书的论述方式按照现在的学术规范来套，似乎算不上理论研究，但麦克卢汉做到了用一种近乎炒作的方式把媒介的人类学意义提炼了出来，给后来的媒介环境学派开辟了思路。现在麦克卢汉火了，因为传播科技的急遽发展验证了他的"媒介即讯息"的观点。2013 年 10 月 25 日，何道宽先生在社科院新闻与传播研究所的沙龙上谈的第一个话题便是：麦克卢汉带给我们的启示。

全新的《理解媒介》

魏薇

"媒介杂交释放出新的力量和能量，正如原子裂变和聚变要释放巨大的核能一样。"这是麦克卢汉在 20 世纪 60 年代的预言，彼时电视媒介刚刚兴起，网络还不见踪迹。站在媒介融合、新媒体大行其道的当下阅读麦氏的《理解媒介》，越发感受到其对于媒介发展的洞悉。

麦氏的思想火花遍布全书，我惊喜于其令人眩晕的超前观点，又陷入梳理不出脉络的困惑中。他的超前观点时常隐藏于晦涩的警语、格言、典故、暗喻中，这一习惯冒犯了著书立说的传统模式，所以他的著作经常因不够学术化招来批评。他没有严谨的理论，只有思想的火花；他喜欢玩弄文字游戏，令人难以捉摸他的意思；他鄙夷研究证据，认为这是印刷媒介的偏见。麦克卢汉石破天惊的观点莫过于现在被叫响的那句名言：媒介即讯息。

在麦克卢汉的书里，不受人重视的媒介本身成了决定人类历史结构调整的关键。该书伊始便说："任何媒介对个人和社会的任何影响，都是由于新的尺度产生的。我们的任何一种延伸都要在我们的事物中引进一种新的尺度。如果从机器如何改变人际关系和人与自身的关系来看，无论机器生产的是玉米片还是卡迪拉克高级轿车，那都是无关紧要的。"对媒介本身的重视是麦克卢汉思想的一大创举，但对于媒介本身价值的过分拔高难免被指责为偏激，有忽视内容之嫌。

批评者认为，麦氏绕开了广阔的社会和文化语境，对资本主义与传播之间的关系视而不见，忽视了控制和使用媒介的机构和人的主体意识，掩盖了媒介发展演变过程中国家、民族利益的冲突和社会有关力量的干预——总之，媒介技术只是生产力的一个部分，不能孤立地发挥作用。这种批评和麦氏媒介思想产生时的大众传播环境有关。在报纸、广播和电视占主流地位的大众传播时代，信息传播实则是精英分子所主导的点对面的传播，传播者的主体意识当然是不可忽视的强大力量。因此，在大众传播时代（少数人凭借庞大的传播设备向多数人传播），麦克卢汉的"媒介即讯息"是值得商榷的——他似乎忽略了控制的问题，这是其理论的一个缺陷。

任何理论的提出都有不甚完满之处，何况是这样一部七成材料都属全新的"冒险之作"。不能否认的是，我们确乎在其迷宫式的叙述中抛弃了旧的思维习惯，采纳了感知和知识的新标准；而他的预言，也随着各式各样的新兴媒介的产生不断地被证实。以手机为例，开始叫移动电话，现在何止是电话，只好叫它个人移动接收终端，其全方位的聊天、发信、浏览、搜寻等功能，融合人体听觉、视觉、触觉、表达等全方位感官的延伸，无怪乎人们无法自拔地沉溺其中。媒介融合的浪潮不断衍生出爆炸性的变革与创新，随之而生的媒介异化问题，始终没有走出人们的视野之外。

原始时代的人感知世界的方式是整体的、直观的、全方位的；而随着劳动的分工细化，人学会了分析，同时也成了被分裂切割的、残缺不全的非部落人。而如今，经由全方位的媒介形态，人们再次拥有了全方位认识世界的可能，这似乎是返璞归真的理想状态；但是，同时我们又陷入了对于"器官延伸"的迷恋，"对媒介影响潜意识的温顺的接受，使媒介成为囚禁使用者的无墙的监狱"。因而麦氏在告知媒介价值的同时，也提出了自己的警示——从自恋和麻木状态中惊醒过来。只有清醒地认识到媒介的影响，人类才能按照自己的意愿去决定媒介的发展方向，就像他在序言中说的："本书的宗旨是探索技术所反映的人的延伸的轮廓，弄懂它们可以使之井井有条地为人民服务。"

媒介改变了什么

李煜菲

麦克卢汉在其第一本著作《机器新娘——工业时代的民俗》中提出，人类的文化史上，媒介和技术是塑造我们生活的力量。但媒介究竟如何塑造我们的生活？它改变了什么？它通过何种途径改变了我们？在《理解媒介——论人的延伸》这本书中，他试图进一步回答这些问题，让人们理解媒介带来的社会变动，以期削弱新媒介带来的新冲突，增加人的独立和自由。

"媒介即讯息"是全书的基础论点，但媒介的内容有可能是另一种媒介。比如电报，它的内容是文字，文字的内容是言语，而言语与思维同轨迹，就是实际的思维过程。思维过程需要使用可供交流的言语、图画或者其他复合型呈现方式，其过程将不可避免地受到转化技术和承载媒介的影响。这种影响又会带来新的内容。麦氏将这种转化所产生的心理影响和社会影响看作一种"讯息"——由媒介和技术的应用导致的"人间事物的尺度变化、速度变化和模式变化"。

社会大规模使用一种媒介或者技术，将不可避免地同时引入一种新的尺度。任何技术都逐渐创造出一种全新的人的环境，环境并非消极的包装或容器，而是积极地作用于社会的进程。它塑造和控制了人际关系与行为方式的尺度与形态。一个有趣的例证是一位在他的社群里唯一识字的土著人，在为别人读书信时，他觉得必须用手指塞住耳朵，以免自己听见别人书信里的隐私。麦克卢汉分析说，文字造成了视觉与听觉、个人与集体的分离，从而延伸出了个人主义与保守隐私的习惯，而这种价值观念与行为方式，是没有产生文字媒介的口语文化无法提供的。

当社会信息运动速度不一致时，就会产生组织模式的多样化。英语中的"communication"一词，既有"沟通传播"的含义，又与"交通运输"密切相关。以麦克卢汉关于速度变化的观点来看，电报这种信息传递技术问世之前，道路和信息的交流传递是紧密相连的，直到电报问世，信息运动才比信使传递更快。借助电波和光缆的传送，信息运动发生加速，从而引起社会群体结构与观念的变化。这可以用来解释，为什么在各类信息大规模集散、实时通讯发达的北京、上海和广州，人们的生活方式、群体结构和视野观念，与信息交换速度相对缓慢、把电视报纸当作主要消息源的内陆农村有着天壤之别。

媒介最大的力量在于改变人们的认知模式。一种较普遍的观念认为，决定媒介和技术价值的是人们利用它们所做的事，其自身并没有意义，如何使用它们才最重要。麦克卢汉在书中驳斥说，虽然与媒介、技术相关联的是我们的意见，但媒介的影响不只是发生在意见和观念的层面上，它会不可抗拒地改变人的感觉比率和感知模式。一种媒介或技术的出现延伸了我们某一感官的功能，但"我们的一切延伸，无论是病态的还是健康的，都是保持平衡的努力"，为保持平衡，一切延伸都对应着"自我截除"。感知是一个100%的常数，但其构造成分的比例可能会变化无穷，如果一个成分得到强化，其他成分就立即受到影响。比如，电影强化了视觉和听觉，但其结果是减少了模仿、触觉和动觉的作用。

法国诗人马拉美有一个观点："世界的存在终止于书中。"麦克卢汉则进一步认为："整个世界的场景将迁移到电脑的储存器之中"，人们将一切形式的信息转化为可供留存、传递和获取的统一经验。在这其中，媒介作为人的延伸，通过改变转化过程的尺度、速度和模式，又为人提供了"无尽的新视野和新知觉"。

不容乐观的传播科技的无限发展

李璐璐

马歇尔·麦克卢汉的《理解媒介——论人的延伸》一书，充满了对媒介机器的崇拜与担忧。他认为，人类历史迈出原始部落时代，走向支离破碎、高度专门化的文字时代和机械时代；在电力媒介到来并逐步统治全球的时候，专业程度极高的文字与机械所割裂的碎块又被重新整合起来，人类社会重新部落化了。

确实，现代人的社会生活中，智能化信息网络的高速发展使得人们每天都可能眼观六路，耳听八方。在多层次和高密度信息的轰炸下，人们的生活和工作时间被牢牢地罩上一个"媒介化时间"的框架。人们很快就被大量缺乏价值、没有意义的讯息所淹没。这在表面上满足了公众的知情权，实际上信息取消了思想的时间，直接的抒发压倒了知性理解，热情投入多于理性判断，虚拟参与替代了有距离的思考。或许我们应该以审视的目光来衡量充斥在屏幕上的视听表象，可我们相信物理技术带来的真实，而信任技术意味着思维的技术化和受技术的控制。在毫无防备的状态下，我们习惯于全盘接收。

于是，在这个电子媒介作为信息传播主导的时代，人不再是分割的人，不必专业化地发展某项技能，媒介对人的延伸也不再单一片面，而是整体的、全面的、连续的；人与人之间的关系也不再隔膜，转而被各种各样的关系联系起来，密不可分，似乎回到了部落时代的原始快乐中去。但随之而来的是足以颠覆人类的巨大风险：由于人体自身的保护机能，在某一器官或感知得到延伸与外化的同时，作为人的行为总控的中枢神经系统就会主动"截除或隔离使人不舒适的器官、感觉或功能"，以减少人体无法探查或避免的超强刺激的压力所带来的危险。电力媒介之前中枢神经系统只是把某一器官或感觉进行麻木处理，而现在作为总控的中枢神经系统自身都被延伸了，那么它必须遵照原则将自身麻木隔离，因而这一人体行为总控趋于失灵，人类即将进入，或许已经进入集体无意识时代。

这方面麦氏有些像先知，预感到传播急遽发展之后可能发生的情形。媒介决定了人的认识，决定了人类发展，而在人与媒介良性循环的发展历程中，媒介——在现代社会中主要体现在机器上——已经日趋超越与人的合作关系，而变得越来越霸道。不过，他对这一发展趋势表现得太过乐观，认为一切都会随着时间的推移和习惯变得协调适应，因为人类有足够的清醒去认识电力媒介带来的主体性危机，并有充足的力量去淡化、解决这一危机。然而事实并非如此简单，化解这一危机的两种途径——要么人的思维适应媒介机器的发展，要么电子媒介的发展与人的相对迟缓的思维同步——都将带来颠覆性的后果。科技的演进一旦开始就很难倒退回去，那么要求人的思维适应新时代机器的发展速度，后果则是人沦为媒介机器的奴隶。现在的我们，正在这样的道路上越走越远。

因此，我们需要思考摆脱厄运的途径，考虑人应当如何应对庞杂的信息流。麦克卢汉对此所提出的方法是：认识"媒介的魔力在人们接触媒介的瞬间就会产生"这一事实。不过这一应对策略仍然过于乐观，如果都有这么清醒的意识与坚强的意志力，人们那就不会沉溺于信息海洋而无法自拔，沦为机器花园里的工蜂。

莱文森:《软刃:信息革命的历史与未来》

2002 年保罗·莱文森(又译"利文森")的《软边缘:信息革命的历史与未来》中文版一出版,译者熊澄宇便送给我一本。也是在那时,我关注到媒介形态对社会结构的影响。"软边缘"(the soft edge)的翻译不当,应该译为"软刃"。莱文森被称为"媒介哲学家",因为他没有局限于具体的媒介形态,能够站在较为宏观的视角观察不同的媒介从过去到未来对社会产生的影响,得出一些令人深思的结论。莱文森不仅在传播学方面有贡献,在科幻文学、音乐、教育方面也有显著影响。他对传媒形态的发展持乐观态度,认为人可以对技术进行理性选择,人对技术具有控制的能力。他的最新专著是《新新媒介》,同样值得关注。

从媒介早期发展看软决定论

周晏

一种形态的传媒会影响社会的发展吗？通常会的，这一点得到了多数人的承认。但传媒影响社会是决定性的吗？保罗·莱文森的《软边缘：信息革命的历史与未来》①就此进行了全面论证。他虽然充分肯定了抽象的语言与人类发展的关系，但也明确指出，这不是必要条件而是一种充分条件。在他看来，"媒介很少能产生绝对的不可避免的社会结果。相反，它们提供事件发展的可能性"。

作者按时间顺序展开了媒介发展的画卷，充分论证了媒介对社会发展的"软"决定论。第二章中，莱文森将法老象形文字的失败和希伯来人字母文字的成功，界定为人类历史上的第一次信息革命。摩西因为使用抽象字母而使犹太一神教代代流传，并促使伊斯兰教和基督教得以发展和全球性普及。从表面看来，字母文字在传输和保存上的极大优势造就了一神论的传播，但实际上，字母文字只是提供了一种可能性：这种工具是否能被有效使用是由使用它的主体——人决定的。同时，一神论的广泛传播还有其深刻的历史文化原因，抽象字母这种媒介并不是唯一的影响因素。

第三章中，作者论证了印刷机给人类社会带来的神话。古登堡将活字印刷术与适宜字模体系的26个字母相结合，使印刷机作为大众文化产品的复制工具成为可能。印刷机成为宗教改革和传播异教的理想工具，《圣经》的大量印刷和传播将文化从僧侣阶层的垄断下解放出来，教会的霸权地位受到极大的削弱。虽然在宗教改革前，教徒们就极力主张人们自己阅读《圣经》，但直到16世纪，马丁·路德同样的请求才被听到，因为印刷机为

---

① 本书主编认为"软边缘"（the soft edge）翻译不当，应译为"软刃"。该书最新中文版为〔美〕莱文森：《软利器：信息革命的自然历史与未来》，何道宽译，上海，复旦大学出版社，2011。

这个请求在大众中发声提供了技术支持。印刷时代带来了成熟和稳定的宗教、牛顿的物理学理论、美国人引以为傲的《独立宣言》和拿破仑铁蹄下民族意识的觉醒。然而，古登堡并没有料到这样的结果。信息革命带来的自我意识的觉醒并非是印刷机使用的必然轨迹。人类的选择、社会发展的需要与媒介的创新是一对矛盾体。社会的发展处处展现着媒介的影响，而社会的需要和人类的选择是媒介发展的内在动力。媒介在适应人类，改变人类的过程中，将人类的思想文化内化，不仅仅是一种信息的载体，更在文化的传播和传承中影响着人类。

莱文森还向读者展现了信息革命的另一个维度：媒介的自新。当一种新媒介在特定领域胜过旧有的媒介时，并不意味着旧有的媒介会衰落或死亡。摄影带来了媒介的效率革命，用复制的方式高效和忠诚地展现事实是摄影不同于抽象语言的优势。摄影作为人工媒介终结了绘画在人类和其主观认识间需要中间人的状态。法国画家保罗·德拉罗克首次见到银版照相法时惊呼："从今天开始，绘画死了。"但是经历了最初的恐慌后，绘画存活了下来。因为摄影的客观创造使人们难以从照片中获得人性的要素。相比之下，绘画更能满足人们内在的主观需要和富有人性的艺术追求。20世纪甚至还出现了摄影通过表现主义、立体派等艺术形式使照片变得粗糙以模仿手绘效果的现象。莱文森就此指出，旧有的媒介是否依然存在，取决于人类需要或知觉模式。

媒介与人类社会之间的关系，历史中不断被证明是一种"软"决定。媒介只是提供一种可能性而非直接决定人类历史的发展轨迹。同时，媒介的产生和发展又根植于其所在的社会土壤。

软决定论与媒介批判

梁博宇

《软边缘》一书开宗明义，要以"软决定论"作为研究信息技术与社会结果之间关系的主要方法。所谓软决定论，意为技术只决定事物可能发生，而非引发不可避免的绝对结果。除技术本身外，还有诸多影响结果的因素存在。

作者在讲述这些媒介的演进时，较多地进行了对相关历史的阐述，进而对"硬决定论"做出了批判。他对比基因和媒介指出：基因可以对蛋白质的结构产生决定性的影响，我们可以将其称为一种"硬"决定；然而即使是基因也不能与生物表现的性状间构成绝对的关联，后天环境同样能影响有机体的特点。相比之下，作为社会组成部分的媒介对社会发展的影响还要更"软"一些。如一些激进的硬决定论者认为广播作为一种传播媒介，具有对象广泛、传播迅速、功能多样、感染力强等优势，因此对希特勒这种善用宣传的独裁者产生有着决定性的影响。但同样的媒介也促成了丘吉尔和罗斯福运用广播的成功反击。广播这种技术在不同环境下被运用的方式有其相似之处，效果却又恰恰相反，这是硬决定论所不能解释的。

技术不能完全决定社会的发展，同样，人类也无法完全预见技术的发展。当一种新媒介产生时，总会在一段或长或短的时间内受人质疑。根据事例的不同，作者对此给出两方面的解释：对技术的质疑有时是因为对其本身的功能缺乏信任，有时则是对新技术引发的变革可能带来的负面影响的恐惧。

该书五、六章分别就电报和电话的早期遭遇阐述了这两种情况：电报作为一种媒介投入应用的初期，英国的新闻界一度拒绝出版仅仅依靠电报提供的外国新闻。由于人们对其不信任，电报的即时优势也无从展现，"几分钟、几小时就能完成的事情耗费了几年"。而电话则不但在诞生之初被美国西部联合电报公司总裁威廉·奥顿蔑称为"科学玩具",更因其能够轻易打破家庭壁垒、联通隐私空间的独特属性而广受争议。然而,作者指出,后一现象的产生并非没有先例。古希腊哲学家苏格拉底曾表示书面文字会对人与人面对面的交流和记忆产生伤害,后来的动画技术也曾被威廉·麦基弗教授称为"罪犯的学校"。这些曾被部分人抵触的媒介,今天得到了极为广泛的运用,正说明了它们对人类生活的决定作用是"软"而非"硬"的。当初持硬决定论的人,很大程度上是因为担心新媒介破坏旧有的生活方式。

作者对新媒介的接受态度是温和的,他承认旧媒介存在和受到保护的意义——"从常人的角度来看,我们能够理解这些恐惧,也能感受到失去任何形式的文化所带来的痛苦"。作者反对的是缺乏相关经验的空谈,人们对新媒介的批评很多时候集中于新媒介对旧规范的破坏,但又不能提供有力的论证,于是就表现出妖魔化新媒体的趋势。

作者认为,批评电子媒介的学者们错在将电子技术视为书籍、杂志、报纸等需要读写能力的媒介的对立面。从历史演进来看,电报、电话和电视先后普及并被广泛接受,至今仍和传统的纸面媒体一起对人类产生着重大影响,没有发生重大的对立。但同时我们也应思考,为何新媒介,如电脑、互联网乃至移动终端出现时,依然会经历,并正在经历一定程度的质疑?这个现象在作者看来有一定必然性。回到媒介与基因的对比,生物进化的结果常常是意外的,在此之前无法预测,人们只能通过结果来反顾进化的成功与否。传播媒介亦是如此,因为我们不能完整地预见或控制新技术所带来的影响,所以难免会产生对新媒介的批判。应以软决定论来思考问题,在新技术更新日益加快的今天保持冷静。

信息时代的人性回归

张燕祎

不同于过度夸大技术作用的观点，莱文森虽然不否认技术的发展与进步为生活带来的巨大改变，但却认为技术最终给人类造成的具体影响，仍是由人类自身主导决定的。

以书中提到的文字处理技术的发展为例，这一技术可通过更快捷的方式进行传输，也简化了书写和修改的过程，减弱了出版的障碍。然而，这一技术进步带来的便利同时引发了另一个矛盾：文字处理器对创作的影响在一定程度上仍是不确定的。文字处理器虽然使修改更加便利，但这一进步是否必然提高作者创作的效率与质量，则有待讨论。例如，文字处理的速度和方便提高也可能削弱作者事前沉思的过程，规避事前的全盘思考，破坏了作品的连贯性。文字处理器的诞生固然带给广大作者很大的便利与高度的写作自由，但这一便利与自由对创作、传播乃至社会的影响作用，则仍需取决于作者及其创作的文本，人应该始终处于核心的影响地位。技术的进步为作者创造了提高创造效率和质量的条件，而真正将其便利最大化，能够"为我所用"则要依靠作者自身的调整与利用，技术只是变化的因素之一，其作用不可被简单片面地夸大。

莱文森虽然不提倡夸大技术的作用，但强调必须采取更为开放的、全新的视角看待技术的发展，意识到技术发展可能带来的不同可能。例如对于在线媒体这一新型传播方式，有批评家认为，这种在线传播的方式造成了人民想发什么就发什么的局面，媒体失去了传统把关人的作用。而莱文森则认为：没有把关人的在线社区更值得赞美。

一些批评家倾向于从即将被替代的旧技术的角度来评价揭示新技术能够干什么，他们从传统媒体的单向传递信息的角度衡量在线媒体的作用，难以看清新技术带来的无限可能和变化。在线传播作为一种技术上的革新，改变了传统受众单一的读者身份和人们接触媒介的形式与参与方式，提供了在线交流与异步交互的可能。信息技术的发展为我们的生活创造了更多的可能性。站在开放包容的立场，才能更好地意识到技术带来的无穷革新与变化，更好地控制技术。莱文森就此指出：我们透过后视镜审视历史，有助于看清楚媒介的过去和未来，理解媒介的作用及其不足，在此基础上发展出更符合人需要的新技术。这是莱文森关于媒介演化理论包括人性化趋势、补救性媒介等的论证基础。

在《软边缘》一书的最后几章，莱文森主要围绕未来媒介发展的可能及其产生的影响作出了预测与展望。新技术的发展带来了电子产权、人工智能等一系列复杂的问题。诸多问题及其带来的不可预测的结果，显现出信息技术使人与人之间、人与外部世界之间的关系变得复杂起来，多数问题并不是由技术本身首先引起的，而是人的本性和先于设备存在的外部世界所引发的，例如数字化革命使得产权问题更为复杂化，包括计算机软件的版权、知识产权等多个方面，人需要对此做出相应的调整与控制。新传播技术不可避免地影响甚至重塑着我们的社会结构，但外部世界与传播技术的关系是互动的。

从莱文森对信息时代中一系列问题的阐述可知，不同于麦克卢汉的媒体决定论，莱文森的媒介理论始终以人为核心，对人性的力量充满了乐观，他看到了传播技术潜在的革命性，同时相信人是主导技术与未来发展的决定力量，否定"硬媒介论"，相信媒介始终能够在人的充分利用下，更好地促进社会的发展。

吴伯凡：《孤独的狂欢》

吴伯凡的《孤独的狂欢》发表于1997年，他触网较早，加上有些哲学和文学的功底，于是在众人对网络的初试阶段往前多看了一眼，成就了这本书。他憧憬网络的未来，批判传统媒体。他那时才31岁，我虽然比作者大15岁，仍受到这本书的感染，更多地关注网络带来的革命性变化，而传统媒体提供给大众的是同质化的信息，培养生产出较为整齐划一的"乌合之众"。他以发达的美国网络生活为例，说明触网如同孤身一人航行在信息的"大海"上，但"大海"本身就成了最好的伙伴。憧憬并没有让他陶醉，那时就指出了网络又如同吸烟，吸烟的"好处"是，它能在很大程度上占有人的感觉器官，……如今新一代人如何感受这本十几年前出版的书？这里发表的是三位中国人民大学新闻学院不同方向本科生的读后感。

网络时代：一个人的狂欢

项一闪

吴伯凡16年前对于互联网的预言，已成为今时今日的生活写照，甚至已经成为了"过时"的预言——我们跨过宽带走向光纤、走向无线网络，PC不再是网络的唯一入口，各式各样的移动设备让"上网"变得无比自由，"在线"成为年轻人生活的惯常状态。

对网络的歌颂已经多余，需要我们注意的是，我们真的已经进入吴伯凡所期望的那个"自我依靠"、自主选择、人与PC相互促进的美好时代了么？

我脑中常不由自主地浮现出这样的图景：世界是张绵延无边纵横交错的网，人是大大小小的蜘蛛。这些蜘蛛们身体和大脑极度萎缩，依靠电流和信号生活着。只有十根肌肉发达的手指不断地在蛛丝上快速弹拨，一对巨大的眼球盯着蛛网一动不动。

互联网的迷人来自于它的"快"与"广"。只需要几个简单的字符输入，你的PC或手机屏幕上就将翻滚着信息的海浪。的确，互联网缩短了我们从出发点到目的地的距离，但它将每一个目的地都变成了中转站，每一个中转站都设有通往下一个神秘去处的指路标。如果使用者不加克制，信息的旅途将成为一场没有终点的跋涉。这也许就是为什么有些人在商场购买服装只需要两小时：一小时车程，一小时挑选，而进行网络购物却需要好几天：登录网站十秒钟，几天内闲暇时都在购物网站的迷宫中流连忘返。我们看到的不单单是"pull"出来的信息，还将被迫接受被"push"到眼前的信息，我们其实并不"自主"。互联网勾销了路程，但也击碎了我们的终点。

互联网的另一个迷人之处，是它的速度能给人带来的"此时此地此情此景"的感觉。我们看到了千里外的炮火，在新闻地下勾选"痛心"的表情，我们看到了关于食品不合格的报道，并跟帖表示愤慨。时空的距离被速度击破，人们在网络上交流、团结、达成一致或口水纷飞，网络给个人带来了极大的"参与"快感，它使我们成为"超人"，所以我们渐渐很难再回归"常人"。我们看到任何我们想看的，即使我们不在那儿；我们永远知道朋友的动态，即使我们不在那儿；我们在这儿，却能看到那儿。我们远程控制着自己的生活，无限大的速度将我们拖拽至我们的生活之外，我们是我们的生活的旁观者。

在吴伯凡看来，现代技术造就的是各式各样的高速公路，是对"慢"的克服，但速度换取的是忙不迭地在各个时空分身乏术。穿梭在高速路上的人们自然而然地无视了或忘记了慢的价值，现代人的行程变成了"没有道路的行程"，他的生活是一场看似灿烂却空无内容的烟火，一个"没有情节而大获全胜的故事"。

或许之前的比喻应该做些改动：互联网是只大蜘蛛，我们是被束缚在网上的猎物，已经和网络融为一体，却已是空空的躯壳，唯留一双巨大的浏览一切的眼。这个比喻也许有些危言耸听，但确实要意识到，网络应是自主发展的新天地，它的强大功能是为了使我们更强大，而不是使我们沦为它的奴仆。

记得去年春节年夜饭开饭时，外公拿了个塑料袋，将小辈们的手机与平板电脑都收走，吃完年夜饭之后才能取。因为我们都在各自的屏幕上忙碌着，在没有终点的网路上奔波着，已经无数次因为过于专注而没有听见他说话了。互联网的确是盛宴，却是一个个相互隔绝的盛宴，每个人进入之后，都有不一样的款待。这意味着，一家人围坐一桌，各自刷微博，各自逛电子商城，是难以体会到其乐融融的和睦气氛的。

也许我们这些常年泡在社交、购物、资讯网站的年轻人偶尔要从一个人的狂欢中走出来，丢掉我们巨大的眼球和超长的手臂，去做一个"常人"，真正地感受"此时此地此情此景"，拥抱身边人。

谈交往

吴悠

《孤独的狂欢》说的是媒介的文化，是独立的个人在电脑时代的"狂欢"，因为人既可以和电脑闲聊扯淡，也可以将之引为"知音"。吴伯凡对于"交往"的论述很精辟，闲聊与知音，灌输与传播，散见于书中各处的描述，让我对"交往"（communication）的含义有了一些新鲜的体验。

平日的生活里当然充满着交往。然而，我和几个朋友都甚少在闲暇时间聊起除生活之外更有意味的问题。我们似乎不自觉地秉持着学习时间自己学习、娱乐时间便聊娱乐的行为规律。似乎是习惯使然，似乎是因为，现在就是"娱乐时间"。

娱乐时间的交往被称为闲聊，而闲聊是一种非常省力的交流方式。它既不会让人无话可说，又不至于给参与交流的人造成什么压力和紧张。闲聊的内容，所遵循的是媒体领域所称的"最低公倍数原则"，在最低的水平上寻求知识、信息、志趣上的共同点。它通过对高级信息的自动过滤与屏蔽，让我们感到了无比的轻松与安全。在这本书中的比喻是：旅游业划出的大海无所谓合格与不合格、老练与不老练，只要你到了这里，你就可以是一个游客。而同样的，在闲聊之中，无所谓你的思想深浅、能力高下，只要你开口，就可以是一个聊天的对象。

然而闲聊是永远不够的，为了能消除心灵深处真正的孤独，我们偶尔会希望寻求一个"知音"或者"知己"。可是，如吴伯凡所说，两个心智浅陋的人之间无所谓真正的交往。当一个人说"今天天气不错"时，我对他的意见表示同意，但我无所谓是不是他的知音或者知己。一个人要成为另一个人的知音或者知己，必然是这两个人在一个独特的领域或境界中的不期而遇，一定不会是在除了最低公分母之外别无选择的东西上达成了共识。

一个人如何才能和另一个人相契？真正的可能性却存在于自我。当两个人相遇之时，他们并不能立刻向对方展示自己深处的内涵，而是需要对方的激发与揭示。正如"镜中我"的理论，双方所获知的都是对方对于自己的反馈，双方使对方潜在的深度和广度成为现实。而当两个人都发觉对方身上闪烁着同自己一致的灵魂之光时，便一定会得到一种巨大的狂喜。

而要想实现这种"发觉"，得到这种"狂喜"，前提条件便是人须能够在独处之时先与自我相遇，便是在孤身一人之时，分别预先奠定两者共同的知识基础。若没有发现自己的"自我"，何以发觉别人的"自我"与我一致？日常生活中那种凑热闹式的交往只是在搁置、延误真正的交往，只不过是两个躯壳之间的交往，一种虚假的，浮皮潦草、同床异梦式的交往而已。

发觉自我的过程，无疑是一个漫长的过程。之所以当知己相遇之时，往往会有相见恨晚的感觉，是因为相见之前，双方都不自觉地为这次相见做了长时间的准备，等待着这一刻的到来。所以说，一切有价值的相遇必定都是晚的。

Communication，这个被误翻译为功利性质的、单向的"传播"的词，本意是指双向、共享的互动交流。而交流不能只是知情者向不知情者、内行对外行的信息传播与灌输，或者无所谓胜任不胜任的最低限度的闲聊，而应该是两个深得其旨且都做了漫长准备的人在目光相遇之时发出的会心的微笑。

所以，你若觉得和我有缘，或许不是因为你我情感的相容，而是因为智慧的契合。

电视与网络的隐喻与现实

曾俊玮

在多数人还没有触网之时，吴伯凡看到了网络不同于之前一切传媒的魅力，同时也表达了对当时的大众传媒之王——电视的批判。他引用了一个来自于麦克卢汉的比喻——"娼妓"来表达他对电视的看法：一种毫无个性、最低限度的交往；因为人与网络的交往过程是异质性的、个性化的，所以他把网络看作"数字新娘"。

作者认为，人们在网络上是自由自在而又无依无靠的，即"孤独的狂欢"。他采用麦克卢汉口中的"按摩"（massage）来描述电视：奢侈、非分的交往；抽象陌生的个体之间毫无个性的交往；内容低级的交往；最低限度的交往；快速的交往。在此基础上，作者夸赞网络，夸赞 PC 文化，认为 PC 是"按摩的终结者"，认为人们会在网络上标榜其异质性，认为网络是人们永远的"数字新娘"。

但是，现在不少人把网络当成了电视的一种形态。是 16 年的时间尚未达到作者设想的标准，还是网络并非人们设想中的"数字新娘"？

事实上，作者的预言也并非全未实现。人们的确利用电脑这个工具进行个性化的开发，人们在网上寻找自己感兴趣的内容，寻求志同道合者，不必被动接受信息，网络带给人们的是对信息的自由挖掘。但这并非网络的全部。网络的工具职能愈发明显，人们对网络的使用也日趋模式化。电视和电脑的区别似乎并没有作者设想中的那么大。电脑无非是把由电视送到人口中的固定食物，变成了由人自取的自助餐而已。

"娼妓"和"新娘"区别的关键，就在于网络的模式化和工具化使用上。当门户网站和社交媒体出现后，人们似乎又回到了电视、广播甚至报纸的年代。关注不同的微博与选择不同的频道，看起来并没有本质上的区别。每个人总有一些常规的渠道获取信息，不管是 BBS 或者门户网站或者社交网络，都是获取信息的工具，这样的工具与作者推崇的对异质性的追求并非一回事。

我们可以认为，尽管电脑改变的是人们接受和寻求信息的方式，兼具交流的功能，但是人们并不像作者希望的那样被改变，因为人们习惯性地像使用传统媒体一样地使用它。的确，电脑一开始是作为交流、工作和娱乐工具进入人们的生活的。人们在工作时工具性地使用它，正如人们使用打字机一般；人们在交流时使用它，正如人们闲暇时聚在一起聊天或者打麻将。如此，人们把电脑当电视，在原本异质性的交流方式中寻求同质性，就变得可以理解了。

我们可能忽视了社交媒体的主要职能是社会交往，电脑对生活的改变体现在生活的每一个方面。但是随着以手机和平板为主的移动终端出现，电视和网络的"娼妓""新娘"之辩似乎变得更加扑朔迷离。移动终端也是媒介，并且与电脑终端共享同一网络。它的确具备与电脑相同的寻求异质性的功能，人们更习惯把移动终端和社交网络联系在一起。我们无从得知移动终端这一媒介究竟会给人们带来怎样的讯息，但是社交网络的碎片化和社交化特征，无疑与吴伯凡的"孤独的狂欢"南辕北辙。鉴于人们是在不同的语境下使用电脑和移动终端的，我们不能武断地认为作者的想法并不正确，但是要达到书中所谓孤独狂欢的状态，达到作者心中人人都成为追求自由和反传统的"黑客"的境界，似乎路很遥远。

电视与网络的"娼妓""新娘"之辩其实难有结果，大众时代是否的确就是"按摩"也太过学术。作者能在 16 年前看到网络媒介的独特、预言电视的衰退，眼界的确超凡。《孤独的狂欢》中对于网络"轻重"、"快慢"的哲学思辨到今天仍然让人眼前一亮。只是，作者在书中对于网络救世主式的崇拜与对异质性社会的向往，却不免有失偏颇。我们必须承认媒介的多元性。

胡泳：《众声喧哗》

我知道胡泳，还是在1997年读到他的《网络为王》一书时，此书开启了人们对互联网的关注，随后便是他译介的《数字化生存》，再度引发人们对网络的思考。他虽是我的晚辈，但在网络研究方面，却是我的引路者之一。他是国内最早从事互联网和新媒体研究的人士之一，经历了中国互联网发展的整个过程。他的《众声喧哗》对互联网有了深度思考，其思路有二：网络中的公共领域和政治慎议是否可能，网络民主是否能改变中国。既要警惕对于网络民意的过分热情和盲目赞美，又要肯定互联网对于中国"生长中的市民社会"的价值。该书2012年获得第六届吴玉章人文社会科学奖优秀奖，我因获这项奖的一等奖而与他一起领奖。

共有媒体使公共空间私人化、私人空间公共化?

崔帅

互联网进入中国后给所带来一系列的社会变化，是研究者最为关注的。《众声喧哗》一书以其独特的视角观察中国社会的变革，从理性的角度分析这些变革。作者在书中提出了"共有媒体"这样一个说法。作者把各种基于数字技术，集制作者、销售者、消费者于一体，消解了传统的信息中介的媒体系统，称为共有媒体。从公众的角度对其进行定义，与大众媒体将信息"推给"消费者不同，共有媒体时代下，人们（或他们的电脑）主动将所需要的信息"拽出来"，并参与到创造信息的活动中。

具体而言，这些共有媒体相对于传统媒体来说有什么特点呢？作者在书中提到了超文本、多媒体和互动性三大特点。因此，共有媒体使受众了解到的内容更多，网络的虚拟性也使沉默的大众喧闹起来。就新闻工作者而言，共有媒体打破了传统意义上的新闻工作的惯性。以前的媒体是消息的垄断者，信息传递是点对面的方式，而如今"公民记者"已经不计其数，每个人都成为了信息的发布者和接收者，能够在第一时间将新闻传播出去。例如，2012 年北京暴雨成灾，淹没了汽车、阻塞了交通，第一时间报道这件事的人，是在路上用手机拍照传到网上的行人，不是专业的新闻工作者。

以共有媒体为中介，作者以新的角度论证分析了公共领域和私人领域之间的关系：共有媒体的出现使传统的公共领域和私人领域的界限被模糊。作者研究了历史上的公共和私人的理论，从而分析共有媒体对公私边界的重构，提出了共有媒体使公共空间私人化，同时也使私人空间公共化。这是因为，网络的互动性极强，在互联网上几乎毫无隐私可言，再严密的防护下隐私也有可能被泄露，展现在大众面前，从而互联网成为一个没有秘密的社会；而且在公共领域以私人空间推销自我的情况也是常见的，对于隐私的定义我们还要重新确定边界。但是对于个人来说，网上的确有属于自己的空间，可以选择与什么人交往，这免除了别人对自己的压力，这种私人化又被都市社区所强化，但这些私人空间却是以公共空间为代价而不断扩张的。

如今，互联网的普及使网民人数与日俱增，而这也有利于发挥公民享有的权利，催化中国的民主进程。然而为了规范互联网，许多网站实行实名制，这一举措也引发了大争议。不可否认，今天的中国互联网上，非理性的表达很多，但是也不能因此而使互联网成为一个赤裸相见的社会。而且正是因为互联网的匿名才使我们敢于发出各种声音，对国家政事高谈阔论，对身边琐事家长里短，实现了"众声喧哗"，可以说从某种程度上来说我们在互联网上拥有了更多的发言权。实名制的实施使个人信息完全暴露于大众，言论受到局限，政府也很难听到不同的声音，听到的多是自己声音的回声。

当然，互联网在不断地发展，我国的体制也在摸索中不断地健全。不过，当年马克思的理想应当是目标，他引证古罗马执政官、历史学家塔西佗的话说："当你能够想你愿意的东西，并且能够把你想的东西说出来的时候，这是非常幸福的时候。"

互联网时代的"众声喧哗"是把双刃剑

葛蔚宁

胡泳在其所著《众声喧哗：网络时代的个人表达与公共讨论》一书中指出，互联网时代是一个新的时代，它的核心特征就是"众声喧哗"。掩卷之后，我不禁思考，什么叫"众声喧哗"？

20世纪90年代以来，计算机、移动通讯、多媒体、互联网飞速发展，深刻地改变了人们的生活方式和思维方式，乃至生存方式。在自媒体发展繁荣的今天，人们可以选择各种媒介形态来表达自我。诸如"人人都是记者"、"人人都可以是作家"的观点已经不再新鲜。如果说以前，只有几个"大喇叭"控制着信息的传播和观点的表达，那么，现在每个人手中都有一个甚至多个"小喇叭"。人们可以在任何时间任何地点，选择自己手中形态不一、颜色各异的喇叭，大声说出内心的想法。一时间，人声鼎沸、千言万语、犬吠马嘶，再也没有所谓的异口同声、众口一词了。

媒体形态的多样性，引起了意见的多样性。然而，这种百家争鸣式的"众声喧哗"是一把双刃剑，它一方面可以营造一种良好的信息和思想交流的氛围和环境；而另一方面，喋喋不休的妄语、肆无忌惮的谩骂将会积累成一个巨大的信息垃圾场。

易言之，在这样一个时代，个人固然可以随意、尽情地表达自我，但是在纷杂的声音中，也容易导致迷失。密尔在19世纪写道："现在个人迷失在人群中"，公众舆论潜入到"私人生活的道德和社会关系"之中。大众希望看到别人的裸露，这一想法出于窥视欲、对情感联系的渴望等多种动机，个人在这种压力的注视之下，往往选择牺牲自己来迎合大众，以取得别人的认同。这是一个"魔鬼契约"，我们既是观众，又是演员，心甘情愿地牺牲自己的隐私以换取虚无缥缈的情感联系和安全感。从这一个角度，我们有理由怀疑共有媒体中的个人表达的真实性。

此外，在 Web 2.0 时代，互联网的一个突出的特点就是去中心化，这和后现代所宣称的追求极为相像。但是一味的"后现代"却会使我们滑向虚无的深渊。工具理性盛行而价值理性凋敝是后现代难以解决的问题。这也给互联网提出了一个巨大的挑战，即能否在共有媒体中促进人们理性的对话，并由此重建现代性？而这种理性对话是否可以构成网络中的公有领域？这些问题都是值得进一步思索和研究的。

由于此书写于 2008 年，彼时正是博客、BBS 等网络论坛盛行的时代，而微博微信还未能成为主流。时至今日，六年的时间里网络发生了翻天覆地的变化，社交网站、微博不断发展壮大。这本讨论博客、BBS 的书是否过时呢？

我认为并不过时，它依旧可以为许多问题提供新的思路和新的角度。其实，想要充分了解当下，就必须对以往的历史发展有完整的认识。阅读过程中，我感觉，虽然作者描述的是博客、BBS，但很多结论仍适用于现在。尽管该书没有提及微博、SNS，但这种"留白"恰能使读者有更加辽阔的思考空间。比如，我从这本书中学到了对网络进行思考的新维度——政治学的维度。

在人人都在极力推崇网络对于民主政治的积极作用时，作者反而能够冷静下来，思考网络成为公共领域的可能性。这种态度和严谨也是值得我们学习的。

新媒体技术真的让普通人更有话语权了吗？

王硕

　　进入 20 世纪以来，新的通讯传播手段不断更新换代。一方面是科技工作者的主观能动起作用，激励他们发明新技术；另一方面则是社会各方面的需求。中国在 1995 年以后进入互联网世界，而后发展异常迅猛，时至今日，通讯设备的更新换代不仅方便生活，还让社会有很多的变化。

　　《众声喧哗》一书就提到，"这种崭新的传播方式的共同特点是个人化，个人化的内容、个人化的体验和个人化的服务"。也就是说信息的传播不再仅仅是新闻媒体的事情，普通群众有了很大的发言权和与他人交流的权力。这在现实生活中有很多事例，比如记者还没有报道大众传播就已经沸沸扬扬，而且由于一些新闻事件的特殊性质，有些不为人知的事情可以在交流中共享，并且引发广阔的社会舆论，有时甚至会影响相关部门对事件的看法与处理措施。

　　但事实真的是这样吗？

　　新技术确实使得群众以前所未有的方式获得信息，而信息跨国界的频繁交流使对民主的需求比以往更甚。代议制民主社会会不会让位于直接民主呢？在书中，作者提到过如果这样则会产生的一个大问题，就是在中国数以亿计的网民如果直接参政，就会有让政府部门难以反馈的大量意见，基于此政府会对网络进行严格的管制和审查。其实，说起来我们华夏的老祖宗也经历过类似的事：周厉王治国不行，百姓怨声载道。厉王便下令不许国人议国君得失。因此，时有大臣劝他"防民之口，甚于防川"。厉王不听，依旧我行我素，结果暴怒的国人一气之下把厉王赶出镐京。不管怎样，这种"围堵"的策略终究不符合互联网思维。

　　我想起麦克卢汉曾说过："新的传播媒介不是人与自然之间的桥梁，它们就是自然……超越了书面文字，我们重新获得了我们的整体，我们不是在一个国家和一种文化层面上，而是在宇宙的层面上获得这一整体。"这位伟大的预言家成功地预言了"电子乌托邦"，他的观点给我们的启示在于，技术本身其实并不能决定什么，而仅仅是提供一种可能性（affordance）。

在今时今日我们不断地追求平等，传统新闻部门就不再身处消息传播的顶端与社会舆论的制高点。包括社会道德的制高点，这种相对的平等让我们这个伟大的国家不断前进，发生着日新月异的变化。特别是"科教兴国"这一基本战略，代表着国家对于新技术包括传播技术的肯定与重视。随着公民参政议政的热情不断提高，我们有理由相信，美好的社会不会太远。

三、电视批判

艾英戈、金德：《至关重要的新闻——电视与美国民意》

布尔迪厄：《关于电视》

波斯曼：《娱乐至死》

格拉斯哥大学媒介小组："坏新闻"系列书

格拉斯哥大学媒介小组："来自以色列的坏新闻"系列书

艾英戈、金德:《至关重要的新闻——电视与美国民意》

  《至关重要的新闻——电视与美国民意》是一本老书，24 年前构思于耶鲁大学政治科学系，作者为仙托·艾英戈和唐纳德·金德（Shanto Iyengar & Donald R. Kinder），前者是传播学学者，后者是心理学家。这本书首次明确地指出，电视新闻节目扮演了一个重要的角色，即告诉观众优先考虑什么问题，告诉他们如何思考，影响着大多数人参与政治生活的方式。电视甚至成为把多元声音变成单一声音的负能量。而普通民众主要依靠电视获得新闻，长此以往，不免会培养起信息路径偏见（the accessibility bias），电视的偏见最终会成为公众的偏见。由于观众已经把电视当成一个交谈的伴侣、消磨时光的机器，更重要的是，一种生活习惯和需要。当一种东西成为潮流的时候，能够对其提出质疑，需要科学的精神，需要勇气、韧性。回到这本书的时代，让我们体验一下能够揭示这种情形的严谨的学术力量吧。

网络时代对传统媒体议程设置的冲击波

王晓颖

艾英戈与金德的《至关重要的新闻》一书，将议程设置理论扩展到了电视媒体，并且进一步深化了该理论，指出电视新闻不仅仅具有影响受众想什么的力量，同时也确实能够影响受众怎么想。

李普曼在其著作《舆论学》① 中对于"拟态环境"的阐释，可以看出向公众传递"现实环境"信息的大众媒介对于公众的"拟态环境"构建起着十分重要的作用。在传统传播环境下，受众的信息来源受到较大的限制，公民较多地依赖于报刊、电视获取信息（尤其是与个人生活有较大距离的相关事务的信息）。在"传"与"受"的关系中，传播者与受众可谓泾渭分明。普通受众的身份是单一的、被动的，很难参与到媒体的议程设置中，因此，在互联网之前的环境下，报刊、电视等传统媒体在议程设置中处于主动地位。而随着电子信息技术、移动终端技术的发展，议程设置的传统模式逐渐受到挑战，一定程度上来说，个人的议程设置开始"崛起"，传统媒体开始丧失对第一手新闻材料的独占权。

近年的不少事例中，可以看到议程设置的新规律：网络用户个人议程设置逐渐演化为网络群体用户议程设置，在形成一定的传播效果后，逐渐转化为主流媒体设置，甚至还有可能转化为大众议程设置。个人议程越来越多地成为主流媒体议程的起点，从郭美美等网络事件中，我们似乎都可以看到这条规律的影子。

网络的交互性又进一步提高了公众的地位，通过对新闻事件发表观点，公众的声音更容易传达到主流媒体那里，议程设置开始由单项逐渐向双向

---

① 即后文提到的《公众舆论》。本书主编认为《公众舆论》翻译不当，应译为《舆论》，见124 页。

转变。并且随着时间的推移、事件的不断发展，传媒与受众间的互动可能持续进行，使得主流媒体可以根据受众关注点的变化不断进行议程的调整。

虽然目前网络议程设置对传统议程设置产生了较大的影响，但不得不指出，并非所有的网络议程都可转化为主流媒体议程。这种情形部分是由网络自身的特点所造成，网络传播碎片化，存在大量的虚假信息、无用信息、无效信息。而传统媒体较高的新闻编辑水平、较完善的新闻采集系统以及较为严格的业务审查环节，仍然是其优势所在，使其具有较高的权威性，故主流媒体对网络议程必然具有选择性。

一定程度上，网络议程设置对传统媒体的议程设置产生了不能忽视的影响，但从目前现状看来，传统媒体与网络互相影响着彼此的议程设置。许多网络议程是在传统主流媒体跟进后才得以转变为公众议程，甚至转变为政治议程，从而对社会生活产生更加深刻的影响。另外，目前传统媒体向网络环境进军早已成为不可逆的趋势，而这类传统媒体的议程设置必然会影响到其拥有的网络媒体。

不同的媒介形态或路径会受到不同群体的青睐。能够熟练运用微博等社交媒体，具有较高知识水平、较强政治参与性的网络用户，可能会在网络个人议程设置中发挥更重要的作用。意见领袖、微博公知等在网络上具有较高影响力的群体，其个人议程也较为容易转变成为网络议程或者公共议程。

网络的传播环境发生深刻的变化，一定程度上，网民开始具有了决定"想什么"的力量，但认为网络议程设置的影响力目前来说仍相对有限。传统媒体与网络的议程设置，更多地呈现为一种相互作用，传统媒体的议程设置对于公众议程的设置，仍发挥着较大的影响力。

媒体的职责：新闻的真实与客观

潘骐畅

柏拉图的"洞穴寓言"常常被借用来比喻现代大众媒体的影响。媒体不是通过对个人或群体的微观层面，而是通过制造整体的信息环境，来影响我们关于世界的想象。艾英戈和金德于 1979 年启动的一项历时八年的研究，完成了《至关重要的新闻》这本专著，将议程设置推广到电视新闻领域，成功地用数据证明了大众媒体的影响效果。该研究进一步证明了电视的议程设置效果，将大众媒体对公众的影响力——这种潜移默化的影响力难以证明，但人们又的确感觉到它存在——用实验研究的方法加以具象的证明，增加了议程设置理论的内在效度；同时还提出了电视新闻的铺垫作用（priming）。显然，电视新闻不仅告诉人们"想什么"，还影响了人们"怎么想"——这对于传统议程设置表明的新闻的影响做了进一步的补充。

该书中关于议程设置的实验结果表明，新闻媒体关于人们不可能接触到的政治世界的描述，具有巨大的影响；同时，电视新闻有力地影响着观众对何为国家大事的判断。虽然该书所记录的是美国的电视政治新闻，但是推广到中国的媒体，议程设置效果依然大体有效。既然有如此显著的功效，那么，作为舆论表达者，新闻媒体在报道事实上就应该格外注意新闻真实、客观的原则。

一些不真实的新闻会通过议程设置在大众心中被放大，从而引起不良的社会反映。我国还存有较多不客观的新闻报道，很多时候媒体带有主观操纵的性质，并直接影响公众的想法和判断。

这本书第 7~11 章研究了电视新闻的铺垫效果，"通过事先强调（priming）国家生活中的某些方面，而忽略另外一些方面，影响人们政治评价的标准"。例如中国的"两会"期间也是这样：全社会议题的只有"两会"，这十几天偌大的中国像变戏法似的没有任何不好的事情发生——其实不然。媒体对新闻事实的选择、对观点的选择会影响人们的认知与判断。因此，媒体必须注意保持观点的平衡和客观，才能履行自身的职责。

在这本书的最后一章（章名与书名相同：至关重要的新闻）里，两位作者整合他们的研究结果，得出了这样一个结论："不管你喜欢与否，电视新闻已经成为了美国政治过程中一个相当重要和残酷的游戏者。""电视新闻中有关美国政治的观点非常独特，正如我们的研究所证明的结果那样，这种观点最终会变成大众的观点。"

同样，在中国，媒体选择的新闻最终也会成为大众心目中的重要事实，媒体的看法最终也会成为大众的观点。正是由于媒体议程设置和铺垫效果的作用不容小觑，因此，媒体必须恪守新闻真实、遵守新闻客观性原则，必须注重观点的平衡，否则在信息公开的网络时代，将可能引起人们观念的混乱。

媒体的影响力越大，那么媒体所肩负的职责也就越大。对于媒体人来说，议程设置和铺垫效果也许是他们引以为豪的"魔力"，但是这种"魔力"存在的同时，也要求新闻媒体必须做负责任的媒体。只有所有新闻媒体都具有职业意识，拥有社会"良知"，那么整个社会才能健康有序地成长。

我们该做怎样的电视新闻?

李苑宜

《至关重要的新闻》这本书主要通过实验的方式,证明了议程设置和铺垫效果在电视新闻报道中的存在,并且分析了两种理论的局限性。它告诉我们,电视新闻无论在节目编排、节目数量、表现形式、表现角度和播出时间等方面,都能对观众起到影响,甚至有可能左右政权的稳定和选举的结果,是一股不容忽视的力量。所以,大众媒体不能轻率对待播出或刊出的新闻,要有专业精神和社会责任感。

由于中国媒体体制与美国不同,中国媒体议程的安排背后有着无数无形之手。如果要在中国进行类似《至关重要的新闻》中在美国进行的实验研究,很可能会发现有很多实验素材的空白和实验结果的误区。

电视曾改变一代人的生活,由于电视画面更生动、更有现场感,对知识文化水平的要求门槛低,电视成为一种深入每一阶层的信息传播方式,成为每家每户娱乐和信息的合体。书中也说道:"电视新闻和报纸新闻的区别,就在于其流行性和煽动性。"我认为电视机对大多人来说,娱乐的功能更大一些,电视新闻沾着电视娱乐的光。

然而,互联网又一次改变了人类接收信息的方式,社交网站、博客、微博等的兴起,也改变了人们接收甚至发出信息的方式。每个人都可以是媒体,每个人都可以是信息操控者,每个人都可以随时随地发放和接收信息,即便是碎片化信息,实时性也更强、数量也更多。

现在网络的扩张虽然是趋势,但它暂时还不会是新闻信息的唯一来源,人们仍然需要传统媒体正规、全面、系统地报告新闻,目前来看,影响最广泛的媒体依然是电视。电视有着自身的经济追求,但也必须明确其社会责任,应该为观众带来有价值、有意义、真实的新闻。事实上,根据议程设置理论，新闻的编排和同类新闻的数量将会影响观众对某些事件的重要程度评价，因此，作为电视媒体，我们需要尽可能根据新闻的重要性原则选取和编排新闻。

艾英戈和金德有一个实验结果，即"描述个人遭遇的煽情报道，通常并不能影响观众赋予该目标问题的重要程度"，这是一个值得我们关注的结论。事实上，随着电视媒体走向市场，新闻节目面对着越来越多不纯粹的诱惑，比如电视新闻娱乐化、戏剧化，甚至广告化，当我们不断强调故事性能吸引观众时，电视新闻除了要让观众觉得好看，也应该让观众有所反思、有所收获，纯粹的讲故事不能滥用，要注意适当地提供更全面、更客观、多角度的信息，让观众除了记得故事的主角外，还对相关问题有更全面和深刻的认识。

书中还提到，观众会更容易受到电视新闻对新出现的政治议程描述框架的影响，这也意味着，面对一个新的话题，媒体不仅仅要快速报道，而且要准确、严谨地报道。每个人对第一印象都会比较深刻，因此，媒体对新议程的第一次报道，可能会在一定程度上决定了观众看此事的视角。

西方新闻传播学者已有不少关于媒体与政治关系的研究，然而，毕竟西方的文化背景和政治生态跟中国都截然不同，要找到更适合中国的新闻传播的发展道路，从自身出发做些调整。作为一名澳门学生，我认为港澳台地区的媒体与政治是非常值得中国学者（包括港澳台地区）投入更多关注的。港澳台地区与内地同文同种，文化虽然略有差异，但大家的"根"都是一样的，研究港澳台媒体对选举的影响，相信对中国内地亦会有一定的参考作用甚至前瞻性——如果研究足够全面和权威，对于中国媒体发展，这种参考作用比西方的理论更有价值。

我的中心观点是：由于电视新闻对观众的价值判断有着重要影响作用，因此，媒体人必须严肃对待新闻，做真实的、有意义的新闻。

布尔迪厄：《关于电视》

　　法国社会学家布尔迪厄（Pierre ourdieu，1930—2002）《关于电视》一书在中国面世12年了，当时对我们的观念冲击很大，因为电视那时在中国正火着。布尔迪厄设立了一种批判机制，借助这套机制，人们有可能认清电视的本质以及它所带来的全部影响。此书在话语深层流露出一股知识精英的强烈情结，虽然理想化，但给人以警醒，这正是这本书的生命力所在。

　　如今网络为王、微博为王了，还需要布尔迪厄和他的《关于电视》吗？其实问题的关键不在于批判电视这一种媒介形态，而在于把选择权还给受众，就如布氏所说："人们能够并且应该以民主的名义与收视率作斗争。……应该给人们评判、选择的自由！"

电视是什么

朱航

我从来没想过电视可以是一个极其"危险"的媒介，直到我读完了皮埃尔·布尔迪厄的《关于电视》。

电视是大众的么？电视自从出现之后，就以它独特的声像结合、形象立体的优势超越报纸，迅速赢得了人们的喜爱。并且由于电视的频道较多，传播的信息也更为广泛，因而一度被认为是"最具有公共性"的传播方式。

那么，电视真的是大众的么？当我们打开电视，看着那一个个五花八门的节目时，已经习惯性地挑选最感兴趣的节目进行观看，并习惯在一个固定的圈子里去选择，从未想过跳出圈子去发现自己的兴趣。

电视中播出的所有的节目都要经过审查——看得见的与看不见的。电视台的高层对电视节目进行看得见的审查，而政治环境与传媒的经济利益，则对其进行看不见的审查，这种审查其实是主要的。观众们有了那么多的选择，实际上，还是没有选择。

电视是透明的么？小时候每次看电视的时候，我总是觉得掀开那薄薄的透明的电视显示屏，我就能够与电视中的人亲密接触。是的，电视确实给人这样一种感觉——不管是电视里的人还是事，仿佛离我们很近很近，似乎就在身边——只因电视屏幕是透明的。那么，电视真的是透明的么？

我们会经常看到一些谈话节目中，双方嘉宾持着不同的观点，进行着辩论，似乎他们真的"水火不相容"一般。我们也会经常看到主持人对嘉宾提着各种问题，而回答者总是正中主题。我们还会看到各种娱乐节目进行得如此顺利，每一个环节都是那么的紧凑，也戳中观众笑点。

我们所看到的是电视想让我们看到的。那些背后的我们自然无从得知。而这些看不见的才是有决定意义的。布尔迪厄说："这一要玩的游戏，有着心照不宣的规则，它与传播的每个社会阶层都有一个哪些能说、哪些不能说的结构。"在事先定好的脚本里，没有任意的角色存在，若你不遵守规则，那么，对不起，这个角色你不能演。

电视是权威的么？《百家讲坛》上各个领域的专家学者侃侃而谈，法制节目中法律专家进行各种分析。我们从未怀疑那些频繁在电视上露脸的人的权威性。布尔迪厄曾说，"一些'失败者'或正走向失败的人，由于他们在场内得不到认可，所以热衷于到场外去寻求认可"。我们平日从电视里接触的，终究只是文化快餐，真正的精髓是无法获得的。

《关于电视》赤裸而又尖刻地指出了电视背后的危险，虽难以置信，却又不得不令人叹服。那么，电视究竟该有一种什么样的生存法则？布尔迪厄虽提出了几种构想，却最终也没有指明一种真正的解决办法。如今网络正取代着电视，正如当年电视取代着报纸一样。那样广阔的信息平台，那样开放的传播空间，似乎任何人都可以从中得到自己想要的信息，发表自己想表达的言论，真的么？我还记得那些"人人网"上的帖子由于含"敏感词汇"而被管理员删掉的"状态"，我还记得那些为了让我们无法"翻墙"而设计的强大软件。网络似乎也是一种象征暴力了，那它的生存方式又应该是怎样的呢？它的"是"与"不是"还等着人们去研究。

窥见彼岸的深渊

王婧

电视的发明，原本希望可以依托其强大的影像传播力，追求有文化意义的产品并培养公众的文化趣味，最终促进文化发展和社会整体的民主化进程，但是在电视的发展过程中，它却逐步从民主的工具沦为商业的工具和象征的暴力，当布尔迪厄在《关于电视》中鲜明有力地进行电视文化批判时，在整个法国社会范围内掀起了一场广泛的论争。其实，作者批判的不是电视本身这种媒介，而是电视作为一种媒介所传递和负载的意识形态，与其初衷或与社会进步朝向发生的偏离，作者在电视潜移默化的进程中窥见了彼岸的深渊，这对于媒介发展及社会进步来说更是一种警示和预测。

电视文化的发展导致了文化媒介化。在我看来，布尔迪厄的独特之处在于从社会学角度运用"场"理论分析了这一现象，《关于电视》就是在这样一种文化生产场与商业逻辑的相互关系中来思考电视的。在传媒与经济社会的关系中，现在的多数媒介以市场为导向，追求份额占有率和广告收益，受商业利益牵制，打着"受众本位"的旗号，发布大量社会新闻和体育新闻，既不会产生意见分歧，也不触及任何事关重大的东西，同时还赢得受众，这样保险又划算的买卖何乐不为呢？表面上说服务于全体大众，实质是对媒体工作责任的亵渎。

电视文化造成两方面的危害，一方面，电视作为一种商业的或外部的逻辑，对整个文化生产场进行侵蚀和渗透，对文化本身的发展造成一种干扰，于是产生了媒介时代文化生产如何自律或自身合法化的问题。另一方面，将电视本身视作一种文化，完全用看取代读，受众顺从且不亦乐乎地接受电视的思维方式，被电视呈现的世界吸引和蒙蔽，并且将其本身作为自身认识世界的唯一窗口，这是很危险的。文化整体被媒介化了，文化本身被媒体所展示的部分且有可能未必真实的"文化"所取代和掩盖，一定程度上使文化窄化，也缩小了受众的视野。

电视属于消费文化，电视使大众的"消费文化"成为可能，这样就大大降低了文化生产场的门槛准入，容易导致文化被娱乐，文化的神圣性被颠覆了，以视觉刺激代替深邃的思想，用简明语言代替严谨的逻辑推理，受众在电视预设的情境中完成了文化的消费，其实感官的满足远比思想的启蒙要深刻得多、有趣得多，文化也就无形中被大众娱乐了。

从媒介素养角度，受众不宜完全信任电视，过分依赖电视所呈现的世界。现阶段电视主要作为大众娱乐的一种工具，只适合于相对浅显的表达，并且无法呈现事实的全貌，难以全面反映实际。知道影像会骗人，善于从电视世界中跳离出来，同时多接触各种传媒，特别要多读书，多看报，才能在影像与现实间行走自如。

批判的武器：《关于电视》

甘沁鑫

"社会学家之所以总是让人有点生厌，那是因为他迫使人们意识到了人们宁愿不知道的问题。"布尔迪厄就是这样一个"不安分"的知识分子。1996年，他在法国的巴黎一台做了《关于电视》和《记者场与电视》两个电视讲座，试图为电视解魅。稍后，讲座内容被印成一本小册子《关于电视》出版。该书引起了法国学界、新闻界长达数月的争论。这本书包含了两个主题，电视的商业化流弊和新闻场对其他文化生产场的侵蚀。通过收视率这一压力，经济在向电视施加影响，而通过电视对新闻场的影响，经济又向其他报纸、包括最"纯粹的"报纸，向渐渐地被电视问题所控制的记者施加影响。同样，借助整个新闻场的作用，经济又以自己的影响控制着所有的文化生产场。

布尔迪厄在书中所指出的一些电视现象，比如电视新闻的同质化、电视不利于自由交流等等，固然是恰当的。但是他的另外一些论断，比如，如今在编辑部、出版社等地方，普遍都有一种"收视率心理"，人们处处想着经济效益，新闻业是惶惶不安的人、贪得无厌的人、叛逆造反的人或无耻屈服的人最多的行业之一等等，似乎否定过度了。法国全国新闻记者联合会1966年修订的《法国新闻记者道德信条》，再加上西方新闻媒介从业人员争取内部新闻自由的斗争、新闻专业主义的传统，以及二战后对媒体社会责任的重视、受众控制对法国新闻界的影响等等，新闻界的情形应该没有布尔迪厄所说的那么严重。当然，这也只是笔者的推测，缺乏实证数据的支持。退一步讲，布尔迪厄在书中把法国新闻界描绘得这么糟糕，也许只是他演讲中的一种修辞，为电视去魅的一种策略。

当然，布尔迪厄对于电视商业化流弊的反思是相当深刻的。但在书中他没有开出可操作的药方，只是说道："人们能够并且应该以民主的名义与收视率做斗争。"台湾新闻学者李瞻先生分析台湾出现的电视危机后，提出了他的解决办法——建立公共电视制度，让媒体真正做到民有、民治、民享，并且列出了相关条件及具体步骤。这个思路值得我们借鉴。法国20世纪70年代以后逐步形成了公营和民营并行的广播电视体制，公营电视虽然存在，形式上有些像英国的BBC，但政府对其的控制比英国大得多。

经过布尔迪厄的发展，"场域"理论成为一个具有相当普世性的元理论和研究范式。许多中国学者对西方语境下产生的场域理论进行了卓有成效的本土化建构。笔者以为，在运用场域理论分析新闻场干扰其他文化生产场自主性的时候，我们不妨更多一些宽容与谅解。在中国人总体受教育水平有待提高的大环境下，在宣传模式和商业化对媒体双重挑战的小环境中，有更多的电视知识分子走进演播间，有更多的报纸版面上出现畅销书的排行榜，这对于国人片面强调经济增长造成的物化心灵，或多或少会有一些补益。

此外，布尔迪厄在书中描述的法国新闻界存在的乱象，在中国也大量存在，比如追求强有力的煽动性和情绪效果，将社会的生活转化为逸闻趣事和流言蜚语等等。这些问题的解决更待新闻界同仁黾勉同心，勇敢前行。

波斯曼:《娱乐至死》

　　传播学者、美国纽约大学文化与传媒系主任尼尔·波斯曼（Neil Post-man，1931—2003），是传播环境学的代表人物之一，他的著作《娱乐至死》在我国传播学界颇有名气，1985年初版，至今已被翻译为8种外文出版（包括中文）。该书阐述了电视声像逐渐取代书写语言的过程，认为电视传媒的娱乐本性使得非娱乐性的信息不得不在"声像"上包装自己，最终导致这些信息在内涵上缩水。他一生共有18本专著，另一著作《童年的消逝》在我国也很有名。阅读此书时会涉及英国作家乔治·奥威尔的名著《1984》和阿道斯·赫胥黎的名著《美丽新世界》，他们均颇为深刻地论述了传播政策和传播现象，值得顺便看看。

从《娱乐至死》看 Web 2.0 时代的媒介隐喻

许若溪

20 世纪后半叶，电视发展方兴未艾，人们陶醉在这种视觉语言构建的美妙新世界中，而此时仅仅是纽约大学教师的尼尔·波斯曼却以其批判性的思考，洞悉了我们即将面临的困境——《娱乐至死》一书的横空出世叫醒了依然在娱乐文化中浑浑噩噩的民众。

《娱乐至死》前言里的一段话，读完令人不寒而栗："奥威尔害怕的是那些强行禁书的人，赫胥黎担心的是失去任何禁书的理由，因为再也没有人愿意读书；奥威尔害怕的是那些剥夺我们信息的人，赫胥黎担心的是人们在汪洋如海的信息中日益变得冲动和自私；奥威尔害怕的是真理被隐瞒，赫胥黎担心的是真理被淹没在无聊烦琐的世事中；奥威尔害怕的是我们的文化成为受制文化，赫胥黎担心的是我们的文化成为充满感官刺激、欲望和无规则游戏的庸俗文化。……在《1984》中，人们受制于痛苦，而在《美丽新世界》中，人们由于享乐失去了自由。简而言之，奥威尔担心我们憎恨的东西会毁掉我们，而赫胥黎担心的是，我们将毁于我们热爱的东西。这本书想告诉大家的是，可能成为现实的，是赫胥黎的预言，而不是奥威尔的预言。"

失去任何禁书的理由，是因为再也没有人愿意读书。当前社会虽然禁书也不在少数，但是大部分禁书是不让少数"痛苦的苏格拉底"阅读的，因为多数人钟情的"畅销书"已非赫胥黎意指的"书"。

而时至今日，互联网技术又大大抢占了电视媒体的话语空间，我们的媒介环境发生了巨大的改变。他深刻而犀利的媒介批判观点对于交互式体验的 Web 2.0 网络时代仍然具有深远的意义。

波斯曼关注的是电视如何重构公众的话语空间，批判的是"本应该以理性、逻辑的思维讨论或者呈现的东西却以娱乐化的方式出现", 而不是 "娱乐" 本身。正如他在书中所说, "我们感到痛苦的不是他们用笑声代替了思考, 而是他们不知道自己为什么笑以及为什么不再思考"。他关心的是, 我们是否能掌控技术, 避免技术垄断的局面出现。

波斯曼认为, 娱乐是电视上所有话语的超意识形态。因为所有东西并不是为了让人读, 而是为了让人看, 所以包括新闻在内的东西都开始以 "表演" 的形式出现。而对互联网而言, 提供信息与产生交流则成了这种信息通道的最大内在倾向。

如果说印刷时代 "说了什么" 最重要, 电视时代 "怎么说最重要", 那么可以预见的是, 在互联网时代, "说" 的行为本身将超越 "内容" 和 "形式" 成为最重要的事情。网络提供的话语平台使每个人都可以畅所欲言, 而在高呼 "秀出自我" 的年代中, 确实, "发出自己的声音" 对我们的意义超乎以往的重要。

2011 年, 距波斯曼《娱乐至死》一书的成书时间不过短短几十年, 但传播媒介已经大大改变。由于互联网 Web 2.0 时代信息海量和用户交互的新特点, 媒介隐喻对公众话语的结构产生巨大影响力。相比于传统媒介上的公众表达, 互联网是一个平台, 平台上表达的主体是公众自身; 而传统媒介是一类社会组织, 它们有自身的立场和价值观, 它们代理公众表达, 但表达的主体是媒介, 而不是公众。所以在互联网的时代, 公众表达, 或者说是 "发声", 成为这个时代公众话语的重要特征。虽然有一些人批评, "全民发声" 将意味着 "浮躁喧嚣的话语环境", 但我却希望我们能够客观全面地思考, 同时怀有波斯曼的媒介批判精神, 更好地利用媒介, 利用技术。作为有思想的高等动物, 不被技术奴役, 在这个互联网时代显得格外重要。

做痛苦的苏格拉底还是做快乐的猪

尚昊

《娱乐至死》是对电视时代的探究和哀悼：印刷术时代步入没落，一切公众话语都日渐以娱乐的方式出现，并成为一种文化精神。一切文化内容都心甘情愿地成为娱乐的附庸，而且毫无怨言，甚至无声无息，"其结果是我们成了一个娱乐至死的物种"，作者这样说道。

我叹服波斯曼缜密的逻辑、令人信服的分析和深刻的思考。为什么波斯曼要竭尽全力地甚至过分披露这些问题呢？他是在拷问每一个个体：你愿意做快乐的猪还是痛苦的苏格拉底？

我想改用波斯曼的一句话：每种传播符号（原句是"技术"）都有自己的议程，都是被等待揭示的一种隐喻。这些传播符号潜移默化地改变着语境、改变着信息环境、改变着人们的思维方式、改变着整个社会。进入电视时代以后，信息传播符号由文字变成了声像。若想要充分发挥这种符号工具的长处，信息传播者就必须依靠具有视听震撼的声像吸引观众。它创造出一种伪语境，让脱离生活、毫无关联的信息获得一种表面的用处。说到这里，可能就会有人质疑：印刷媒体提供的信息不也有很多脱离生活、毫无关联的吗？是的，但是，它们所达到的不是一种表面的用处，而是逻辑讲述或推理的一环。

同样是脱离生活、毫无关联的信息，为什么电视媒体使其用处停留在表面呢？电视提供的是支离破碎的时间和被割裂的注意力。声像在播放的过程中，是按照线性和不重复性的方式组织起来的，这是一种不可自由回放的播放模式，让人们把注意力放在了画面的美感和声音的震撼上，而非内容的逻辑联系上。在平时的广播电视视听中，我们会有体会，一个栏目整合了大量的信息，但这些信息是转瞬即逝的，人们没有时间思考。在这种情况下，受众把评判节目的好坏，从信息有没有意义、是否符合逻辑变为好不好"看"，渐渐遗失了理性思考的习惯，使信息的传播流于表面的呈现方式和效果，逐渐走上娱乐化的不归路。

波斯曼过多地把传播符号的改变带来的影响，归功或是归罪于相应的传播媒介。我要提出的是，传播符号的改变并不必然使人类文明走向娱乐化。也就是说，没有哪一种技术的创新和由其带来的传播符号的改变一定会引起娱乐化。这种娱乐化是由于这些创新造成的信息传播环境的改变：当媒体环境由信息稀缺变为注意力稀缺时，娱乐化就不可避免。

那么，是什么要素的变化引发了娱乐化呢？我认为是电子化传播发展带来的信息过剩。

在有太多选择的情况下，受众必定会挑选最有意思、最吸引人者。从"死气沉沉"，到"闹哄哄"，从信息稀缺走到了信息爆炸……这一切带来的就是娱乐化。如果说报刊代表的是"前娱乐时代"、广播代表的是"准娱乐时代"、电视代表的是"娱乐时代"，那么网络代表的将是"泛娱乐时代"。在网络时代，人们处于信息海洋中，"到处都是水，但没有一滴可以喝"。

在写这份读书笔记的时候，我查阅了狗狗书籍搜索，前五项热门推荐分别为：《斗破苍穹》、《全球论剑》、《天珠变》、《偷天》、《大唐皇帝李治》——清一色的网游小说。真理被淹没在无聊烦琐的世事中，人们把注意力越来越多地放在了无聊琐事中："贾君鹏，你妈喊你回家吃饭"、"哥玩儿的不是游戏，是寂寞"、"别迷恋哥，哥只是一个传说"……看到这些信息，人们的嘴角滑过一丝笑意，无论是会心一笑，还是坏笑奸笑——殊不知，这一笑就是人们被娱乐化的有力证据。人们醉心于这些毫无意义的娱乐之中。正如赫胥黎在《美丽新世界》中告诉我们的：人们感到痛苦的不是他们用笑声代替了思考，而是他们不知道自己为什么要笑以及为什么不再思考。

也许有一天，我们将毁灭于我们所"热爱"的东西——正如这本书的题目所言：娱乐至死！如何避免这种沉沦和异化，是我们每个人应当深刻思考的问题。

谈《娱乐至死》的批判主义

蔡亦楠

在《娱乐至死》前言中，作者尼尔·波斯曼提出，赫胥黎的语言正在成真，"人们会渐渐爱上压迫，崇拜那些使他们丧失思考能力的工业技术"。整本书的内容也围绕"非中立"的技术带给我们的娱乐至死。

在我看来，这种论断有些耸人听闻了。批判学者们总是更偏爱前一个年代，并且几乎彻底否定现在的年代。这种对上一个时期的怀旧虽然不能看做是历史的倒退（因为往往他们说的有一定道理，上个时代确实有值得我们学习缅怀之处），但也太过于固执，不肯接受现代的变迁，对于社会的种种变化总是批判多于肯定。比如，波斯曼在否定电报和摄影术产生以后的新闻时，批评由于传播速度变快，人们开始接受各种无关紧要没有价值的远方的新闻，而不是关注身边发生的事情。他认为，从远方打电报过来的那些新闻对于人是没有价值的，因为你无法有所作为。对此我并不认同，我们通过新媒介能更快地了解更远地区的情况，本身就是一种价值和收获。波斯曼的价值观产生于印刷品时代，"媒介即隐喻"，在不知不觉中改变了我们的思维方式和价值观，我们这一代已经不在印刷媒介笼罩下，而是受到电视、电脑等多媒体融合的影响，所以价值观与波斯曼是不同的。

波斯曼的"媒介即隐喻"，与麦克卢汉的"媒介即讯息"，我很认同，我认为媒介确实会改变人们的思维方式和价值观，以及理解能力和分析能力。我不赞同的，只是他对于现在技术过分的否定，就算承认现代技术，比如电视的价值，也只承认它有娱乐价值。我觉得这样过于片面和偏激，并且有些保守，难以认同时代的变迁。我所以不认同他的原因，可能由于生长的媒介环境不同。

对于教育娱乐化，我也不持有过分的批判态度。时代变了，人们的思维方式也变了，这是无法改变无法控制的事实。因此我们就不该再要求人们回到"阐述时代"。我们更该关心的是，怎样能使人们更好地适应技术变迁的大环境，而非如何在这种变迁的环境下回到原来没有变迁时候的状态。人要跟上时代，而非努力去逆转时代。既然人们的思维方式和价值观已经由于新媒体而转变，而变得娱乐化，那么就让教育适当地娱乐化，这也是大势所趋，适合时代发展的潮流。

整体来看，批判主义适合当作一种警醒，时不时地看一下带有批判色彩的学术著作，能让我们警醒，别过于沉溺于技术和新媒体时代带来的优点。批判学者的著作可以培养我们批判的思维，但是对于批判学派的观点，不宜陷入其中，钻牛犄角尖，我们还是该顺应时代、灵活一些的。一味抓住过去不放也并非一个良好的心态。

所以，我们就把波斯曼、赫胥黎等人的担忧看作一种警醒吧，时刻提醒自己不要过度地娱乐化了。警醒自己不要"在汪洋如海的信息中日益变得被动和自私"，警醒避免"真理被淹没在无聊繁琐的世事中"，警醒别让自己的价值观和品味走偏，不要只让"我们的文化成为充满感官刺激、欲望和无规则游戏的庸俗文化"。

格拉斯哥大学媒介小组："坏新闻"系列书

《坏新闻》　　　　　　《更多的坏新闻》　　　　《糟糕透顶的坏新闻》

　　20世纪70年代，以格拉斯哥大学社会学系为依托，以电视新闻为主要研究对象，形成了一个媒体研究的小组（Glasgow University Media Group）。这是一个志向相投的学者群，1974年启动工作，首位负责人是电视制片人布莱恩·温斯顿（Brian Winston）。其研究课题与英国乃至世界的时事变迁息息相关，表现出强烈的现实取向和批判意识。1976年、1980年、1982年分别出版《坏新闻》《Bad News》、《更多的坏新闻》《More Bad News》、《糟糕透顶的坏新闻》《Really Bad News》。这3本书由8位作者完成，他们质询电视新闻是何种文化人工产品，考察英国电视业客观、公正、中立原则的执行情况。英国文化批判学派的代表人物斯图亚特·霍尔就这一系列书说了一句话："无论喜欢与否，大家都在读《坏新闻》。"然而，我国传播学界对此知之甚少。我们对新闻，特别是电视新闻缺少批判意识。因而读一读这几本书（可惜目前只有英文版），对于提升媒介素养是有益的。

质疑 "电视镜头不会撒谎"

李永文

1974 年夏，格拉斯哥大学社会系的布莱恩·温斯顿、格瑞格·费娄、约翰·埃尔德里奇等几位教授从社会科学委员会获得了一项近 4 万英镑的研究基金，组建了格拉斯哥媒介小组（Glasgow Media Group）。这个小组几十年来笔耕不辍，出版了一系列批判性很强的学术著作，最初经典的新闻批判著作即三部曲：《坏新闻》、《更多的坏新闻》、《糟糕透顶的坏新闻》。在媒介研究领域，该小组被称为格拉斯哥学派，与伯明翰文化学派一道成为了英国传播学文化批判的两支重要力量。

1975 年 1—6 月，媒介小组用录像机记录下了 BBC1、BBC2，及英国独立电视台（ITV）关于劳资关系的电视新闻。在对大量样本进行分类的基础上，采用社会学的定量分析和定性分析相结合的方法进行分析，第一本成果就是《坏新闻》一书，揭露了客观公正外衣下电视新闻的偏向情节。这本书作为格拉斯哥媒介小组的开山之作，由彼得·比哈雷尔、霍华德·戴维斯、约翰·埃尔德里奇、约翰·休伊特、吉恩·奥迪、格瑞格·费娄、保罗沃尔顿和布莱恩·温斯顿（按音序排列）8 人合作写成。

该书开篇指出，电视新闻是一种人工产品，承载着社会主流的文化理念。从新闻播音员的语音语调到摄像角度的选择、从谁在新闻中出现到被问及什么问题，以及对故事的选择性呈现，都表明一定的组织原则决定着新闻的建构方式。而根据 1970 年 BBC 所做的受众调查，近七成的受访者认为电视是最可信的媒介，电视新闻比报纸更加客观，这种观念在公众心中成为了一个不言而喻的常识，因为电视新闻没有进行内容编辑加工，新闻播报条目简洁，没有第一人称的陈述，"镜头不会撒谎"的认知广泛传播，这些因素促成了上述的结果。格拉斯哥媒介小组对电视新闻开展了语言分析和图像剪辑的逻辑分析，证明了电视新闻的客观性和公正性仅是一层虚伪的外衣。

许多学术上的证据表明，工资的增加仅仅对物价上涨有三分之一的影响，但电视新闻却把工会的加薪要求归结为造成通货膨胀的原因。该小组还分析了当时常见的劳资纠纷新闻，发现媒体采用的"事实"来源往往来自于管理层，并对劳资双方的描述用词、采访场景、提问方式、给予的时间长短等各方面进行比较，揭示出了电视新闻的平衡仅是口头上的，媒体将资方的观点呈现为优势观点，谴责罢工导致了经济衰退。该小组创造性地使用了主题分析法，在分析大量文本之后，归纳出电视新闻的模式和结构。

该小组认为，媒介研究不能离开意识形态批判。在某种程度上，媒体是"意识形态国家机器"。政府权力对媒体的干预是影响电视新闻客观性的一个重要因素，同时媒体趋向于代表社会中占主导地位阶级的利益。英国政府掌握着 BBC 获得执照费收入规模的权力，还有决定节目收视执照费价格的权力。一位曾经担任 BBC 新闻节目编辑表示：政府对 BBC 的财政控制潜在地强迫 BBC 调整节目政策，做到和政府的目的一致协调。政府行政和财政的间接控制，造成 BBC 的独立性并不是如外界看到的那样。

该小组认为，对大众传媒产业的学术分析不能局限于对其商业主义作简单的批判和谴责。无论是公营还是民营电视，电视机构是承担文化合法性的首要媒体，不应受狭隘的商业主义制约。但实际上媒体在推销、售卖"现存的秩序"，维持当前的等级社会结构，在全社会培育一种循规蹈矩、安分守己的氛围。

媒体是各种权力话语竞争的场域，而给予受众的信息是各种政治、经济权力和各种利益团体竞争的结果。因此，新闻从业者和网民需要提升媒介素养，具备对所接收信息的批判能力，而不是单纯的接收，要对新闻背后无形控制力量具有辨别能力。

坏新闻不是阴谋产物

王娇阳

在"坏新闻"三部曲的第一部，格拉斯哥学小组就提出："我们的研究旨在尝试解构电视新闻的编码过程，目的在于揭示构成貌似中立的新闻产品的核心文化框架。"《更多的坏新闻》则在此前研究的基础上展开进一步的考察：1973 年初，一场严重的经济滞涨危机席卷英国，工业生产减缓停滞，通货膨胀不断加速，劳资关系日益紧张，各种经济和社会问题浮现。该小组监测经济危机期间的电视新闻，探讨在客观、公正、中立的名义下，媒体的表现究竟怎样。

根据他们研究，英国广播公司和英国独立电视台的新闻内容趋同，一致将经济危机的诱因指向工人工资的上涨。新闻里的政府官方数据显示，工资的涨幅远超物价的上升，并与之成正相关，96 个相关报道中有 56 个提到官方数据；电视主播不断强调，工人工资上涨，使企业无力负担物资生产，致使生活必需品供应不足，物价随之不断上涨，经济危机加重。电视评论员和受访嘉宾，用大量的明示、暗示和特定修辞手法强调，工人工资上涨令英国社会不堪重负。在数量和权威方面取胜之后，电视节目不再讨论经济危机的原因，而是直接讨论如何采取措施限制工人工资的增长以缓解经济危机。

一旦形成社会共识，认定工人工资是造成通货膨胀的原因，那么克服危机最简单的方法就是缩减工人工资以减小企业压力，从而恢复工业生产。当时英国工人的工资上涨了吗？该小组的研究表明，在扣除税款和通货膨胀之后，工人的"真实工资"呈下降趋势。与此同时，他们对经济危机的成因做了进一步探讨，发现其诱因具有多样性：投机者和金融家的不当行为、英国政府的管控不力以及世界贸易崩溃的联动作用，都有导致危机的可能性。入不敷出的工人群体在电视新闻导向之下，承担了诱发经济危机的责难，电视新闻却对此不以为意，并在两到三年的时间内持续使用该报道框架。

该小组还从语言学（linguistics）、社会语言学（sociolinguistics）和副语言学（paralinguistics）等方面研究电视新闻的标题、内容框架及内容衔接，认为新闻语言不同于文字和谈话语言，它高度组织的编码过程遵循着特定框架结构，并服从于一定的意识形态。"通过一个人使用的词汇我们能够判定他所属社会阶层——他们正是用这一系列词语来归类世界的。"措辞、语序以及对相关事件的叙述方式的确都带有一定的社会意义，例如工业新闻中一些重要词汇的缺位。从更高的层面讲，普通工业新闻框架从属于宏观的经济和政治关系框架，电视新闻无法跳脱这个框架而完全采取中立、平衡的立场。

该小组的成员还大量考察电视新闻节目的画面，将电视画面划分为主播播报、演播室访谈、影片、电视录影和图表照片五个部分，并记录经济新闻报道中各种画面的播出时长及镜头数量。镜头的推拉摇移及切换方式，也作为研究的重要依据。他们发现，不同社会阶层的人在电视中被呈现的方法是不同的，虽然电视中的受访者来自社会各个阶层，但是来自更低社会阶层的人通常被这样表现：短时间内接受更多的提问，回答都较为简短并缺少辅助的文字说明，更多人被偶然采访，且大多是在室外被拍摄。此外，视频的剪辑语法、电视画面的重复使用以及影像和声音的错误搭配，都会削弱电视新闻作为真实反映社会生活镜像的可信度。

该小组指出，电视新闻总体上不具备反抗性，它不总是告诉人们真相，相对地，更希望告诉给人们设定好的"真相"。无论电视新闻看上去多么自然、真实和及时，新闻并不代表真相，新闻是一种构造的真实。当然，更多的坏新闻并不是媒体和政府一致阴谋的产物，而是因为官方信源对新闻记者具有优先权，加之新闻记者固有偏见造成的，包括新闻通常使用的采集方法以及文化因素。

电视新闻不平衡和扭曲事实原因分析

戴幼卿

前两部论著之后,《糟糕透顶的坏新闻》通过收集大量关于政治、经济电视新闻的数据,研究了不平衡报道和扭曲报道的各种表现和影响因素。书中涉及多种表现,例如混淆词义,把经济停滞(stoppage)与罢工(strike)互换,把增加工资(wage increase)与通货膨胀(inflation)互换。还有模糊概念,新闻中重新定义"间接工资",把原材料费用计入工资,而表述工资时则没有扣除税和通货膨胀的因素,导致增加工资对通货膨胀影响的占比上升。再如转移焦点,在报道垃圾车司机罢工的时候,呈现很多垃圾堆积的历史照片,关注可能发生的卫生健康危机,而忽略罢工背后的劳资矛盾。有时,一边倒报道很明显,信息源选择和观点呈现上明显偏向于一边,在政治报道中尤其多见。不平衡报道也是常见的事情,例如首相演讲中提到导致经济危机的三个原因是罢工问题、企业管理问题、投资问题,三家主要的电视频道均集中报道罢工,对于更重要的后两者,报道极少甚至不报。

对于电视新闻不平衡和扭曲事实的原因,该书从三方面加以总结:

一是电视新闻机构本身的原因,具体表现在信息源选择、新闻表现手法和观点的呈现上。格拉斯哥媒介研究小组建议:新闻生产操作的专业化;机构内部成员多元化,聘请各社会阶级、各种族和不同性别的记者;新闻节目制作中包含社会各方面的观点。

二是电视监管机构的原因,具体表现主要是政府的间接控制意识形态化。该小组提出改进建议:建立代表多数英国人的、独立于政府和商业的民主化控制机构;在IBA(独立广播董事会)和BBC董事会的基础上,增设广电投诉委员会处理公众投诉,增设广电公众咨询委员会收集公众对于特定事件的意见，打破 IBA 和 BBC 对电视节目的垄断；用信息自由法案保障平等的发言权。

三是经济压力的原因，广告是电视新闻机构主要的经济收入。该小组建议开放广电资源，鼓励公众参与节目制作；建立投诉反馈机制，以公众的参与来平衡资本的控制。

格拉斯哥媒介研究小组发现的这些问题，在我国现在的电视新闻中也存在，例如 2015 年我国电视新闻对一些事件报道：

2015 年 6 月 1 日发生"东方之星"沉船事件。《朝闻天下》的 103 条新闻中，77 条涉及救援情况，占比达 74.8%，23 条涉及遇难者及其家属，3 条涉及沉船原因，只提及"客船停航调查"和气象原因，没有涉及船体和责任追究。事隔半年后的 12 月 30 日，沉船原因调查结果公布，事件定义为"一起由突发罕见的强对流天气带来的强风暴雨袭击导致的特别重大灾难性事件"，同时承认东方之星的三次改造使其安全性降低，没有公开更多的质量安全标准。

2015 年 6 月 26 日中国股指暴跌。《朝闻天下》6 月 27 日的新闻"证监会：股市下跌是自然调整"，认为股市下跌的自然规律，并提及"改革开放红利"，"大众创业、万众创新将进一步激活市场活力"，暗示市场前景乐观；提及"证监会将继续发挥监管职能，严厉打击违反实名制规定的场外配资、内部交易等违法行为"，暗示证监会正积极履行监管职责，维护市场秩序。之后几天没有相关报道，7 月 4 日的两条新闻"证监会：通报 6 起涉虚假信息案件"和"证监会：炒作假新闻 3 家媒体被查处"，信息源都是证监会，把责任归咎到市场破坏者身上，而对根本原因，即股市的机制问题和证监会监管不力的责任避而不谈。

2015 年 11 月 27 日到 12 月 1 日的北京雾霾中，《朝闻天下》浓墨重彩地报道"全球肺癌月"和气候变化巴黎大会，而对北京爆表的雾霾只字不提。这种不报道也是一种新闻失实。即使 12 月 7 日发布空气污染红色预警，对 12 月 8 日到 11 日的雾霾，也侧重于报道政府采取的临时举措和成果，采访对象多来自政府部门和科研人员，报道内容很少涉及雾霾成因、雾霾危害、长期治理和政府责任等问题。

电视新闻中存在的报道不平衡和扭曲事实的问题，30 多年前的英国就存在，现在的中国和其他国家也存在。中英两国的电视新闻环境不一样，国家性质也不同，但不管在哪个国家，媒体和新闻从业者都无法摆脱社会文化架构，新闻本质上受到当权者意识形态控制，但控制方式和途径、力度不同。对此要有所认识，以提升媒介素养。

格拉斯哥大学媒介小组："来自以色列的坏新闻"系列书

《来自以色列的坏新闻》

《更多的来自以色列的坏新闻》

1980 年以后至今，格拉斯哥小组的领导人是格瑞戈·费娄（Greg Philo）教授。在费娄领导下，该小组持续出版了 20 多种研究专著，不断有研究创新，研究重点转移到战争新闻、公共健康、社会风险、受众接受分析上。1990 年费娄的著作《眼见为实》，创造性地使用"新闻游戏法"考察受众对媒体信息的接收方式。进入 21 世纪，该小组开始对媒体市场进行研究，代表作是《致命的市场》。但是，只有 1992 年出版的《获取信息：新闻、真相和权力》一书有中文版，中国学界对这个重要的传播学学派仍然比较陌生。这里我组织同学阅读的是该小组 21 世纪的"来自以色列的坏新闻"系列书，即费娄、贝瑞（Mike Berry）教授等于 2004 年、2011 年出版的《来自以色列的坏新闻》《*Bad News From Israel*》、《更多的来自以色列的坏新闻》《*More Bad News From Israel*》。他们的研究方法、思路有了很大的拓展。

受众认知与公关策略

李曼莉

几经辗转得到一本格拉斯哥媒介研究小组发展到深耕期的代表作——《来自以色列的坏新闻》，作者是格拉斯哥大学的教授格瑞戈·费娄、诺丁汉大学艺术学院讲师迈克·贝瑞。该书贯彻了格拉斯哥小组的研究目标，通过选取巴以冲突中对舆论具有影响力的相关媒体报道，汇集资深记者和普通观众对新闻及媒体如何报道新闻的理解，进行了有史以来在电视新闻领域最庞大的研究。

该书的研究有两个主要维度，一是分析 BCC 和 ITV（英国民营电视系统）的新闻内容，二是运用焦点小组和问卷调查进行受众研究，测试电视观众看到新闻后对冲突的认知，以及来自其他信息来源，例如正规教育或直接经验的对于冲突的认知。同时，还有一部分工作是关注媒体在意识形态抗争方面扮演的角色，以及如何报道事件可以体现连接到不同观点和利益的不同的理解方法。

研究发现，媒体报道以色列人和巴勒斯坦人的方式有重大分歧，包括如何表示伤亡，双方动机和理由的陈述等，而观众调查也显示认知的差异对理解新闻造成影响。那么，电视新闻是怎样报道争议、如何对观众的信仰造成潜在影响的呢？

第一，选择性表达。小组的分析发现，一些观点在新闻标题和采访节目中被赋予了显著地位，而其他的被弱化或剔除。例如，有罢工引发事件的新闻，却没有管理失误引发罢工的新闻。

第二，选择性强调。研究发现，一种观点的被强调，会使得另一个报道中的信息被破坏或否认。例如，黎巴嫩真主党游击队绑架了三名以色列军人，ITV 报道的标题是"冲突持续：真主党绑架三名人质"，因此，黎巴嫩一方会被视作引起麻烦的人。

第三，新闻语言对认知的构建。巴以冲突中，巴勒斯坦人一向招致较大数量的伤亡，被杀人数多于以色列 2 ~ 3 倍。但在电视新闻中，无论是报道数量，还是描述性语言，均强调以色列的伤亡。大屠杀、野蛮冷血、谋杀、处以私刑等词汇，被用来描述以色列的死亡；而恐怖分子一词被用来描述巴勒斯坦人。一个以色列团体试图炸毁一个巴勒斯坦学校时，对方却被描述为极端主义者。以色列保卫自己免受恐怖主义的观点，被很好地在新闻中展示了，从而构建起观众对以色列的同情与认同。

第四，个人认知。这次调查反映出一个关键问题，对许多观众来说，对新闻的感兴趣程度与他们的认知水平直接相关。当人们观看他们无法参与或没有关系的事件时，缺乏理解会导致对事件认知的偏差，表面化理解新闻，或者说全然相信新闻。观众样本中，许多人并不知道以色列的军事占领是违法的，很少有人知晓占领情形对巴勒斯坦经济的负面影响。这使得观众不能认同巴勒斯坦的行动是反抗侵略之举。研究还发现，观众在学习了关于冲突起源的知识后，对于问题的态度会发生巨大转变。虽然如此，但人们并不是依靠媒介来获取所有信息，而是通过各种自身的经历来获取相关知识。所有的研究案例都显示，与新闻相关的个人经历对解读信息至关重要。媒介信息和形象的先入为主，会使得新闻所塑造的形象早于其他渠道被观众获悉。

由以上四点小组得出结论，这一时期的电视新闻与其说是新闻，不如说是一种新型公关策略：通过使特定的信息从众多的信息中脱颖而出，再经政府发言人一再重复而得以实现了以色列公关。

媒介是非常重要的信息管道，它将事实、特定的词汇、形象带到人们的日常生活中。但很多时候，媒体传达的却是强有力的错误信息。就此，《信息社会理论》的作者、伦敦大学教授弗兰克·韦伯斯特这样评价道："《来自以色列的坏新闻》清楚地揭示了观众对于事情是什么样的和为什么是这样的不知情程度。此外，这里的分析有力表明，媒体与这种不幸的局面的延续有密切联系。"

新闻无法达到绝对客观真实

许文谦

《更多的来自以色列的坏新闻》是格拉斯哥媒介小组在电视新闻领域的新研究成果。该小组选取资深记者和普通观众为调查对象，检视 2000—2010 年英国电视新闻对系列巴以冲突事件的认知。

该书对 10 年内巴以之间发生不同冲突事件时 BBC1 和 ITV（channel3）及其他主要电视新闻，分别进行了分析，并与之前的研究作比较，得出的结论几乎是一样的：电视媒体不同程度地偏向以色列立场，主要表现为新闻中关键信息缺项、模糊处理关键信息、有意安排报道顺序等。英国电视的报道有利于以色列，主要体现在以下几点：

电视新闻很少解释巴以冲突的历史起源，不了解中东地区历史背景的观众甚至不知道冲突的地理位置、巴勒斯坦难民的由来、巴勒斯坦为何不断扩大战争、巴勒斯坦为何批评美国、巴以双方为何在耶路撒冷的冲突不断。电视新闻中以色列立场的解释成为主流，冲突起因被归于阿拉法特等人的政治煽动，并用冲突循环论（circle of conflicts）解释双方后续的一系列军事冲突；另外，新闻中缺乏巴勒斯坦视角。在双方伤亡人员的报道方面，在报道数量、报道篇幅、报道语言、消息来源的选择等方面均违背了公共媒体客观中立的立场。

该书做了多项调查。例如选取不同收入等级、不同年龄段、不同性别的英国人共 100 人进行焦点小组访谈与问卷调查，并选取英国、德国和美国学生共 743 人进行问卷调查。结果表明，新闻报道影响了电视观众对巴勒斯坦人民起义的认知水平及态度，主要体现在：大部分受访者不了解巴勒斯坦人民起义的原因、冲突细节、极端行为的原因，以及巴以冲突的历史起源。由于媒体倾向于报道以色列伤亡人员，大部分受访者认为以色列伤亡人数多于或等于巴勒斯坦，这与事实不符。若受访者有更多的消息接受途径，则对巴以冲突的认知水平与正确率更高。

该书的研究者在2004、2005、2008、2009、2010年选取17～23岁具有较高学历的年轻人共计641人进行焦点小组访谈，检视观众在此期间对巴以冲突的理解变化。还选取40个人进行质化研究，分析受访者接受新闻的过程，并考察受访者对各方责任的判定，以及哪些因素影响观众的态度。研究结果表明，媒体的新闻导致大多数受访者对基本事实不了解，如以色列对加沙地带的管控措施、哈马斯的选举胜利、以色列移民进入约旦河西岸地区、以色列国防军在战争初期杀死1290名巴勒斯坦平民等；这种情形导致大部分受访者认为巴勒斯坦破坏停火协议，应承担加沙事件的战争责任。

该书对电视新闻影响观众认知的原因与机制进行了阐释。其一，以色列政府具有高效的公关体系与政治游说能力，而记者从巴勒斯坦一方则较难获得丰富的信息。其二，以色列政府的介入，例如经常封锁相关消息，限制记者的移动和摄像器材的使用，限制相关知情者的人身自由。其三，英国新闻界的高层管理者与以色列总理沙龙交往密切，故而巴以冲突新闻形成某种报道模式及框架。其四，电视观众的个人经验、知识水平、文化背景、逻辑与质疑精神、信息来源等都影响着他们的信息接收过程。

尽管英国电视媒体的很多工作人员主观上秉持客观中立的报道立场，试图还原事实真相，但在媒体内部或外部因素的影响下，报道总会带有一定倾向，因而媒体真实与客观真实无法完全相符；电视观众因各自的学识背景、社会文化、信息接收途径的不同，导致其对新闻的接受程度和理解水平存在差异。该书深刻揭示了电视媒体、社会与观众之间的复杂关系。

该小组注重采用社会学研究方法进行实证研究，将电视新闻视为一种叙述文本进行解读，对各类图像符号、采访环节等进行考察；研究者采用"新闻游戏法"，在向被调查者出示一系列特定论题的报道内容后，要求他们以记者身份完成一篇报道，以检测他们的报道与电视新闻的出入、真实事件的还原程度。

　　该书也存在一些不足之处：其一，研究仅否定了英国新闻媒体报道的客观公正，但并未提出相关解决办法；其二，研究在新闻论题的选取方面带有一定主观色彩，过度渲染以色列的暴力非法事件，缺乏对巴以冲突的一般性事件的分析。

四、传播现象

彼得斯：《交流的无奈》

李普曼：《舆论》

伯内斯：《舆论的结晶》

爱德华·霍尔：《无声的语言》

利贝斯、卡茨：《意义的输出》

麦库姆斯：《议程设置：大众媒介与舆论》

科瓦奇、罗森斯蒂尔：《真相》

彼得斯:《交流的无奈》

　　2003 年，华夏出版社出版了第一套传播学专著（此前各出版社出版的传播学书大多是教材）七本，其中彼得斯的《交流的无奈》只有 200 多页，却是最难读的。然而，很多读进去的人都说，读这本书才能感觉到什么是读书。读书中反复思考、体会，就会发现很有味道，平常的传播现象叫彼得斯说透了。这就是读书的理性效应。这本书的英文书名 "Speaking into the Air"（向着天空说话），翻译为 "交流的无奈" 颇为妥当。人们实现真正无碍的交流其实是困难的，但也正因为困难，所以我们不断地交流着，为了克服交流的无奈，我们永远处于这种交流的循环中，无始无终……

送给全人类的礼物

常吉

我同意作者的话："没有这样的交流观，生活会更加惬意舒适。"彼得斯的《交流的无奈》副标题是"传播思想史"，该书内涵广泛，融合哲学的思辨、社会学心理学的研究、历史的审视眼光，附带有神学的色彩，作者让"communication"带着它全部的故事，从历史深处、人类遥远的梦想中走来。包含对人类生存状态的深切思考，以及对分散的孤独的人类存在于宇宙中的一种终极关怀，这本书该是送给全人类的礼物。

这本书难懂，语言晦涩，少实例。长篇的论述里，作者旁征博引，对并不熟悉从古希腊到近代西方文明的读者来说，难度很大。语言使用精心而严谨是该书的风格。句子一般比较长，迂回绕转，也多比喻和暗语。读几遍，才明晓意思，却又会赞叹作者表达的精到和力度。所以说，这是一本需要慢慢品读的书，读一遍只能读到皮毛，太多意义隐而未现呢。

该书杂而不散。书里每个章节的名字都足够引人注意："对话与播撒"、"一个错误的历史：招魂术传统"、"生者的幻象与死者的对话"，让人奇怪作者到底要表达什么。不过也正是作者的大视野，融通多种理论，给你一个完全不同的视角。

面对这样一本书，不敢说读懂了几分。这情况倒是很切题，是交流里的"无奈"。我永远没法知道作者到底要表达的是什么，他的想法经由文字中介被完好地表达了么？经过翻译，对信息的呈现又有多少译者的主观性呢？的确，我只有靠自己的诠释，做一次"冒险"。

人类又为什么如此渴望交流呢？作者给了我们一个震撼人心的回答：因为人类的孤独。因为每个人的"有限的生命既神圣又悲哀"。所以，人类探讨的"交流"问题应该超越简单的意见、信息的传达，而成为我们彼此的爱和关心的展现。

作者在书中基本按时间顺序整理了不同时代关于交流的种种想法。他论述了种种奇思妙想：苏格拉底的对话，耶稣的播撒，天使的交流观，招魂术传统，唯心主义与人的壁垒……证明了对于交流的关切从来不止属于一代人。一代代学者们执着探求的精神，对人类这个严肃命题的思考是令人感动的。总有些人要承担时代变革的忧思：文字的出现是否破坏了对话的互动性、针对性？我们与死者的交流在何种情况下能被验证？交流是不是意味着人要靠他人的承认才能获得主体性地位？

在梳理了诸多流派的理论以后，作者自己的回答是：交流对凡人来说是不可能的。更多的情况里，我们都是在"诠释"对方的话，但永远无从印证我们的理解多大程度上是正确的。每个人都有独特的私人经验，难以分享，故而你的欢乐、你的忧伤、你的沉思、你的种种鲜活的感受无法完整地原样地被他人理解。就像有些珍贵的信件，对本人是珍宝，对他人可能毫无意义。

无论个人或是整个人类，在宇宙中可能真的是孤独的，一条鸿沟横亘在人与人之间。身体的触碰并非时时可能，即使身体可以接触，灵魂的触碰恐怕又要打一个大问号。从这一点来说，每个人的命运都是可悲的、渺小的。但是作者在苦苦的探求之后，给了我们一个光明的温暖的说法：交流的失败无法避免，但也许也是我们的荣幸，某种程度上构成我们不完美的人类相互关爱、携手共进的理由。

这是一本宏大的书，宏大的内容、宏大的主题。没什么比"人"本身对人类而言更加宏大了。个人、人与人之间的关系永远是问号和惊叹号。让我以书中的一句话作结："我们的问题不应该是：我们能够交流吗？而是应该问：我们能够相互爱护，能够公正而宽厚地彼此相待吗？"

爱是交流的希望

吴林峰

《交流的无奈》对于我来说，确实过于晦涩难懂了一些，这何尝不是一种"交流的无奈"呢？它又是那么一本"奇怪"的书，原书的封底印着"史学/哲学"两个词，该书内容的深度和广度的确横跨了多个学科。怀着崇敬的心态，我坚持把它读完了。

诚然，在媒介技术、大众传播迅速发展的今天，人们的交流在形式上正在逐渐扩大，麦克卢汉"地球村"中的预言也逐步实现，这是可喜的。但是在这里，我关注的不是媒介本身，而是大众传播中个体的行为及其与媒介的作用。

现代社会的压力，使人充满困惑和焦虑。在这个大众传播急速发展的时代，信息海洋摆在了人们的面前，人们的感觉就如：一个人漂在大海中，四周都是光与影，但永远看不到岸在哪里。充斥着碎片化、伪语境的真真假假的信息兵团使得人们无所适从，"到处都是水，但没有一滴可以喝"。人们在汪洋如海的信息中日益变得冲动和自私，我们不能得到有效的信息、进行完美的交流；同时，人心日益浮躁，我们更难以充实自己内心的本真，进行心与心的交流：我们有了手机，反而朋友生日时不再打去电话问候，而是仅仅发出短信；我们有了 MSN 和 QQ，但是反而不再经常见面，而是仅仅依靠苍白的文字来维持看似亲密的距离……作者给我们的当头棒喝是：对话和交流固然重要，但完美的交流全然是幻想，是乌托邦。

然而，交流失败的梦魇并没有把作者吓倒，作者的用意也不是要吓倒读者。相反，该书的宗旨是要化解人为障碍，调和"我"与"非我"、"我"与"他者"的关系，推倒人为设置的"我"与"他者"的障碍。

"心有灵犀一点通"的田园牧歌式的、没有扭曲的交流梦想被粉碎了，

"交流的失败"使作者的言辞间弥漫着浓重的悲观气息，但同时充满着悲悯和爱心。既然完美的交流全然是幻想、是乌托邦，那人类未来交流与传播该何去何从呢？

全书的最后，作者写道："交流是没有保证的冒险，凭借符号去建立联系的任何尝试，都是一场赌博，无论其发生的规模是大还是小。我们怎么判断我们已经做到了真正的交流呢？这个问题没有终极的答案，只有一个讲究实际的答案：如果后续的行动比较协调，那就是实现了真正的交流……我们的问题不应该是：我们能够交流吗？而是应该问：我们能够相互爱护，能够公正而宽厚地彼此相待吗？"经过反复剖析和论证，作者的结论是：用关爱与关怀之心，来面对交流的障碍。

交流虽然无奈，我们却拥有爱的可能性。

我们每个人都是不同的、特别的，生命在不断地流动和传递着，人类在不断追求彼此间的理解。我认为，我们最终的目的并不是在他者身上进行改造，使别人按照自己的想法和要求行动、发展，而是认识他者的特性，让"我"与"他"共同分享这个世界的美丽，障碍正是我们需要爱的理由。最好的交流不是忠实复制一个人的内心，正如作者在书中所说，"交流的意义就在于'己之所欲，请施于人'——就是说，你的表现，不是让自我原原本本地再现，而是让他人受到关爱。这样一种人与人的联系，胜过了天使能够提供的东西。快乐的地方，不在于超越彼此的接触，而是在于接触的圆满、弥合我们的差异、和谐交流中的缺失"。

掩卷沉思，我不禁感叹于作者的悲悯天人，艰涩的思想探究终归于温情的世俗关怀。即使完美的交流不曾存在，我们也应该奋力尝试，去交流，去沟通，用爱，来弥补人与人之间的鸿沟。爱，是交流的希望。

新媒体时代下"交流的无奈"

赖曾濂

读《交流的无奈》这本书对于我这个没有深厚历史、哲学等人文知识积淀的人来说是一个巨大的挑战。刚开始阅读时，完全没有阅读的快感，只看到一堆文字的拼凑。然而，这繁多庞杂的思想却在作者笔下得到完美的梳理、结合。其中给我留下最深印象的章节应属第五章——"追求真正的联系，弥合鸿沟的桥梁"。这一章主要论述了与大众传播相关的一些理论、主义和相关媒介（由于时代限制，仅包括电报、电话和广播）。

文中令我印象最深的一段话，就是彼得斯对大众传播的解读："对话爆炸为两个相距遥远的一半，这就使解释价值朦朦胧胧。解释不得不承担整个记录连环的重担时，区别内心投射和外来讯息的无能就显得格外严重。从心理的角度看，这种无能是所谓的妄想症，从社会的角度来考察，我们就应该叫它大众传播。"

"所谓的妄想症"在新媒体时代可谓格外明显。

从电报、电话到广播、电视，再到如今多种多样的媒体形式，传播经历了由高清晰度讯息载体变化到低清晰度讯息载体的过程，即可能参与的群体或个人的属性由清晰确定，变为分散不确定，而网络媒体的出现则让不同受众之间的界定更加模糊。

电视的发明，让人们从简单的文字、声音交流中解脱，上升到影音交流。这种大众传播媒介让人们可以更直接地注视传播者，从传播者的神态、形态来做出自己对事实的判断。然而进入新媒体时代，微博作为一种新型的大众传播媒介，却返回了原始的交流状态，传播者隐藏在幕后，受众只能通过传播者本人的碎片化的语言来判断事实真相。微博将破碎的会话现象最大化，140字的字数限制，可任意添加评论并转发，受众无法从140字中还原真实语境。这让我想起在陈力丹老师传播学理论课上的课前播报——媒体的"过度解读"。近来，不少政府机构、公司企业均开设自己的官方微博，企图借此与广大的消费者进行亲密接触、友好交流，传递信息。然而，从"擦鞋哥"、"××门"、"××姐/哥"等各类微事件中，在谣言屡辟不止的现状下，我们应该思考，微博的交流是否是真正意义上的成功交流？

当传播者在表达自己的观点时，其观点建立在自己的态度、立场上，而受众在接收讯息时，也是站在自己的立场上，从自身的角度去揣测传播者的意图，这时便出现"区别内心投射和外来讯息的无能"问题。人们总是倾向于仰慕美者、同情穷者并以之为善，人们总是倾向于将自己划归弱势群体。当涉及二元冲突时，无论"被抛弃方"如何发自肺腑地阐述，往往都被认为矫揉造作，受到人们的强烈抵制和恶意评论、转发。而许多谣言在未经证实之前之所以能够横行霸道，其一是谣言本身的迷惑性，其二则是"妄想症"作祟。一人发起谣言，无数人转发评论添加自己的内心投射下对事实的不客观认同，谣言一波未平一波又起，从一个简单的事实演变为惊人的谎言。

书中写道："阿多诺所谓的'退化听众'的无赖画廊，那些神经质般陶醉和伪装极乐的人，是对远方物体的偶像崇拜的象征。比如他说，无线电发烧友感兴趣的，只不过是条件，是他用自己的设备确认自己在公共机制里的存在，可是他不可能发挥丝毫的影响。"现在不也是这样吗？许多人在微博上肆机炒作而获得存在感。沸沸扬扬的蒙牛致癌物事件中，新浪微博@作业本的一条微博写道：——请问怎样才能一夜爆红？答：发一张正在喝蒙牛的照片，力挺蒙牛。这也是对上述现象的一个侧面反映。

交流的无奈，不仅因交流本身是一种无法明确界定的抽象概念，也由于交流过程中受众与传播者的卷入使其复杂化。

李普曼：《舆论》

如果只能选择一位记者作为20世纪的新闻界代表，那我选美国记者和报刊专栏作家沃尔特·李普曼，他连续从事新闻工作56年，写作时政专栏文章1万多篇（结集90多卷），另外还出版专著30余本。由于版权问题，他的论著被翻译成中文的很少，仅有《舆论》（public opinion）有幸被译为中文。最早的版本是林珊的《舆论学》（原意没有"学"），后来又有《公众舆论》（翻译同义反复，"舆"即公众）的译本。这本书被视为舆论学成为"学"的起点，值得从事传播工作的人员读一读，尽管所用事例发生在80多年前，但道理是不变的。

像通常那样，新闻界做了加工

李雨澄

　　"舆论"无处不在，却又触摸不着。有了新闻，人们就会一个接一个地知道，知道了就要思考，思考了就要说话，要发表意见。在一般人看来，"舆论"的存在几乎是理所当然，不怎么去理会。所以很少有人研究"舆论"的产生和发展变化。李普曼站了出来，他的《公众舆论》整本书，以作者亲历的一次世界大战为背景，讲述了人们司空见惯的舆论现象。该书1922年出版至今，依旧是新闻传播界经久的研究范本，影响深远，余韵徐歇。

　　从接触新闻到现在，我们已经开始对"舆论"有了感觉，或者说警觉：即使是"公众"的意见，依旧未必是对某新闻事件最原始、最正确、最自然的反映。因为分散的公众可以被指引、被操控，所以"舆论"在很大程度上依旧是媒体的附属品，而不是一面能够清晰成像的镜子。

　　李普曼在《公众舆论》的各章节中都提到了"成见"一词，伴随着"成见"而来的还有"成见模式"等等。在他眼中，即使公众是清醒的，不想受到某一方媒体的摆布，他们依旧难以看清事物的真相，或者说是各有各的看法，因为他们有成见。"地道的成见会先于理性被投入应用。"李普曼认为，在人们看到某一新闻事件和做出反应的瞬间，成见就是一道看不见的但事实上存在的"工序"。它影响我们对新闻事件的判断，我们会去选择在我们的成见系统中让我们感兴趣的东西，而不是我们不怎么关心的东西。李普曼之前的一些哲学家，把"公众"视为"真理"的代言者，因为舆论代表了民主、民治等等，"公众"是大多数，所以"公众"说的就是对的。但李普曼认为这是天方夜谭。或许在他的眼中，公众就是一群未经过训练的、不知道自己被谁操控的无知群体。"在未经过专门训练的观察活动中，我们会选择那些很容易辨认的环境标志。这种标志反映的是观念，而这些观念则会由于我们丰富的想象力而膨胀。""世界在他们内心形成的图像，是他们思想、感情和行为中的决定性因素。"

像通常那样，新闻界做了加工。除了个人带有的"成见"之外，我们知道，媒体在对新闻进行加工的时候，要通过目的性的选择：选择什么让公众知道，怎样报道，如何引起公众对某一新闻事件的关注，形成某种舆论。林肯说过，"你有舆论的支持，无往而不胜；没有的话，无事不败"。舆论在此时仿佛沦为政治利益的工具，而事实也的确如此。"舆论"不像是一个由有理智头脑的精英领导的集体，而是一个内部杂乱无章的集合名词，它的何去何从常常是"不能自已"的。现实生活中这样的例子也有很多，有些媒体制造假新闻，引发公众关注，公众热心参与讨论、争执之后却发现，所讨论、争论的事实是不存在的。

生活在一个信息爆炸的时代的我们，各种传统媒体和新媒体为我们营造着"虚拟环境"，真实的情景不仅不为我们所知，而且显得越来越不重要。我们甚至没有时间去静下来思考，就又被卷入了新一轮的信息潮中。每当一则消息出现的时候，我们不是追本溯源，去追问其真假或相关性，而是下意识地主动并渴望作出一种评价，因为我们是社会性的，我们渴望融入社交，即融入公众的讨论中。所以，我们就是这样被铺天盖地的新闻"遮望眼"，失去了判断能力，而成为了媒体的附庸、媒体的棋子。

综上，我们可以看到"舆论"有多么的不可靠。但是，我们也不能忽视它的积极作用。当今网络的存在，使得每一个人都可以成为信息的源头，我们能够在众说纷纭的意见中，凭借自己的判断去认识和辨别，表达自己的观点。即使每一个人都带有天生的、无可避免的刻板印象，但这并不会导致整个舆论的偏失。因为在网络媒介中，几乎每个人都有发言的权利，所以，五光十色的调色板最后会将众多颜色调和成一种颜色，一种代表了主流意见的颜色。而那暂时是我们所需要的。

不过，即便是这样，李普曼的观点依旧在为我们鸣着警钟。毕竟，舆论来自"人们都说"或者"有人说了"，而社交圈子也有着它"天真的年代"。

多数新闻并不具备独立的知识

李湛

"舆论"这个词语众所周知，而且不言而喻。然而真要细究起来，就没有那么简单了。我在刚看《公众舆论》这本书时，并不理解李普曼所说的"舆论"的含义，看完后大体明白了。"舆论"的主体是"公众"，自然"舆论"应该是公众的意见，而李普曼说："舆论的产生是不可能的。"我认为应该这样理解：公众一致性意见的自然产生，是比较困难的。

人们每次接触外部的信息刺激，都是通过原来积累的知识和想象来认识客观世界，然而，人们对世界的认识存在个体差异。在不同知识积累基础上的再学习，导致人与人之间更大的知识沟差异。况且，现代人所获知识的相当部分来自传媒，传媒给予的知识与真实的外部世界是有差别的。因而，作为舆论主体的公众对客体作出的反映，不完全是对客体本相的认知，更不是对客体本相的系统认知，尽管他必定会以某个客体为反映对象。而人们对客体的反映，会因个体差异而与客体本相存在距离，从而造成舆论的自然形成较为困难。

我们对事实的认识取决于我们所处的地位和我们的观察习惯，正所谓"刻板印象"或"刻板成见"。如果不是格外留神，我们就很容易借助于头脑中已经形成的概念，去想象我们认为似曾相识的任何事物。这种"想当然"在生活中经常发生。而成见系统一旦固定下来，我们的注意力就会受到支持这一系统的事实的吸引，对于和它相抵触的事实则会视而不见。这也是为什么人们对世界的认识会不同，甚至，对一件很小的事情的认识都大相径庭，就像不同地域的人会有不同的"常识"一样。

我的一个在英国留学的朋友就在我写这段读书笔记的时候跟我说：英国的论文作业对引用要求非常严格，任何引用必须标明出处。而让人很郁闷的是，有些东西，在他们看来是常识，而我却不知道，于是我标明了出处，而实际上这样是没有必要的；而另一些，我认为是常识，他们却一无所知，导致我因没有标明出处而被扣分。可见，仅仅不同地域的"常识"，就对我们的观察习惯、思考习惯造成多大的影响。

下面说说报纸。报纸要生存，就要有收入，于是产生了广告。然而，问题也来了。报纸本应客观地报道新闻。而由于利益关系，报纸不会得罪自己的广告商。当有关广告商的负面新闻出现时，可能报纸只选择其中有利于广告商的事实来报道或者不报道，这样就误导了读者。报纸要追求发行量（发行量大而广，才有广告商愿意投钱），就必须与读者建立稳固的关系，于是报纸就会讨好读者，无条件地迎合读者。除了当事人，很少有人能够检验报纸新闻的准确性。为了吸引读者，编辑会把新闻改得趣味盎然。

还有一种情况，为了显得"真实"和减少争议，报纸基于一些明显征兆来报道事件，例如报道罢工。从工人角度看，罢工可能只是一个非常复杂的过程中的一个偶然事件。罢工者所感受到的可能是工头的坏脾气、机器的单调、空气的浑浊、老婆的无聊、孩子的胡闹、居所的昏暗等等。然而被报道出来的时候，仅仅概括为出现骚乱，使得事情失去了本相。记者习惯于假设罢工是因为工人的生活没有保障，而罢工将导致商品短缺、价格上涨……这样下来，一切就都失去了本来的面目。

在学习新闻理论和读了这本书之前，我没有想过报纸是这样的不可信。正如李普曼所说："受众对所读到的绝大多数新闻并不具备独立的知识。"然而，现代人基本是在传媒创造的"拟态环境"中完成社会化的。我甚至不怎么动脑独立思考，买报纸通常根据习惯，固定只买一份，更不会对不同报纸的同一条新闻做对比，比较优劣。好在经过一个学期新闻理论的洗礼，我懂得了独立思考与逻辑思维的重要性。

作为一个新闻人，我们在报道一个独立事件时，首先要放下成见去了解事实真相，然后反复进行逻辑思维判断与独立思考，最后再尽可能客观地报道出来。

成见使我们安心

潘彩霞

李普曼的《公众舆论》精辟而深刻地探讨了成见、兴趣、公意的形成和民主形象等一系列概念。或许是由于李普曼以专栏作家的身份出名，这本书一定程度上表现出了他缺乏长篇写作的驾驭能力。的确，书中的每一句话都有着很深刻而悠远的含蓄暗示。可是，书中的脉络也同时被隐藏在这些段落和语句中了。

不过读完这本书，我还是从作者的论述中找到了莫大的认同感，想从舆论与新闻的角度谈一谈近期沸沸扬扬的药家鑫事件。我不会分析药家鑫的判决是否公正合理，只是结合这本书分析舆论现象。

在西安音乐学院就读的药家鑫撞倒张妙之后，将被撞人连捅八刀致死，事发几天之后在父母的陪同下前往警察局自首，一度否认杀人的事实。各种民意调查均显示90%以上的民众支持判处药家鑫死刑，法院最终判处药家鑫死刑。一审中律师用激情杀人、既往表现和自首等理由为其辩护，这位律师因为"为坏人说话"而遭人唾骂，称其丧失良心。

成见使我们安心。成见所展现的是一个有序的、多少算是和谐的世界景象，它是对我们自尊心的保护，是投射在这个世界上的我们自身的意识、我们自身的价值观念和我们自身的权利。这是一种感知方式，它在我们所意识到的信息尚未经过我们思考之前，就把某种性质强加给这些信息。李普曼看到了人在认识中必然遭遇到的局限，诸如时间、注意力的有限，与生俱来和后天不断加深的成见，还有对未知领域轻易做出的判断，都必然地决定了人在面对某些事件时，只是根据心中的感受而激发出了反应。正如李普曼所说，"一个人对于并未亲身经历的事件所能产生的唯一情感，就是被他内心对那个事件的想象所激发起来的情感"。

中国人自古相信杀人偿命，民众大多持一种报应或复仇正义的认识，即药家鑫必须被判处死刑，才能满足人们对于刑法正义、生命安全的期待。这种文化积淀导致人们知道药家鑫的残忍行径之后，第一个反应就是杀人者死。从这一点上可以看出，每个人都倾向于按照文化所给定的、自己所熟悉的方式去理解别人和看待事物，李普曼告诉我们："多数情况下我们不是先理解后定义，而是先定义后理解。"民众或许没有见过关于这个事件的全部报道和案件新闻，但是他们基于在脑海中重构"事实"而迅速作出判断。其实，形成舆论的外景在每个人心里都是不完整的，关于药的舆论是否合理很难判断。

唤醒的力量。一个事件为什么有力量把人们深藏于心底的见解统一起来呢？我们可以回想一下，有些见解无论被人们多么深刻地感受着，与他们声称关心的事实都没有持久而强烈的联系。在我们从未去过的某地，发生的事情处于我们的视觉和听觉以外，对它们的描述不可能囊括整个现实。但是，这种描述却能够唤起全部情感，有时比现实所能唤起的情感还多。因为，可以扣动扳机的不止一个刺激因素。

在药家鑫案中，我们要注意到一个重要的影响因素：中国现在处于一个转型期，民众的仇富和仇官思维颇为强烈。药父曾是总后西安军事代表局驻厂军代表，其特殊的背景和殷实的家境被网友们时常挂在嘴边，我们不能忽略这种仇富和仇官思维对舆论形成的影响。西安市中级人民法院开庭时，500名旁听公民收到了法院的一份问卷，其中有两个问题：您认为对药家鑫应处以何种刑罚？您对旁听案件庭审情况的具体做法和建议？不知道这些旁听公民对药家鑫死刑持何种态度，但网上留言要求判处药家鑫死刑并立即执行的呼声一浪高过一浪。就这个事件来说，值得讨论的是舆论与司法体系的关系。互联网带来了公众对司法过程的围观和意见表达，作为外部并不专业的力量，舆论的压力是司法可以感受到的。药家鑫事件中反映出了民意的强大力量，这种力量的作用是正面的还是负面的已经引起争论。由此看来，我国法院不得不面临舆论压力这种考验。

伯内斯:《舆论的结晶》

　　提到舆论的研究,我们往前的探寻一般会想到 1922 年沃尔特·李普曼的《舆论》一书,但不会想到爱德华·伯内斯 1923 年的《舆论的结晶》一书,因为该书被视为公共关系学最早的代表作。其实作者对舆论的深入研究,不亚于李普曼。这本书的学术价值与其说在公共关系学,不如说在舆论学。公关后来的发展颇为迅速,起点虽然有意义,但重头在新近的论著。而舆论学长期以来不是独立的学科,专门的研究分散且不多,于是从现在的角度看这本早年的论著,仍然具有独立的学术意义,尤其是该书的第二部分的六章,都是对舆论的深入分析。

舆论：自发的民意表达还是被操纵的产物？

杨艺

公共关系作为一个新兴的、独立的行业引起社会的重视经历了一段艰难的历程。对舆论的把握，是公关得以产生的科学基础，而与李普曼同时代的爱德华·伯内斯，很早就对舆论有所把握，并在其著作《舆论的结晶》中从公关的角度加以阐释。《舆论的结晶》与《公众舆论》堪称姐妹篇，但在国内前者却鲜为人知。这本书现在终于有了中文版，故我先睹为快了。

在这本书中，我看到了舆论与社会力量的相互影响。伯纳斯认识到舆论的主体——公众的力量，并在其时代背景下加以强调。这与他关于公共关系的核心价值观相一致：受众是易被操作的，也同样是重要的。他深知舆论与公共关系相生相伴，必须以舆论为基石的道理。同样，对于舆论与社会组织的互动，他也抱着双向影响的态度。伯内斯对舆论有深刻、理性的理解，然而似乎又是这种最深刻的理解，让他将舆论近乎"玩弄于股掌之间"，炉火纯青而又不被察觉。无论如何，伯纳斯对舆论的理解是值得我们借鉴的。

对待舆论，书中谈到两种倾向："有些人认为，若不是各种社会机构将一切都为公众准备妥当，公众根本不会有自己的观点。"另一种观点"却支持这样的看法：除了公众提供的标准之外，报纸等媒体其实并没有自己的标准，因此对公众的思想也没有什么实质化的影响"。伯纳斯分析得相当精准，"当某一意见与我们自己的看法一致时，便成为'民意表达'；反之，则斥之为'操控公众思想'，并将操控行为归结为阴险狡诈的宣传"。

这很有见地。反观现实，对于网络上反映的群体性事件，有人毫不犹豫地把它视为民意表达，也有人习惯于认为背后一定是利益集团或境外敌对势力的操纵。其实情况远比这样简单的判断复杂。应该客观地看待舆论。

它既是自发的、有一定稳定性的民意表达，同时又被各种外界影响所形塑。正如伯纳斯所言，"事实真相存在于两种极端观点的交汇地带"。

舆论是个人意见的集合，它是人们在既有的观念上形成的，伯纳斯将其称为"先验之见"。这种"先验之见"难以接受"异己之见"。在公众的刻板印象和群体的压迫感之下，舆论有其自发性，公众对他们的观点具有令人难以置信的稳固性。也正因如此，各种权力组织才不得不重视舆论，何况还有很多社会机构是靠舆论"吃饭"的。他们小心翼翼地揣测舆论，也唯有迎合舆论，才能可能存在、发展。

伯纳斯在书中说，"'统一的意见'大多是自发形成的，媒介只是个人确保群体意见的中介"。也就是说，媒介不得不反映既有舆论。在这里，伯纳斯与李普曼的观点一致：报纸受到民众的控制。李普曼指责报纸被利用，但伯纳斯则"兴高采烈"，与其改变，不如利用，他让公关顾问充分利用报纸迎合受众这种情形，为报纸制造新闻，成为报纸与公众的中介。

伯纳斯认为，舆论的走势和方向会受到外界的影响而左右摇摆，不断改变。公共关系的精髓则在于对于舆论的深刻把握和巧妙操纵。伯纳斯坚信民众的顽固性和舆论的非理智性，他要做的则是怎样改变舆论。正如伯纳斯所说，"大部分被称为'舆论'的问题，在其事实和结论层面，都比《华盛顿每日新闻》更加模棱两可，也更加复杂"。群体是亢奋而不宽容的，在群体作用下的舆论具有势不可挡的强大力量，也正因其盲目性赋予了它必须被操纵的命运。我们既不用站在精英主义的立场宣扬"操纵舆论天经地义"，也不用站在民粹主义的立场，扬言"舆论就是至高无上的民意"，只需要客观地看待舆论，承认其力量，也相信其必被引导。问题在于怎么引导，引导到多大程度的"普遍利益"上。这就是另一个问题了。

公关应塑造公共良心

王越

《舆论的结晶》专辟一章探讨了公关顾问的道德问题。任何一个行业都需要对自身道德的合法性进行论证，以获得公众的认可并确立自己的位置。伯内斯提出了公关顾问负有的道德义务："不为客户马首是瞻亦对整个社会负责。"这种义务首先表现在，公共顾问必须对自己行为高度警醒，遵从新闻媒体的道德标准，致力于推动社会进步。

这种道德要求今天看来不算什么，但在当时却是革命性的主张。伯内斯坦率地说，人类社会赖以生存的真理是一个相对的概念，不过诞生于互相冲突的欲望之间的妥协和众多思想所达成的最终说辞。在基于不同的个体而产生的浩瀚的"真理"汪洋之中，想要新观点被认可，"唯一的方法就是赢得群体认同"。因此，公共关系顾问必须考虑到这种舆论的力量。

不可否认，伯内斯对于道德准则的追求带有维护公关自身发展的私利。公关对社会发展的介入方案是这样一个过程：促进组织与公众彼此理解、相互适应，形塑舆论，造成社会认同。"若未得到公众的接受，值得赞美的运动亦将惨遭失败。"所以公关的成功不能局限在满足眼前顾客的利益诉求，更应放眼于未来，寻求长远的发展。

伯内斯不忌讳把"操纵"和"舆论"两个词连在一起使用，承认"公关作为现代社会治理的一种必要工具，本身从来不会被承诺只用于公共之善"，但是他绝非置公共道德不顾的人。1933 年美国记者卫甘德在纳粹宣传部长戈培尔的书房里，发现了伯内斯的著作《舆论的结晶》，尽管伯内斯说过舆论作为工具可能被滥用而反社会，但他对此仍然感到很震惊，此时他的这种心情可以说是五味陈杂。伯内斯最为著名的女性香烟公关策划"自由火炬游行事件"，在他晚年时也自视为其道德污点，努力想要人们忘却。

从某种意义上来说，纳粹时期的宣传是极其成功的。而"自由火炬事件"也使得美国烟草大亨希尔成功地打开了女性市场，营销上大获全胜。从公关效果和目的角度看，这些都是伯内斯理论的成功。如果从道德层面衡量，就会明白他内心的惆怅。在其著作中，他多次将公共关系顾问与律师、医生作比较，认为公关顾问是舆论法庭的辩护律师，是组织和社会的医生。公关顾问必须拒绝"不正直的客户、欺骗的产品、危害社会的事业"，因为在舆论的法庭上，公关顾问既是法官也是陪审团，公众也许正是听了他们的辩护才认同某种观点。所以他明确将公关道德原则表述为"既要合法又要合德"。哪怕客户拥有法庭上的正当性，但如果在更高级别的舆论法庭上存在瑕疵，公关顾问也必须拒绝这些客户的邀约。

在《舆论的结晶》的结尾，伯内斯援引了一位教授的话："舆论的未来，就是文明的未来。……上层社会——那些有教养的人、有学识的人、专家和知识分子——承担着不可推卸的责任，他们必须将道德和精神的意志注于舆论之中。"他晚年还在重申"塑造舆论"即"塑造公共良心"，意义在于纠正社会的不公正与不平等。

虽然在他"塑造公众良心"的观念中有精英主义的色彩，但是我觉得不可否认他在《舆论的结晶》一书中对于公关道德的思考具有重大的现实意义。即使是在现今社会，在构建公关道德伦理框架的方面，他的思想也仍然熠熠生辉，值得我们去细细思量。

无知者难容异见

张千千

《舆论的结晶》中提出了一个有意思的观点：无知者难容异见。说的是人们会对不了解的事物怀有奇怪而坚定的笃信，不论事物的真假。例如，没有什么文化的人会认为书本上说的都是对的，普通的消费者会认为他们在商场买到的东西都是真的……当然了，我明知自己在这方面知之甚浅，却也武断地将它们举作例子，这也是我的一种无知的笃信。

事实上，我们对知识的探究终有极限，永远不能探知到穷尽，亦即，人永远保持无知。或者说，人至少在某些领域是无知的，如自然科学家可能对社会学领域是无知的、画家对音乐可能是无知的……每个人都有其无知的领域，人人也都不能免俗。因此，难容异见也并不是那么的可耻，因为每个人都不可避免地在某些领域难容异见，这是被我们对世界的了解所限制的。

书中提到类似于心理学的"防逻辑隔离层"现象，这种现象是说一个人的观点无法被有力的逻辑、理性的辩论或明显的事实所改变。当有事物来冲击自己的既有观念时，人会自我保护性地无视这些事物，惰于改变，难容异见。我认为，与其说人类保有信仰，不如说人类更加信仰并相信自己。排斥异见和自我褊狭总是相伴而生，会使人故步自封，使文化缺乏交流、科技无从进步。但是难道这样的"防逻辑隔离层"现象就完全没有积极作用么？数千年来，它存在于人性之中，也存在于交流传播之中，存在即合理，我想它并不是完全没有积极意义的。

书中有这样一段话："尤其重要的是以下这样一种趋势，即各民族在某些宗教信仰和习俗早已失去其意义后，仍然维持着它们。饮食规则、健康规则甚至是那些因地理条件而产生的生活规则，纵然经历了一千多年的沧海桑田，还是在这样一个'防逻辑隔离层'的作用下被教条地固守着。"我在想，"防逻辑隔离层"现象对宗教和社会都有一定的维系作用。人们通过对固有看法的笃定态度，单纯地相信着信仰，不去质疑，这种笃定让宗教关系更加坚定和稳固。

"公共关系顾问必须要面对的一个事实就是，一个人对某一问题几乎一无所知却总是对该问题形成确定的、主动的判断。"这便是将人类个体所拥有的普遍特征推及到了整个社会群体，即把人们这种难容异见的特点推及到舆论的层面上。

人们通过群集暗示，逐渐在自己所存在的群体中形成一个共同的观念，并奉真理，从而排斥后来的异见。每个群体中都有自己独有的观点，并基于"防逻辑隔离层"而排斥其他的观点。如此，社会便形成了诸多观点不一但构成稳定的群体。这便是宗教、政党等群体的由来。不同群体之间因"对手是心怀敌意的"的假设而更加难以实现认同，但却也同时令自己的群体更加稳定。

因此，舆论一旦形成，是很难以改变的，因为人们都不愿意承认自己所奉真理是错的，也习惯性地不会去质疑。公共关系顾问则需要探求舆论的形成过程和原因，即使舆论的传播仅仅是通过一些简单的人际传播，如与父母、老师、教会、社会领袖、经济领袖等的交流。只有掌握了人类群体的心理状态和传播方式，才能对已然形成的舆论进行干预和改变，对还未形成的舆论进行控制。

爱德华·霍尔:《无声的语言》

　　《无声的语言》中译本小 32 开 185 页,在众多巨幅厚著面前,它显得微不足道。然而,这本小册子却是闻名世界的学术畅销书之一。作者是美国的人类学大家爱德华·霍尔。这本书从跨文化传播的种种现象中,撷取了时间和空间这两个要素,讲述这两个无声的要素如何会说话,表达意思。从事传播工作的人员,若对传播现象有兴趣,建议先看看这本小册子。

跨文化传播下的时间和空间

[马来西亚] 林迎祥

　　爱德华·霍尔，美国人类学家，被称为系统地研究跨文化传播活动的第一人。霍尔出生于美国密苏里州的韦伯斯特格罗夫斯，曾任教于丹佛大学、科罗拉多大学、佛蒙特大学本宁顿学院、哈佛商学院、伊利诺伊理工大学、西北大学等美国著名院校。其毕生研究的理念奠定于第二次世界大战时期，当时霍尔在军中服役，曾到过欧洲和菲律宾。爱德华·霍尔于2009年7月20日死于新墨西哥州州府圣塔菲的家中，享年95岁。

　　在《无声的语言》（*The Silent Language*）中，霍尔创造了"历时性文化"的概念，用以描述同时参与多个活动。与之对应的是"共时性文化"，用来描述有序的参与各种活动的个人或群体。在书中，他把正规清晰的语言交流和非正规形式的交流进行对比，认为"注意观察对方的脸或其他肢体动作语言，有时会比说话得到更多的信息"。霍尔认为文化决定了人们对于时间和空间的理解，而不同的理解会导致人际间交流的困难。

　　《无声的语言》围绕着"时间的声音"展开。作者认为，时间会说话，而且说得比言辞更加明白。由于不受人有意的操控，所以它不像有声音的语言那样受到扭曲。作者强调，使用时间的方式不同可能会造成麻烦。一位美国农学家受命到一个拉丁美洲国家出任公使，他有意拜访管理农业的官员，但对方没有时间意识，当时间一分一秒地过去后，他十分生气。由于这样的4情形，他在那个国家过得并不愉快。这样的情形使人烦恼，人们没有意识到，自己正受制于另一种交流的形式，有时用语言交流，有时并不用语言交流。但传递讯息不使用显性的语言时，事情就会变得困难而复杂。双方都不可能说清楚究竟正在发生什么事情，而只能说，他们觉得正在发生什么事情，自己感觉如何。

　　该书以美国人为中心展开研究，与马来西亚人比较，美国人喜欢划分和安排时间，即使时间本身是连贯的而并非有界限的。他们喜欢准时，不喜欢耽误别人的时间。他们对待时间就像对待一个物品，赢得它、花费它、节省它、浪费它。时间是一种财富。而在普韦布洛印第安人那里，你若是问"舞会什么时候开始？"，你是得不到确切的答案的。因为当"事情"准备好了，它就开始了。在苏人那里，却根本没有"迟到"或"等待"这样的词。一个阿富汗人，几年前到了喀布尔寻找他的兄弟。他询问市场上所有的商人是否见过他的兄弟，并且将自己的住址告诉他们，以便其兄弟来到后寻找自己。次年，他又来到这里，依然如此这般地询问和关照一番。一名美国大使馆的官员得知此事，问他是否已找到他的兄弟。那个人回答说，他只是与他兄弟说好在喀布尔见面，但双方都没约好在哪一年见面。

　　空间会说话。每一种生物都有一个肉体的界限，以便与外界环境分离开来。空间由此产生了。与时间不同，空间不需要用分、秒、星期、天、年等来划分，它似乎自然而然地就产生了。一个教室，是不属于任何人的教室。我们只是习惯性地固定在这个教室学习看书，而这个教室并没有因为我们的习惯而属于我们。我们有了固定的位置，即使这个位置并不是理想的，也不需要去换个更舒适一点儿的，因为每天都是同一个人坐在那里。而当某一天，某个人在你到之前坐在了你每天坐的位置上，你看见了必然会很不舒服，若他发现了，他会说：啊，这是你的位置吗？或许还会礼貌地离开。

　　人们的差异归根结底是文化的差异，不论是时间的还是空间的。现代社会使许多事情趋向复杂化。他们清楚地知道自己选择的后果。现代社会还远非如此，多样化的世界里有无数颗导弹等待着。

关于《无声的语言》的学术分析

刘骏瑶

论证逻辑

A. 提出文化的概念：文化即交流。

B. 文化分析：人在三个不同层次上活动（正式的、非正式的和专门的）。

C. 文化中的信息分析：信息有三种成分（集合、元素和模式）。

D. 以上两个分析的应用：分析时间和空间在跨文化传播中的作用。

E. 总结：只有了解文化，才能更好地利用文化。

作者的论证从文化这个大概念出发，逐渐细化，利用三个层次和信息的三种成分，逐渐转向从微观分析，但霍尔没有局限于提出研究文化的框架，他将这个框架应用到实际，描述了时间和空间这两个文化中的子系统。

在提出这个框架的过程中，霍尔又采用了：

A. 文献理论背景回顾。

B. 提出分析方法。

C. 运用分析方法深入分析现象的逻辑论证过程。

这样的三步骤使方法的提出不仅有文献和理论依据，同时也证明了这样的理论是可以应用到实际的。以提出"三种层次上的活动"为例：

霍尔首先阐述了弗洛伊德对潜意识的分析，以及沙利文认为受过专门训练的观察者可以发现潜意识，而后他提出文化有三个层次的理论：正式的、非正式的和专门的，最后用这个理论去分析格兰德湖边的一个小镇上人们的滑雪运动。

在应用到对时间和空间的分析时，霍尔先用三个层次进行划分，再在三个层次下每个成分具体举例分析。如"日"是一个深深根植于过去的正式时间的集合。

跨文化传播

当在传播过程中无法理解另一种文化时，我们极易陷入种族主义。尽管可能采取了在我们看来谦逊尊重的态度，"无声的语言"却透露出我们希望别人按我们的方式来办事的要求，极易造成反感。大多数情况下，我们并无恶意，仅仅因为无知就让一场本来可以顺利进行的沟通失败了。要弥补这样的缺陷，仅仅通过列举一系列特定的异文化的知识远远不够，那样的文化知识是无穷无尽的，提出一个适用于分析各文化的框架，从根源上理解才更为关键。

每一个民族，必然都会存在文化中心主义，这通常表现为缺乏对异文化的敏感和认识，将自己所属的文化作为文化的中心，因而造成文化传播上的障碍。冷战后的世界一方面加强了沟通交流，另一方面核心文明都在强调自己的本土文化，随之而来的文化中心主义又有了更加嚣张的倾向：日益猖獗的恐怖主义，俄罗斯的"光头党"……一旦文化中心主义失控，就极易发生战争，甚至是引发种族主义政策。此时此刻，互相理解的能力显得更为重要。

唯有认识才能理解，唯有理解才能更加尊重。"无论对科学家还是对普通人，我都想提出建议，我们必须认识和理解文化的过程。与其说我们需要更多的导弹和氢弹，不如说我们需要更多的有关作为文化参与者自身的具体知识。"

根据"内容分析"的经典定义，它应该是定量的、以频数为重要标准的研究手段，包括抽样和编码两个步骤。但《无声的语言》只是一次定性的内容分析。霍尔通过对其他文化下的习俗的比较，关注的是内容本身，已经不再是频数或者频率。

得失评价

《无声的语言》必然是成功的：它不仅影响了学界，也影响了普通大众。仅 1961—1969 年它就售出了 50.5 万本，被翻译成 6 种语言。但从我个人的阅读来看，该书有一个硬伤。霍尔在提出文化可以分为正式的、非正式的和专门的这三个层次的时候，并没有将三者的界限描绘清楚。

他在"学习"中将正式的和非正式的两者作了划分，区别为前者是由父母或者教师明白告诫的（"你不要做这个"），而后者的主要因素是一种提供模仿的模型（"以后你就会知道啦"）。这样来看，正式的和非正式的区别，似乎是一个做了明确告诉，一个要靠自己意会。但之后在阐述"时间会说话"（time talks）的时候又说：正式时间系统是我们不愿改变也不许我们改变的事情。这似乎相较之前的划分标准又变了，因为按之前的理解，非正式的也是不愿意改变的，两者之间的差别仅在于非正式的需要结合背景加以理解。

虽然霍尔宣称自己要做的并不是列举一系列奇闻轶事，但实证主义的研究方法要求他不得不将自己的方法和研究框架，建立在有大量事实依据的基础上（但可以想象他已经比其他人的减少了很多），这些数量毕竟是有限的，仅仅通过这样就得出"无声的语言（non-verbal language）所传达的信息远远大于语言（verbal language）传达的信息"，难以让人信服。一方面，霍尔试图减少例证的数量，另一方面，只有足够多的例证数量才能印证他的观点，这一对矛盾的存在，削弱了他的说服力。同时，作者在分析这些例子的时候，难免代入自己的主观感想，如他认为，那个一直住在同一个村落同一个生活圈内的汤姆，难以适应美国人四处转移的生活。

Leadership Crossroads 的发起人 Lother Katz 认为，无论如何，《无声的语言》都给我们展示了一个新的重要视野，同时启发了思想开明的人。事实上，时至今日，《无声的语言》依然值得被一遍又一遍地翻阅。

其他想法

霍尔这本 1959 年写成的小书被看作跨文化传播研究的奠基之作，霍尔也被看作奠基人。经过了 50 多年，我们依然饱受跨文化传播问题的困扰。

整本书的研究过程就像是一本实证主义的研究教材。有对各种其他文化的描述，同时也有研究文化问题的框架。我认为，随着冷战后各国重新注重自己的本土文化，文明间的冲突将愈演愈烈。跨文化传播在新的时代更加凸显了自身的重要性。每一次全球的经济危机都会造成民族主义情绪的高涨，我们习惯于将自己的不幸归咎于和我们处在不同文化圈子里的人。根据萨丕尔-沃尔夫假说：语言即思维，语言上没有共同点导致难以形成相同的思维，而双方互不理解加剧了冲突的可能性。若要进行沟通，必须对各自的文化进行了解分析，思维上的理解才是跨文化传播的关键。

用霍尔的观点看环境媒体广告

龚喜谜缘

读了爱德华·霍尔著的《无声的语言》后，我倾向于把书中的观点说成："很多时候传达最有效信息的，都不是你原本以为最直接最能容纳信息的语言。"

把这句话向广告领域做一个简单的翻译即：很多时候，在你自己做的广告中最能被消费者记住的，却不是你最想告诉他们的。这样的例子很常见，最典型的就是那些为吸引眼球而大量使用暴露的图像，或是暧昧的性暗示广告。它们中有一部分是很成功的，因为能够做到把产品与性暗示密切地相关起来（例如一则平面广告中平躺着一名裸露的女性，她光滑的干净的小腹上有一台缩小了若干倍的除草机，这则广告是为剃毛刀产品做的），然而，人们只是对其中大胆暴露的情节和画面印象深刻，热血沸腾一番，最终究竟是给什么做的广告，却很少有人能记得起。

提到这一点的目的，是要表明广告中存在很多信息传递错误的情况，不是因为你没有传达有效的信息，而是你传递的信息没有有效吸引他人的注意。就像书中所说的约会迟到，迟到的时间超过了当地习俗中的限度，原本的表达女性矜持或是考验的意图就都只是空谈了。鉴于这种信息传递的错误，得要求每个广告不仅要研究消费者对商品需求的心理状况，同时还要将精力放在研究消费者是如何筛选并记住广告信息的，力图使其关注点与我们最初的表达初衷保持一致。

但是，这里要说的不是关于怎么去寻求关注点和诉求点的一致。以上所述的事例说明，广告的内容会因为"语言"的"时间"、"空间"等因素而导致信息被误读，这一情形却恰恰为环境媒体——这一新式的广告的媒介载体所运用，成为环境媒体上每一则广告的精妙之处。环境媒体指的就是生活中出现的一切可以直接或间接被用于以写作、喷绘、上色或者其他艺术手段来传递产品信息的东西。

对于这样的环境媒体广告，要求其本身就是自然地融于周围环境中的，那么在书中所谓的"空间的语言"，就可以认为是正确传达、不会令消费者产生误解的，因为这样的广告的出现正是以该媒体的空间位置为部分内容信息。

这里举两则著名的环境媒体广告进行说明。第一则是染发剂，在海边竖起了一块女人的侧脸的广告牌，但是头发部分却是完全掏空的，人们透过头发部分看见的是天边的云彩，随着一天时间的改变，女人的头发颜色自然而然地改变，从而传达出该染发剂色彩逼真天然环保的特点。这一则广告对"空间"和"时间"的把握都非常到位，尤其将时间变化带来的色彩变化直接运用于广告诉求中，成了整则广告的点睛之笔。另一则广告是理发店的，在路边的隔离绿化带下出现了一张表情充满惊讶和不满的脸，从远处看去就像脸上方的绿化带正是他"旁逸斜出"的头发使他极其不满意，脸的旁边有一句文案："需要一个新发型？"

在读该书的过程中，我脑海里一直浮现的便是这样的环境媒体。书中的某些观点正好揭示了环境媒体的优势所在，我把它们找出来放在这里，只是想表达一下个人的看法：环境媒体在信息的准确和有效的传达上，有相较于其他媒体的巨大优势，极有可能在将来成为广告媒体的主流形式。

利贝斯、卡茨：《意义的输出》

英国传播学者利贝斯（Tamar Liebes）和美国传播者卡茨（Elihu Katz）的合著《意义的输出——〈达拉斯〉的跨文化解读》是传播学史上的名著之一。在潘忠党、黄旦、我和其他人参与的一个编委会历经几年的努力下，2003 年由华夏出版社一口气出版了七本传播学经典著作，这是其中我负责组织翻译的一本，由刘自雄单独（当时很多书都是一群人翻译的，质量得不到保障）翻出。然而，这本书长期停留在我国的传播学教材里，没见谁认真地研究过。此次组织三位研究生来读这本书，看看他们如何评价这本书，这在学术上是有意义的。

从《达拉斯》看"文化帝国主义"的尴尬

高翔

《意义的输出》研究的是风靡全球的美国电视连续剧《达拉斯》。《达拉斯》讲述美国石油大亨尤因家族的故事，展现了颇为豪华的生活方式和复杂的商业竞争。该剧1978年在全球热播13年，风靡90个国家，总计播出了356集，高居20世纪80年代全美黄金时间电视收视率榜首。这是一次全球观众的集会，人们每周一次地聚集在一起，以追随尤因王朝的传奇。因此，《达拉斯》成为了媒介研究、文化研究的对象。

研究中，许多学者轻率地将《达拉斯》效应视为"文化帝国主义"事件，并描述事件的流程应该是：霸权信息在洛杉矶被预先包装，然后被运往地球村，最后在每一个天真的心灵中被解开。但也有一些学者提出了相反的观点，认为《达拉斯》是一个多义的文本，其构建仰仗于观众的社会语境和话语语境。

文化帝国主义论者只注意到了信息的发出者和信息内容，却忽视了受众对信息的解读。这一主张是一种"魔弹论"，将受众看成是"待宰的羔羊"。要证实《达拉斯》是一种文化帝国主义现象，需要证明这几个问题：(1) 节目中包含了一种有意设计的旨在服务于美国的海外利益的信息；(2) 信息接受者以与发送者的编码方式相同的方式解码；(3) 信息被信息接受者以不带任何批判的方式所接受，并且渗透进他们的文化中。

为了回答上述问题，两位作者假定观众是积极参与和卷入的，选择了六个观众群体样本：以色列阿拉伯人、新近抵达的俄罗斯犹太移民、老资格的摩洛哥移民以及以色列聚居区居民、洛杉矶第二代美国人、居住在日本的日本人，借以观察不同国家、种族和文化背景的观众如何理解、解释与评价《达拉斯》，并对这些卷入机制作跨文化的比较。

通过研究他们发现，不同样本在剧情复述和卷入模式方面表现出明显差异，从而证实了"解码活动是观众文化与生产者文化之间的一个对话的过程"。观众比许多媒介理论家所假定的要更加活跃、更加富于批判精神，他们的文化价值对于操纵和"入侵"都要更具抵制力。

"文化帝国主义"的成立，还需要证明传播内容是"有意设计"的。该书谈到：《达拉斯》成功的秘密在于它为不同水平的与不同文化中的观众们提供了一些可做之事，是一个可读性很强的通俗文化的文本，吸引受众对它的解读。就算是受众对《达拉斯》进行了同质性的解读，也不能证明《达拉斯》就是"文化帝国主义"事件。因为我们无法证明《达拉斯》的生产者具有文化上的故意。美国通俗文化流行世界并非由于"文化帝国主义"，而是另有原因：通俗文化伴随全球工业化和城市化而兴起，超越地域的束缚从而风靡全球，而美国恰好得益于二战后文化产业化的领先优势，得以在通俗文化的输出上独领风骚。

模糊不清且敌对意识很强的"文化帝国主义"理念，不适合指导人类的文化交往活动。我们需要建立起理性的跨文化传播观念，协调各方利益，实现文化层面上的双赢。做到这一点，我认为，第一，传播者要设身处地，换位思考，考虑传播内容的可读性和文化接近性以及制定合适的传播策略。指望着"魔弹式"的信息投放，传播效果可能会大打折扣。第二，受传者要开放包容。建立起跨文化传播观念，理性地接触外来文化，这样才可能在文化交往中占据主动。

从跨文化传播角度解读《达拉斯》在日本的失败

张翔

与在美国、以色列、德国、英国、丹麦以及阿尔及利亚等国家取得的成功不同，《达拉斯》在日本却遭遇失败。《达拉斯》在日本的失败是跨文化传播中失败的典型案例。

该书作者在日本小组访谈中发现，日本观众对《达拉斯》持否定态度的一个重要原因，在于这部电视剧中构建的美国和美国人形象与他们已有的印象不吻合，"存在着一种可信度的鸿沟，尤其是有关美国富人的形象"。《达拉斯》里表现的美国富豪生活状况，与日本人所认为的美国社会中真正的富有应该是什么样子之间，很不一致。在此，跨文化传播中的刻板印象表现得十分突出——在日本人眼里，美国的富人应该是豪车豪宅，而不应该是电视剧里破旧的衣服和房子。他们认为，电视剧里表现的美国德州石油大亨尤因家族建立在浪漫爱情基础上的婚姻，是一种中产阶级现象，不符合上流社会的事实。这就给日本观众造成不真实感，导致这部电视剧在日本的遇冷。

几乎在任何民族文化中，民族中心主义都会存在，虽然并非有意形成，但却有着深远的影响力。从这一角度理解，日本观众不喜欢《达拉斯》的另一个重要原因，是他们认为在这部电视剧里的人物角色，都是肆无忌惮地，疯狂而没有节制地追逐财产与性，同事之间主动地提出性要求，或者透露性活动的机密。日本狭小的地理环境导致了日本人对固有文化的相对保守性。在日本的传统文化里，女子对男子必须温顺和依赖，人们对财产与性的追逐多少是掩饰的；与之相反，文化杂糅与亚文化横生的美国社会，自身的欲望是外显和暴露的。日本观众只从自己的文化传统出发，采取抵抗式解码（adversary decoding）的方式诠释和理解电视文本，以本国社会的价值观去评价美国电视剧的人物性格和情节设置，自然会不适应和反感。

跨文化传播已成为了当今世界文化交流的主旋律。在跨文化传播过程中，"文化冲突"与"文化误读"带来的冲突和障碍始终存在。因此，在跨文化传播时应该注意：

第一，克服刻板印象引起的交流障碍。刻板印象是一种对不熟悉事物的僵化认识。在跨文化交流活动中，作为信息接受者一方，要注意克服对对方文化的刻板印象，保持开放包容的心态，本着共同理解的原则，双方保持良性的沟通。而作为信息的传播者，也要注意考虑对方可能具有的刻板印象，以调整的传播方式和传播内容，提高传播效果。

第二，包容异国文化的差异性，倡导"民族相对主义"。与"民族中心主义"相对，"民族相对主义"主张文化只有在对比中才能被理解，没有孰对孰错和高低优劣之分，也没有一个绝对的标准。虽然民族中心主义根深蒂固，并且很多时候是不自觉形成的，但在跨文化传播活动中，应该尽量消除民族中心主义，相互理解，对不同于自身的文化持有包容的心态，追求"和而不同"的境界。

第三，文化产品的跨文化输出要始终遵循"文化通约性"与"文化接近性"。前者意味着透明叙事原则，被广泛采纳，以寻求文化产品在消弭跨文化冲突时能够找到其意义解毒的"最大公约数"；而后者则彰显了相关叙事原则的价值所在，也彰显了文化产品特别是影视产品在跨文化输出中针对性本土改编策略的重要性。

从研究方法的视角看《意义的输出》

欧阳建东

《意义的输出》对文化帝国主义形成某种程度的解构，证明意义或意识形态的输入与输出存在着距离，并不是简单的刺激—反应过程，只有经过意义的编码者与解码者之间不断地协调，才能"产出"理解。得出这样的结论与作者的方法设计不无关系。两位作者创造性地选择种群作为第一控制变量，以探索不同亚文化之间对于同一电视剧的独特"协商"方式——不同类型的解读、不同形式的卷入以及不同机制的自我防御。

这项研究的一个核心假设，即《达拉斯》以及诸如此类的节目是否不仅是可供销售的文化产品，而且也是颠覆本土文化价值的工具？要回答这个问题，不仅要对节目的文本内容进行分析，更要对受众接触理解的范围与程度进行研究。作者们假定"观看像《达拉斯》这样的节目确实是一个积极参与和卷入的经验，并随着一个人代入收视活动之中的文化背景而改变"，在此基础上设计研究方案。

在选择《达拉斯》海外传播国家时，作者们依据便利原则首选以色列。这是一个非均质国家，虽与西方国家关系密切，但其官方如其他非西方国家一样，"担心《达拉斯》可能会触犯本国的几种核心社会价值——书籍与阅读、出版方面的政治策略、希伯来语的复兴与反物质主义，而推迟了其引进时间"，因而具有典型性。

在选定以色列、日本、美国三国作为研究对象国后，作者优先考虑种族，以"观察向别的文化外销意义的过程"。选定六个具有明显差异的文化群体后，采取非随机抽样的方法，每个小组中确定一对夫妇（日本除外），由这对夫妇邀请另外两对夫妇到他们家看《达拉斯》并参与讨论。具体的调查步骤与方法是在小组成员安顿好之后与节目开始之前，调查员会要求每一位成员填写一份包含人口统计学资料在内的问卷。在小组成员观剧过程中，访谈员与调查者对小组成员之间、小组成员与剧情之间的相互作用进行观察，并在观剧结束之后，引导小组成员进行焦点小组讨论。整个过程"以准人种学者的身份观察整个观剧过程，并且扮演访谈者来激励他们之间的对话"。最后，由专业人员对问卷及录音进行编码。

这是民族志研究的"参与观察法"。在跨文化传播研究领域中，最早莫过于《意义的输出》。正如作者在导言中所言，"以准人种学者的身份观察整个观剧过程，并且在节目结束后扮演访谈者来激励他们之间的对话"。民族志是一套从观察到撰写的方法体系，该书借鉴人类学民族志的研究方法，体现在从样本选取到深入观察，从问卷、录音整理到编码描写整个研究过程之中。选择种群差异来划分亚文化，这是《意义的输出》在研究设计上的独特之处。但如"人无完人"一样，其研究设计受认知水平、客观条件等因素影响，也有其局限性。

两位作者借鉴民族志的方法，但尚不是完全意义上的民族志方法，是一种准人种学观察。真正的民族志研究方法需要持续融入当地环境，以达到英国人类学家马林诺夫斯基所谓的"文化持有者的内部眼界"来进行研究。而这项研究的所有数据，建立在一次性调查基础之上。对一种异族文化的研究，其证据仅凭一次性调查，其可靠程度令人产生质疑。

这种局限也许作者也意识到了，我们从书中"由于我们的资金受到限制，因此不得不在个人访谈与小组讨论之间做出选择，我们选择了后者"的描述中，可以得到某些验证。

作者确定每一个小组中的一对夫妇邀请两对夫妇来他们家共同观看《达拉斯》。由此带来了两个问题：一是破坏了家庭原有的熟悉观剧环境。虽然这对夫妇与被邀请的两对夫妇认识，但被邀请两对夫妇之间可能并不认识，由此带来的陌生环境可能会影响他们在小组讨论中的发言。二是第一对夫妇的年龄、受教育程度等因素可以控制，但是他们邀请的夫妇的年龄、受教育程度难以控制。比如，以色列摩洛哥人受教育程度普遍低于以色列俄罗斯人。如此，小组与小组之间除种族外的同质性则会受到干扰。

除此之外，美国小组与非美国小组所看剧的翻译、配音问题，小组之间所看剧集非同一剧集的问题，这些在研究设计上都待于进一步优化。

麦库姆斯:《议程设置:大众媒介与舆论》

　　"议程设置论"是传播学研究中一个常用的理论假设,提出的传媒工作环境是美国。1972 年,传播学者马·麦库姆斯和唐纳德·肖发现,一定区域内的很多传媒的记者、编辑,各自根据自己对事实的选择标准采写和编排新闻,其中总有一些是多数传媒和传媒人不约而同认为重要的,报道的时候被安排在前位。于是在一段时间内可以列出很多传媒共同认可的排名前几位的新闻(议程),而同一时期这个区域公众的议程与传媒的议程有相关性。这是新闻自由条件下的一种传媒的传播效果。然而在我国,这个假设被曲解为传媒主动设置议程来影响公众。麦库姆斯的专著《议程设置:大众媒介与舆论》,完整展现了一个理论假设的可追溯性、研究方案设计的改进路径、理论突破点,同时也不避讳研究设计的局限和盲点。这给我们的学术研究提供了范例。

用实证调查的方法看传播效果

王畔

刚开始看《议程设置：大众媒介与舆论》这本书时，感到眼花缭乱，因为自己读传播学专业书的数量实在有限，这是我第一次看到一本学术专著，用实证调查的方法来阐释传播学观点。书中引用了大量抽象议程和具体议程的实例和分析结果，用来验证作者的观点：大众媒介对公众的议程无形中进行了设置，媒介认为具有显著性的话题，转移到公共议程的显著性话题上。作者麦库姆斯通过媒介对议题的影响，考察了传媒对舆论的无形影响。

在西方国家，总统选举是以媒介议程影响公众决定的明显例子。作者使用了包括1972、1976年美国总统选举、日本地方选举、阿根廷地方选举的经验证据进行定量分析，提出了该书的核心观点：新闻中强调的议题随着时间的演化会成为公众认为重要的议题，媒介的议程设定了公众的议程。具体到选举这个议程，也许那些心里有自己坚定支持党派的公众不会因媒介宣传而改变自己的看法，但是媒介对于摇摆不定的选民，则有明显的影响。

议程设置与李普曼的"拟态环境"遥相呼应，正是因为我们的行为是对"拟态环境"的反应，所以为议程设置提供了可能。因为媒介构造并呈现给公众一个"拟态环境"，所以在这个"拟态环境"下，媒介议题的显著性向公众议题的显著性转移，并最终影响了公众议题的议程设置，这也正是为什么我们在面对一件公共事件的时候脑海中总呈现一个标准故事：媒体提供给我们这样的故事，从而影响了我们对整个事的看法，换句话说，基于媒介建立的议程，如药家鑫、小悦悦、小三逼死原配的故事等等。

麦库姆斯还对议程设置的时限、容量和具体媒介属性进行了研究。研究中用统计分析的方式得到了议程设置的时限。他认为，大众媒介的主要传播策略是重复，而这种重复经过一到八周的积累，就会体现到公民的反应中。在议程设置的容量上，他认为公众议程能容纳五到八个议题。另外，他就议程设置的媒介种类进行了较为详尽的分析：在议程设置上，地方报纸的影响力大于地方电视报道，但是把这个量化的范围再扩大，会得出二者影响力"混杂不清"这样的结论。"报纸的许多特点——以及电视与其他媒介的类似特点——都影响大众媒介能够在多大程度上成功地赢得受众。"

书中提到，公众的"导向需求"是媒介议程设置的干预变量。我想，这个观点可以这样解释：从主观与客观关系的角度看，媒介的议程从客观层面影响公众的议程，而公众在公共事务中的导向需求越高，就越可能关注大众媒介的议程。

此外，该书也提到了媒介议程设置在不同议题上的区别：舆论与新闻媒介在抽象议题上保持高一致性，在具体议题上则是低一致性，因为很多具体议题是进入人们日常生活的议题，个人经验足以为人们就当前局势提供指导。

那么，媒介议程的后果是什么？书中认为，当媒介在不同客体以及客体的不同属性之间移动时，公众出现了学习行为。既然公众从媒介议题中学习着，并且改变着某个议题的显著性，那么媒介对议程的选择是否应该为公众可能受到的影响负责？在我们受媒介议题引导而形成一个一个标准故事的时候，真相是否被掩盖？而相应的，当受到媒介影响的公众议题反过来形成强大的舆论时，又会对媒介所报道的事件本身起着好的还是坏的作用？在这本书背后，很多问题值得我们深思。

一种具有"生产力"的理论模式

张延泽

有学者认为,评价一个理论是否科学的主要标准之一在于考察其"生产力",即它是否可以持续地触发新的问题,从而不断深化这一理论探讨的主题。我以为,根据这一标准,议程设置理论显然是成功的。这一理论至今仍在持续的研究中。

长期以来,议程设置理论的知识流传不均衡,设计新研究项目的研究者经常不能充分掌握先前的研究。所幸这本书把与议程设置相关的主要观点和实证发现荟萃于一堂,系统而完整地阐释了大众媒体的议程设置作用,结束了该领域"自由市场"般的混乱局面。对这项理论的研究和传播而言,这无疑是具有现实意义的。

议程设置理论是一个不断试验、不断调整的过程。研究的视野持续扩大,研究课题持续细分,研究方法逐渐完善。例如,早期的大部分证据只考察了媒介与公众两个部分,20世纪80年代的研究只强调新闻来源与媒介,再后来则开始将三者同时作为研究对象,还考察了谁是真的议程设置者。在更细小的层面上,比如当具体与抽象议题刚刚被引入议程设置理论视野的时候,它们被当作一个简单的二分法,要么是抽象要么是具体,后来更加微妙的处理方法出现,具体和抽象被当作一个连续体的两个端点,这样考察公众对于任何议题的接触,都可以发现亲身经历方面的个体差异。在类似的完善之中,议程设置理论的研究成果日渐丰硕,其结论也更加真实可信。

正如麦库姆斯所说,很少有理论刚诞生就羽翼丰满。它们通常始于一种简明扼要的洞见,然后经由许多人的多年探索,才逐渐清晰起来。议程设置理论的形成正是这种情形。这个理论始自一个关于描述公众对社会与政治议题的关注的简单假设，由此逐渐扩展，又融入许多新的命题。

我以为，麦库姆斯的这本书是宣告议程设置理论阶段性胜利的成果，是起承前启后作用的著作，但还不能成为该领域的集大成者。这座开采了 40 多年的宝矿还有许多财富在等着后来的研究者：

第一，互联网携带无数新的传播渠道或形态介入，使传播景观发生了巨变，博客、微博、微信等等，代表着各类意识形态的微观社会。这已经不是原来意义的大众传播了，而是一种虚拟界面的人际传播、组织传播、大众传播和跨文化传播叠加起来的整合传播。就此一些社会观察家预言，网络时代人人都将有一个由海量网络新闻与信息构建的、高度个人化的、独立于传统媒介之外的议程，这样一些个人议程构成的是以相当多元化、公众注意力分散为特征的公众议程，因此议程设置理论行将终结。麦库姆斯等学者给予的反驳是：网络媒介具有同质性，并且可以有集中注意力的效果。但是，这些理由需要更多的实例来检验。因此，在媒介系统持续变化的情况下，新闻媒介的议程设置基本效果是否会与几十年前基本相同，或是会最终消失，都将是未来一段时间里重要的研究议题。

第二，议程设置理论在发展过程不断吸纳着其他的理论，变得复杂起来，附加条件越来越多，这一理论假设很难概括为一条简洁的适用于所有情景的结论。但这不能成为阻挡我们对简洁之美追求的理由。一个过于庞杂的理论不利于传播，也容易在传播的过程中造成歧义。本人以为，这本书作为一本实证主义的著作，下结论时对实例过于倚重，还需更加提纲挈领。从愈加复杂的现象中抽象出简洁的原理，能否做到，这是对后来研究者的一个巨大考验。

从《议程设置》看当今舆论把握

赵鲲绪

读了麦库姆斯的《议程设置》一书，我想到美国名记者沃尔特·李普曼所说的一句话：舆论的反应不是针对环境的，而是针对新闻媒介创造的拟态环境的。而传媒的发现与呈现，使得公众议程面对的绝大多数事情都是二手现实，由于生活环境与信息获取渠道的有限，公众往往无法依靠自身经验与实际探索而获得信息，而此时媒体对于公众的影响尤为明显。

通过日复一日的新闻筛选与编排，编辑与新闻主管影响人们关于当前什么是最重要的事件的认识，而"媒介忽略了的那些事就像不存在一样"。虽然公众经常会选择性理解，即尽可能少接触与自身观点相悖的信息，多接触与自身观点相符的信息，但实验研究表明：传媒议程设置与选择性理解的比例约为8:3。根据法国社会学家勒庞《乌合之众》的观点，在群体中个体特性被淹没，智商趋于同化，那么处于新闻报道对面的公众群体很容易就受到媒体议程设置的影响，从而产生群体意见，影响社会的进程。

议程设置分为两个层面：一为客体显要性的转移，即什么是重要的；二为属性显要性的转移，即如何理解客体事件。"框架建构"是议程设置第二层上的一个理念，即选择某个可感知现实的一些方面，让这些方面在传播文本中显示它更加重要，通过选择、强调、排除、阐释来提供暗示，从而引导公众的思维。在信息潮涌、阅读快餐化的今天，传媒设置的传播框架不难奏效。另外，在一则新信息面前，公众倾向于用经验与直觉作出判断而不是根据自己的所有信息储备来进行全面分析。因而，碎片化的零碎信息更容易影响公众的思维，传媒议程设置的效果就会日益凸显。

在信息潮涌的今天，新颖、猎奇的报道往往受到公众垂青。然而，如果为了吸引眼球而使某篇报道带有明显的倾向性色彩，或者报道结构单一而做不到信息的平衡，都会对公众产生不良的影响。如果这些报道带有煽情、仇恨等作者的情感色彩，其影响尤为激烈。即使单篇报道做到了较为客观公正，但如果一份报纸、一个电视栏目、网站首页上80%都为负面信息，长此以往对观众负面情绪的激发效果依然明显。这种片面报道现象被美国传播学者格奥尔格·伯格纳称为"邪恶世界综合征"。媒体报道坏消息是新闻价值使然，但长期接触过多的坏消息，容易给公众留下邪恶与危险的印象。而这种印象，是难以做到理性和客观的。即使媒体的倾向性报道可能在一段时期内推动了事件的解决与社会的改革，但其对公众心理、对社会良性发展的影响难以估量。

议程设置不能被错用。例如一些政府、官员热衷于在媒体上宣传自身，占据着重要的位置且手段一成不变，其影响力却日渐微弱甚至效果相反。这种长期不变的报道模式已经变成了一种波澜不惊的噪音，激不起大多数公众的心理认同。公众反而会将这些失败的宣传与负面报道相结合，形成当权者因循守旧、虚伪自私的刻板印象。

如何正确地定位媒体，客观、合理地对各类事件进行报道、整合，优化议程设置效果，成为了我们新时期媒体规范的课题。新闻报道需要质量优化，也应当结构优化。如何使媒介合理发挥议程设置作用，避免传媒的报道走极端化，合理引导公众思维，是我们必须要面对和解决的问题。

科瓦奇、罗森斯蒂尔:《真相》

　　两年前组织同学读科瓦奇和罗森斯蒂尔的《新闻的十大原则》,那是专谈新闻真实的,写得很实在。现在看到两位作者的新著《真相——信息超载时代如何知道该相信什么》,又是眼前一亮,因为当前人人可以是新闻发布者,专业记者掉进了全民记者的海洋里。如何辨别新闻的真假,成为一种全民的新闻素养。现在是新闻最多的时代,也是新闻最差的时代。我们比以往更多地获得新闻,同时也更容易困惑;我们似乎更容易看见"真相",但追究真相却很难。我们已经生活在一个全民新闻时代了,人人都可以发布新闻,但事实的真相反而难以辨别了。新闻更深度地被操控,因为传播技术的最大控制者永远是拥有最大权力者。所以,民众需要拥有辨别新闻的能力。

辨别真相：可以被训练的洞察力

方音

今天，我们开创了新一轮的知识爆炸（explosion of knowledge）。

午餐时间刚过，打开一个权威媒体的网站浏览：昨天再次出现了煤矿坍塌的事件，新闻描述了煤矿坍塌的现状，报道了困在井下的矿工数量、坍塌时间和救援措施，一个采访了矿场的一个目击矿难的矿工、一个采矿公司的新闻发言人，并邀请某大学的教授对矿难发生原因做简单推测。新闻看似很充实，但总觉得有些不对劲：它没有告知事实的来源是一手还是二手的；矿工看到的是否是当时发生的一切？新闻发言人提供的数据和教授的推测，为什么值得我们相信？在地铁上，打开手机微博客户端浏览：某展览会上发生了纠纷、某地发生车祸等等，还有配上的图片。问题在于，发微博者是目击者吗？他关注了事件全程吗？他是否了解事件的性质和背后的隐藏信息？当流言满天飞的时候，这些信息并不都是真相。

信息传播的变化在于：碎片化的信息无孔不入。传统媒体无法再作为唯一的权威信息源，普通人拥有了更多的发表的途径，那些操纵公众的各类权力组织也获得了更多的接触公众的机会。辨别新闻真假的责任更多地落到了每个人头上。

《真相》是一本关于如何在信息爆炸的时代分辨真实和虚假的书。书中归纳出若干适于民众自行鉴别真相的方法。作者认为，识别和评价新闻的专业技能可以也应当得到相应的训练，并通过这种方式，使公众成为新信息时代的参与者而非受害者。每一个人都有能力成为自己的合格的"编辑"。

"怀疑性认知方式"（way of skeptical knowing）六步法，是两位作者讲述的核心内容：识别自己所接触的是什么类型的内容；识别一篇新闻报道信息是否完整；如何评估信源的可信度；评估证据的力度以及最新的新闻模式如何利用证据或干扰证据，这一因素将成为判断你所遇到的新闻属于何种类型的关键条件；还有最终的落脚点：检验我们是否从新闻中获得了所需信息。

这本书的思路极为清晰：它阐释了信息爆炸时代对公民的辨别力的要求，详细分析了人类文明进程以来的每一次信息革命，接着将新闻按照不同的价值观和目标分为四类，并在接下来的章节，按照"怀疑性认知方式六步法"的步骤对如何鉴别四类新闻进行了详细的分析，最后，他们认真地宣布：这些新闻素养应当成为合格公民的必备课程。

作者擅长援引案例，观察并整理了近十年来的新闻现象，由此所引发的论证十分切合当下的新闻环境。它兼顾了专业性和通俗性，语言轻松而不晦涩，很容易让人理解并无形中接受"训练"。这本书所帮助的人甚至不仅仅是普通人——它足以帮助一个记者培养自己的专业素养。

这本书希望培植一种观念和思考信息的方法。通过对鉴别能力的培养，公众将对新闻的产生有着更加清醒的认识，对新闻中的谎言、诱导、煽动、信息残缺和含糊其辞更加敏锐。这样，我们就可能较少地受到不称职的媒体和不负责任的言论的负面影响。人们将习惯于反复阅读文章的某一段落，对某位主播的报道表示怀疑，会评价一个网站新闻报道的质量和可信度。作者就此写道："我们为这些看似古怪的行为喝彩。"——他们将更加接近真相。

这本书是基于美国的新闻环境所写的。虽然中国的新闻环境和媒体特征与美国大相径庭，但不同的只是新闻的外部表征和表达方式。真相只有一个，甄别真相的方式大体是相通的。一双清明的眼睛无论在哪种环境下都不该被蒙蔽和欺骗。

六个辨别真相的环节

师文

现在辨别新闻真假的责任更多地落到了每个人头上，如何不被虚假、不完整的信息蒙蔽，如何不让带有政治、经济目的的各类权力组织操纵？《真相》这本书的两位作者提出了六方面的质问，实际上论证了新媒体环境下全民的新闻素养。

（1）我碰到的是什么内容？依赖新闻机构的名字来判断什么内容值得信任的时代，已经一去不复返。只有厘清看到的新闻属于何种类型，发现其潜在的准则和动机，才能知道自己看的是什么，这是理解、解构和发现问题的关键性的第一步。针对不同的信息，人们会有不同的期待，识别某条消息属于事实、宣传、分析抑或辩论之后，才能确定自己对事实的全面性和确定性有何种期待。

（2）信息完整吗？假如不完整，缺少了什么？根据传统的新闻理念，新闻要展现事实的6W（what, where, when, who, why, how）。现在需要在6W基础上增加一个要素，即新闻的Q（question），即挖掘事实的深层讯息和日后发展趋势。从这个角度看，一则新闻若无法说清楚接下来的问题是什么，它的完整性就不及那些能搞清楚问题的报道。对于记者，在原有事实的基础上尽可能增加新要素，使其呈现更广泛、深刻的含义，这是激发受众思考，提供新的认识或见解的机会。

（3）信源是谁/什么？我为什么要相信他们？信源对于评价新闻的可信度相当关键。对信源要有认识，例如直接目击者并不意味着信息的可靠，人的记忆力是相对主观的存在，情绪干扰和时间的流逝都会造成记忆的误差甚至错误，这就使得"多重信源"原则显得十分重要。对于需要保密的信源，人们至少要获知保密的原因，知道为什么这样的信源仍然可靠或有一定价值。衡量记者可信度的一个标准，是看他在多大程度上帮人们考查了信源，而不只是出于自己的目的而引用信源。信源的可信度并不是一成不变的，过去被证明是可靠、值得信赖的信源现在可能有问题；文件及资料也是如此。

（4）提供了什么证据？是怎样检验或核实的？有些情况下，即便是名声很好的人也可能撒谎，这就要求信息的可信度依赖于证据来证明。如今，新闻消费者成为了自己的编辑，评估证据的工作越来越多地从记者和编辑转移到消费者身上。要充分考虑除现有结论以外的其他可能性，是否有充分的证据挑战传统观点或信仰。同时，还要针对不同类型的信息，设置不同的证据标准。比如人们通常不会惩罚错误的新闻分析和诠释，一般没有人要求道歉。对于一目了然的错误，比如拼写错误、弄错人物身份、地址排印错误等，人们却盯得很紧。这何尝不是一种倒置呢？

（5）其他可能性解释或理解是什么？该书作者提出了"零假设"概念，他们要求新闻消费者承认自己假设的命题可能是错的，这个假设即"零假设"。这种思维方式具有怀疑精神，包括怀疑自己的知识和理解力。一旦运用它，消费者就会在观察公共生活和新闻事件的时候提升好奇心，做出更科学的思考。

（6）我有必要知道这些信息吗？在过去的年代里，传统媒体的版面和时间极其有限，编辑们替受众选择并决定每报纸头版和广电新闻的排列顺序。如今专业新闻工作者的选择对公众的影响已不如以前。网站的首页可以容纳百条标题而不是报纸头版的几条或广电新闻的十多条；加之社交媒体的普及，可以根据自己的兴趣定制个人化信息，因而人们必须更加依靠自己来决定新闻的重要性。这种变化赋予了新闻消费者更大的责任，他们必须将自己培养成清醒而谨慎的消费者，才能更接近"真相"。

洞察真相：新闻背后潜藏的利益

向笑楚

在现实世界中，辨别新闻背后是否存在各类权力组织的影响或利用，成为提高新闻识别力的关键。《真相》列举了四种新闻模式：确证式新闻、断言式新闻、肯定式新闻、利益集团式新闻。它们受到利益集团的影响依次增强，下面一一阐述。

确证式新闻是最为传统的新闻模式，强调准确的事实和完整的语境。所谓"准确"，即通过多个信源来核实利益方提供的信息是否属实；"完整"，是指报道时尽可能地将所有利益方都囊括进来。相较之后的新闻类型，确证式新闻的编辑承诺尽全力获得"真相"，"不屈服于任何人"，新闻不被利益诱惑。

20 世纪八九十年代，断言式新闻出现了。依托于技术发展，"24 小时无间断"、"现场直播"、"即时性"成为断言式新闻的三大特征。然而，速度一直是新闻准确性的头号天敌，记者获取并核实利害关系需要时间，这是断言式新闻的软肋。但随之而来，信源占据渠道优势，各种权力组织借此渗透其影响力。大部分利益集团倾向于使用现场直播的方式接受采访，因为主持人短时间内难以酝酿出充分的质疑来回应受访者。

揭露利益操控新闻的典型案例当属 2009 年普利策新闻奖调查性报道《新闻机器：五角大楼安插时事评论员》，作者《纽约时报》记者大卫·巴斯托（David Barstow）。文中的 7 名"军事专家"与媒体、军火商、政府三方保持着紧密的联系。例如，退役空军将军罗尔斯顿（Joseph Ralston）兼任 CBS（哥伦比亚广播公司）和由前国防部长组建的科恩集团副主席。利益链条在于：将军从政府方获得关于军火的独家一手资料，转卖给军火商；作为对政府的回馈，他在电视媒体上以"军事专家"的身份对伊拉克和阿富汗战争给出积极的评价，促使公众认同政府"反恐"理念并支持"反恐"。CBS 则坦言没有时间弄清楚其中的利益联系，任由这些政府代言人讲话。被利益集团控制、监督缺位的媒体被作者称为"新闻机器"。

肯定式新闻同样严重地受到利益集团的影响。这主要指一种新型政党新闻，例如政治脱口秀节目。主持人基于受众的先入之见，挑选符合他们口味的话题和事实，巩固观众的信任与忠诚，再将忠诚度转化为广告收入。作者就此指出，"不论他们多么忠于自己的意识形态，他们追求的是煽动受众和挣钱。观点记者的目标是通过发现事实来促进公众理解。而媒体煽动者却是站在政治派别或商业评级立场上利用事实"。肯定式新闻容易获得接受者的喜爱，因为它与先入为主的经验相一致。

利益集团式新闻的性质一目了然。随着传统媒体新闻编辑部的缩小，政治利益集团自己制作新闻，通过覆盖较广的主流媒体发布。这种新闻类似于政治集团的公关稿。这类新闻比较好辨别，常常伴有明显的政治宣言口号。

辨别新闻类型没有规则可寻，因为"没有任何法律要求为内容贴上标签"，但我们仍然可以从书中学到一些探寻新闻背后潜藏利益的具体的、流程化的方法。第一，公正客观的报道涵盖多元化的信息源，反之则不然。第二，报道中模棱两可的答案很可能遮掩不可告人的秘密，值得质疑。第三，如果某家传媒没有公开资金来源，又集中大量倾向一致的报道，它很可能受到某些权力组织控制。第四，通过对新闻人员历史背景、工作经历、政治倾向的了解，可以帮助判断传媒与具体利益的亲疏关系。第五，报道中出现的案例或零星的数字是危险信号，它们是肯定式新闻的特征，经过精心挑选以混淆视听。我认为这五点很实用，值得借鉴。

五、 新闻生产与传播

舒德森：《发掘新闻》

盖伊-塔奇曼：《做新闻》

科瓦齐、罗森斯蒂尔：《新闻的十大基本原则》

梵·迪克：《作为话语的新闻》

舒德森：《发掘新闻》

　　一两百年来，"新闻客观性原则"不断遭到批判，说它是虚伪的或根本不存在的，然而批判者所持的批判标尺，其实仍然是客观性；批判了客观性后，人们还得用它来衡量面前的事实。于是有人说："客观性死了，主观性万岁！"社会学家迈克尔·舒德森在《发掘新闻》里，以美国报业发展历程作为背景，论述了客观性的历程：如何从一种新闻人的生存策略，变成了一种新闻职业理念，又如何受到各种因素的影响而不断受到质疑。历史在这本书里不是编年体叙述，而是围绕这个观念形成、运用的特定时空而展开的。新闻在与公关、宣传的不断较量中形成自己的职业品格，而我国新闻界对于客观性原则的理解，似乎还处于做到"五个 W"的认识层面。读这本书后，应该知道：电灯点火——其实不然。

新闻客观需要记者具备质疑精神

王蔚

《发掘新闻——美国报业的社会史》的作者迈克尔·舒德森，是当代美国最具影响力的媒介社会学学者之一，主要研究方向为新闻学及其历史、大众文化。全书的脉络按照时间顺序展开，全文带有强烈的美国色彩。美国新闻业经常受到"不客观"的指责，舒德森从这个质疑开始，分析了新闻客观性在美国诞生的诸多纷繁复杂的原因。

舒德森在绪论中就提及：政党环境对于美国报业追求客观性的刺激。美联社收集的新闻要提供给各种政治立场不同的报纸，只有尽可能使其报道"客观"，才能为所有成员和客户所接受。1900 年，美国社会已经完全摆脱了政党报刊进入了商业报刊时期，贯彻新闻客观性原则的时机成熟。

美国 20 世纪出现了公关代理人，这有些类似于我国的新闻发言人。这一行业的兴起使得报纸再度受到质疑，记者很难确认他们拿到的信息是准确无误的，更难保证自己的新闻不是对信息源的宣传。这种质疑逼得记者除了选择客观，别无他路。从某种程度上讲，这也是记者一种追求免责的心态的驱动。

不过，我国的新闻发言人往往身兼行政职务，而记者的地位与之不对称，大多是发言人的传声筒。即便记者采访亦有特殊接待，因而我国的记者缺乏职业意识，新闻往往伴随着宣传。现在新闻越来越向专业化转变，但记者亦很难客观报道涉及广告商的负面消息。

舒德森提到，李普曼是客观性理想最睿智、最强势的代言人。在《舆论学》一书中，他揭示了追求客观性背后的情感驱动："当我们的头脑深刻意识到人类思想的主观性时，我们的心灵却前所未有地迸发出对客观方法的热情。"在实践上，李普曼也有一系列的具体观点，比如认为应成立国际无党派通讯社，推动新闻业进一步专业化：这样就可以在某种程度上为新闻业赢得尊严，使"客观性理想至高无上"的信念在新闻从业者中深入人心。然而，中国的历史上没有"李普曼"。中国在报纸起步阶段，梁启超直言报纸有通上下的职能（尽管这种观点在当时主要是为了说服光绪帝同意办报），主张以一种参与者的姿态来撰写新闻。

美国各种质疑客观性的观点，除了外部影响外，还包括质疑新闻制作者不可避免的主观性。60 年代兴起的调查性报道，在媒体中建立了几个至关重要的立足点，在机制上确立了传媒的地位，因为调查性报道需要客观地进行表述。调查性报道在美国有着得天独厚的条件，容易被人们接受。

在中国，调查性报道存在的土壤不够肥沃。报纸更多地肩负着宣传义务，并习惯从行政角度来解决道德问题，因而很难自发产生对客观性的追求，我们可以看到美国的记者对于现实的质疑几乎到了吹毛求疵的地步，正是这种态度给了美国新闻相对客观性。我们的报纸在商业化程度、在政治环境和历史因素上都有不利于新闻客观性的因素，但却从未有人阻止对客观性的质疑。

现在，有些记者已经按照客观性要求的模式来写新闻，但缺乏质疑精神的新闻是无法保证真正客观的，即便采用了最客观的写作方法，记者笔下的新闻也未必就是客观的。客观性不仅仅是中立、不带个人色彩，以及简单模仿客观性的行文，关键在于记者是否能够不断质疑看到的情形、质疑听到的叙说、质疑笔下所再现的世界究竟是否是对现实符合标准的拟态。记者只有质疑在先，才能写出被更多受众认可的新闻。

解读"客观性"理想背后的现实

高一凡

如果脱离事物发展的历史，我们将陷入以孤立的观点看问题的困境。舒德森的这本书为我们讲述了"客观性"从萌芽到发展的历史背景和社会环境，让我们看到"客观性"理想背后复杂多样的现实条件。

李普曼在《舆论学》中说过："当我们的头脑深刻意识到人类思想的主观性时，我们的心灵却前所未有地迸发出对客观方法的热情。"然而"客观性"自诞生伊始，就受到攻击：生硬地获取事实已经不合时宜。到了20世纪60年代，"客观性"一度在美国成了一种侮辱性词汇，新闻专业主义本身受到质疑。面对这样的情况，新闻界采取了一系列应对事实主观化趋势的措施：

（1）署名报道，公开承认新闻报道的主观成分。

（2）专业化，出现了有能力将公关稿件扔进垃圾箱、写出自己见解的专业记者。

（3）进行解释性报道：不但报道事件，还解释事件为什么发生。

然而不是所有记者都有能力撰写解释性报道，所以"客观性"就像一根救命稻草，仅提供给新闻采编一个框架。现在，我们似乎可以更加深刻地理解隐藏在"客观性"背后的无奈：这似乎是报业面对公关和政府宣传所采取的防卫武器。

了解"客观性"由萌发到确立的过程，看到各方关于客观性的评论与质疑，这一切都触发了我作为未来新闻从业者的思考：

（1）从美分报对"客观性"理念的培育来看，如果我们不做一个积极寻找新闻的勤快记者，寄希望于等来新闻，那就相当于丧失了自主性、积极性，甘于受消息来源的摆布。我们首先就已经被排除在了合格记者的行列之外。

（2）当我们看清"客观性"诞生的真正原因时可以意识到：牢牢地遵守"客观性"框架可以将信息交代给读者，死板地呈现事件信息也许能让我们做一个中规中矩的记者，却无法让我们做一个好记者。

（3）从20世纪60年代对新闻专业主义的怀疑来看，"客观性"似乎给我们提供了一个免于受到欺骗的安全避难所，而"客观性"所提供的框架本身也可能是危险的：我们可能会在这个框架中无意识地去构建事实，放松警惕性的怀疑。

（4）想要做一个好记者，不必纠结于是否在写作中呈现了主观认识，问题的关键在于我们是否可以培养成熟的主观性。美国记者克蒂斯·麦道格尔认为，解释性报道完全符合20世纪30年代的客观性理念：未来最成功的报纸从业人员一定要拥有广博的教育背景，具有某一领域或多领域的专业知识，避免情绪化，保持客观，描述生动，观察细致，最重要的是能在社会经济政治趋势的大背景下解读时事的含义。我想这正是记者真正的职责所在。

（5）我们不再将"客观性"奉为不可逾越的理想，一个真正的好记者应该具备舒德森所说的价值观："学会相信自己、相信同事、相信世界、包容世界；同时又要怀疑自己、怀疑同事、怀疑世界的表现……"在一心求真的道路上首先要做到不迷失于世界，同时能够包容不确定性，敢于承受风险。

不过新记者仍要从基本要素学起，遵循客观性报道的原则，进而再培养成熟的主观性。也正是我们对于"客观性"探讨的最终意义：在相信与怀疑中存有自我坚定的立场，用成熟的主观和对风险的包容去追求"真"——我们终极的目标！

从客观性的角度看新闻"故事化"

刘慧

作为新闻专业主义的客观性概念，从一战诞生之时就不断受到批判和和质疑。在这些批评声中有一个很重要的支持因素，是源于在新闻界根深蒂固的文学传统，它鼓励报道者追求文采和跌宕起伏的情节，以内容取胜，而内在隐含的正是人天性对故事的追求，记者也不例外。可以说，新闻业发展至今，也未能摆脱文学传统背后对"故事"的渴望，在一些报道领域中，新闻写作也一直在"硬信息"与"软故事"之间摇摆磨合。

新闻业发展到现在，新闻学的专业理念已经有了相当大的进步，但是新闻业的"故事模式"并没有因为威胁到新闻的客观性而销声匿迹，而是不断地演化发展。当今快餐文化的崛起更是加剧了新闻"泛故事化"的趋势。

随意翻看市面上的报纸，版面中不乏猎奇、戏剧的娱乐性的元素，故事化的新闻内容是大多数报纸的常态。随着新媒体技术的广泛发展，互联网成为一种重要的新闻来源。于是有越来越多的人开始质疑未来新闻提供信息的必要性，也有人提出记者转变职业方向，成为专门的"story teller"，专注于挖掘生活中的真实故事，让新闻成为大众消遣猎奇的"茶点"。

故事化的写作方式虽然增强了新闻的可读性和传播效果，但也因为对新闻的客观、真实形成了潜在的威胁而广受批评。在传统的报道观念中，新闻报道者被要求恪守客观、真实的原则，以中立者的立场来公正平衡地还原事实。然而，新闻的故事化在一定程度上让新闻报道者放弃了中立的姿态，专注于故事情节，从而使新闻中带有极强的主观化风格。有些作者甚至通过发挥想象力来力求生动形象，用写小说的方法来写作新闻，即以真实事件、真实人物、真实过程为基础，辅以自身的"合理想象"来"还原"人物的心理过程和某些细节，把文学和新闻熔于一炉。虽然记者的主观性在其他报道中也都有不同程度的体现，但是故事化的报道方式，无疑为这种主观发挥提供了更加便捷的舞台。

新闻故事化的写作，不可避免地导致报道者专注于新闻事件中情节、冲突等吸引受众眼球的要素，并不由自主地在写作中突出、放大这些细节，从而损害事件整体的原貌。曾获普利策新闻奖的美国记者乔恩·富兰克林这样解释故事化新闻："用故事化手法写新闻，就是采用对话、描写、场景设置等，细致入微地展现事件中的情节和细节，突现事件中隐含的能够让人产生兴奋感，富有戏剧性的故事。"紧抓住新闻中某些情节要素，必然会忽视另一些事实要素，使事件碎片化。当今我国媒体频繁使用的"宝马男"、"富二代"等标签，更是在强化这种故事感和戏剧性要素。在写作层面上，如若一种故事性的写作模式获得了巨大成功，势必会引起争相模仿，形成一种固定的报道框架，使得报道者在写作时只顾寻找适合框架的素材，难以顾及整体事实。

然而，世界上第一位公共关系事务代理人艾维·李曾提出："想要陈述绝对事实是超出人类能力极限的，我只能向你提供我对事实的诠释。"新闻的故事模式，只是人类诠释事实的一种形式而已。存在即有合理性，这与人天生总以自己的想象和先验之见判断事物的习性有关。它的存在也告诉我们，信息时代仍然需要选择、编辑、调查、诠释新闻，需要可信赖的信息把关者，需要权威媒体，新闻工作者坚守专业理念也将被更多人认可。

盖伊-塔奇曼:《做新闻》

美国学者盖伊-塔奇曼（Gaye Tuchman）所写的书《做新闻》（*Making News*），被《新闻和大众传播季刊》评为美国 20 世纪大众传播学名著之一。该书很实在地叙说了传媒组织提供的新闻是怎样生产出来的，情形颇为复杂和多样。揭示新闻的生产过程，这就是《做新闻》所要说的秘密。该书的副标题是"关于现实建构的学问"，显然，该书不是简单地告知，而是像解剖麻雀那样展示一篇篇短小新闻背后的故事。塔奇曼的结论是：新闻最终是一种意识形态（相当于我们常说的偏见、成见），新闻是被建构的现实。当然他也承认，新闻是一种知识。

我们如何"做新闻"

金鸽

"新闻是人们了解世界的窗口",塔奇曼的《做新闻》一书就是从这一句话开始的。全书把新闻看做一种框架,并考察这个框架是如何建构的,考察新闻机构和新闻工作者机构是如何结合在一起的。全书内容可断成两个部分,一个前窗,一个后窗。前窗:第一章到第七章,展示日常发生的事情是怎样变成了新闻的;后窗:第八章到第十章,揭开新闻生产之所以如此的深层次原因,同时也交代自己研究及其结论的理论依据。

读罢此书,我明白了作为"框架"的新闻的两个层面的含义。

首先,框架是编辑、记者在新闻生产中必不可少并坚持运用的东西。被截稿期限所困扰的新闻机构和新闻工作者,运用媒介框架,快速、规范地处理大量不同的甚至是矛盾的信息,将它们套装在一起,使一个偶发的事实变成一个事件,使事件又变成了一则新闻报道。

变成新闻报道的事件,不是偶然发生,又恰好被记者偶然发现的。在什么城市、地区、部门、活动中安排什么记者,都是由既成空间框架决定的。编辑部的各部门和人员,等级分明,边界有定,分工把守,各司其职,构成了一张从一个中心点不断向外延伸、有序、规则明确的大网络。

为了对付新闻发生在时间上的不可预测,新闻业的撒手锏就是典型化。典型化首先考虑的是工作的便利,我们通常所说的软新闻、硬新闻、突发性新闻、发展性新闻及连续性新闻,都是典型化后的结果。记者、编辑可以自觉对事件作出反应,并按其性质和价值的类别不同选定工作程序,这样便大大便利了新闻生产。由此,本来具有个性特点、充满偶然性的事件,转化为可以常规加工和传播的原料,使新闻生产的按部就班与自然事件的发生尽可能协调,即便做不到同步。

其次，由于新闻天然所具的公共性质，它随之又成为人们理解、认识世界必不可少的依据（框架）。新闻报道的语言与日常生活的世界有着特殊联系，它既是一种理解，也是在引导一种理解。因此，新闻框架不仅组织新闻生产，而且实际还起着组织生活现实，并赋予其秩序的作用。

塔奇曼对于新闻的解读，使我对"做新闻"有了新的认识。从刚入学到现在，我所接受的教育、所进行的实践，都告诉我应该以什么样的身份进行采访、搜集信息，以什么样的方式写作新闻。我从没有想过为什么要这样做，也从没有想过这样做是在一种既定的模式下，将生活中发生的事件加工为带有浓重职业色彩的产品。读了这本书才明白，我们贯彻着一套职业标准，即新闻专业主义。

"新闻记者为了提高新闻的可信度，往往选择权威、专业、有声望、有权力的新闻源。"经过这一年的学习，在选择新闻源时，这几乎已经成为我的本能。我很少考虑，是否这样的报道就是客观公正的，就是对真相最大程度的接近。在这个大量信息扑面而来的时代，信息像上了流水线一样，被我们分类加工，配送给读者。这样一种工厂式的加工，使事件的本来面貌发生改变，带上了生产它的工厂的印记。

在当前信息开放的时代，我认为有两个问题摆在新闻人面前，一是，传统媒体生产的新闻，因其形式主义和刻板化日益为受众所厌恶，人们不再愿意浏览这些信息，不再单纯接受记者、编辑加工好的信息，而希望有更多的参与、互动。二是，自媒体时代人人都是记者，人人都能用身边的设备记录事件，寻找真相。面对这种多元的媒介环境，"做新闻"这种职业行为是否会被打破？

按照以前对事件的分类、加工来做今天的新闻，可能已经远远不够。在公众掌握了传播技术、消息源和基本传播方式后，新闻人应该探索深层、独特和专业领域的新闻报道。报道别人未报的事件，报道别人欲报而不能报的事件，报道别人已报但报道不全面、见解不深刻的事件。作为传统媒体，充分利用新媒体的各种传播渠道或形态，搭建汇聚各方观点、公众广泛参与的交流与分享平台，才可能保持原有的影响力。

在新媒体时代做新闻

汤洋

第一次读《做新闻》是两年前，一个门外汉希望了解新闻是怎样被"做"出来的，只关注了书中关于新闻实务的介绍，再一次读，发现这是一本综合性很强的书，有立足新闻实务的实证分析，也有社会学、传播学、新闻史和新闻理论等方面的分析，深刻论述了"新闻是建构的现实"这一观点。

在作者笔下，新闻是一种产品，由专业的组织经专业的流程生产出来，新闻机构有相对固定的人员结构和分工，选择某些地点和时间集中布下"新闻网络"，对事件进行新闻价值的判断，决定报道角度和内容，完成对事实的一次建构。大众通过阅读新闻了解"事实"，结合自身的认知经验，对社会现实形成认识，完成第二次建构。做新闻的过程会受到新闻组织所代表的社会权力阶层的影响，因而新闻必然是有意识形态的，即偏见；读新闻的效果和个体读者的人生经历与周遭的社会环境有关，并在一定程度上影响个体的社会行为，因而新闻作为一种知识存在。而社会意义的形成源于社会互动，所以，源于被建构的事实的新闻，同时也在重新建构着社会现实。

新媒体时代，这本书的讲述是否还有指导意义，有关新闻和现实的互相建构有怎样的变与不变，我将尝试给出自己的答案。

数字化的自媒体生产新闻时，受特定组织影响很小，多从自身出发进行新闻的生产。这样一来就缺少了专业的核实事实、判断新闻价值、组织新闻表达的过程，从而可能出现完全个人化的偏见。自媒体上发布新闻，同样源于对现实的建构，只是建构的标准和角度更多元，生产出的新闻在专业性上可能有缺陷。

现在很多被媒体集中报道最终形成政府议程的事件，最初是由网民曝光、在网络中大规模讨论的，自媒体实际上在大众传播议程设置中处于起点，对影响社会行动建构社会现实有重要作用。

自媒体发展成熟之时，新闻生产中的采访、写作、编辑等基本环节都可能被自媒体承担，专业新闻机构的价值体现在对权威信息的搜集和整合，发表媒体的观点，因而无形中对权威组织的依赖更大，可能使新闻的意识形态色彩更重，更专业地表现某个组织或阶层的偏见。

在"读新闻"的过程中，公众接受的信息更多样，社会活动中可参考的信息增多，同时随着新媒体的不断发展，公众媒介素养提升，则合理行动的可能性增高，新闻建构现实的正面作用加强。如今中国社会阶层板结化趋势明显，自媒体尽可能地给了每个人表达自己所处社会微环境的机会，在公众读新闻、做新闻的过程中，客观上对促进社会多元化和民主进步有积极作用，实现新闻对社会现实的建构。另外，在社会转型期，很多制度尚不完善时，新媒体中的新闻对现实的影响更大，如"舆论绑架司法"等，是传统的"做新闻"中少有的现象。

可见，新媒体时代新闻和现实的建构与被建构依然存在，只是发生作用的方式不同，程度不同。新媒体不仅改变了世界，而且改变了世界发生变化的方式。

以上叙述基于在阅读中形成的对新媒体的了解，尝试用所学理论推理，没有对新媒体具体运作方式和不同媒介标准叙事等实务的分析，希望假以时日可以有机会深入研究学习相关内容。

做好新闻首先得拆散原有框架

赵小雨

塔奇曼的《做新闻》让我想到生活中的窗户。一个人不可能亲自到任何一个地方了解每一个事件，新闻就成为了人们了解世界的窗口。窗口的大小、方向、形状决定着人们能看到什么和看不到什么。这个窗口的主宰者便是新闻媒体，他们通过制作闻对社会现实进行建构，虽然以事实为基础，但有所加工。

新闻对社会现实的建构毋庸置疑，任何一个宣称自己有多么客观中立的媒体也摆脱不了一个"框架"，这个框架不仅来自自身，也来自外部环境。但是，有时这种框架会使新闻流于形式。在我看来，要做好新闻首先得拆散这个框架。

许多媒体用媒体的传统、惯例来巩固原有的报道框架。"对于记者和编辑双方来说，专业性则意味着遵循他们所属机构的报道风格和要求，有时候这些要求会被归纳成一本写作手册。"比如《人民日报》作为党中央的机关报，必须让人感觉到权威，将报道风格固化，让人一眼可以看出是《人民日报》的报道。一些内部的成文和不成文的规则，也是固化框架的重要原因。这一点在时政新闻中尤为突出，大话、空话、套话较多，甚至连转折词也永远只是那些陈词滥调。

我所说的拆散新闻的"框架"，并不是说完全摒弃报道的本质原则，新闻写作的基本要求还是要遵守，但在写作方式上要灵活与新颖。做好新闻就必须创新，不是对新闻事实的创新，而是报道方式的创新。一个会议，除了"胜利闭幕"这类文字，还应该有许多其他的报道的方式，即使是构建，也要有新意在其中。

现在的媒介时代，需要的不仅仅是会传播新闻的人，公民记者随处可见，任何一个人都可以成为新闻的发布者，而专业新闻媒介要做的是：基于对事实的发布来分析新闻，引申出其中的深意与影响，为受众服务，对受众负责。例如，关于今年第三季度煤炭产量的报道，大多数媒体都在报道煤炭增产了多少，与上一季度比较有多少提高。数据固然重要，但是没有比较的数据只是符号，说明不了任何东西。新闻媒介完全可以通过煤炭的增产来说明今年的冬季供暖情况如何，促进了哪些相关产业的发展，会带动那些社会链条，对受众产生什么影响，这样一分析，一条报道就会更鲜活，更有价值。

一位老师上课时说过这样一句话："现在的人都很懒，需要媒体嚼碎了喂给他们吃。"虽然比喻不是很恰当，但却说明了如今的媒体需要做些什么，怎样做新闻。

做新闻看似很容易，但细细体会，做好新闻就要付出更多的努力。首先必须拆散新闻的"框架"，做出基于事实的有新意的新闻；其次，转变理念，本着服务受众和对受众负责的态度，分析新闻，指出其中有价值的部分。

科瓦齐、罗森斯蒂尔：《新闻的十大基本原则》

《新闻的十大基本原则——新闻从业者须知和公众的期待》一书十年前问世，在中国则是新书，2011年1月由北大出版社出版，译者为刘海龙、连晓东夫妇。2014年再版，我为该书写了序言。两位作者科瓦齐、罗森斯蒂尔，有几十年新闻工作的经历，具有很强的与时俱进的眼光，在坚持新闻工作基本原则方面属于坚守派。这些原则是：

（1）新闻工作首先必须做到对真相负责。

（2）新闻工作首先必须忠于公民。

（3）新闻工作的本质是用核实进行约束。

（4）新闻从业人员必须独立于被报道对象。

（5）新闻必须成为权力的独立监督者。

（6）新闻必须成为公众批评和妥协的论坛。

（7）新闻必须努力使重要的信息有趣并且和公众息息相关。

（8）新闻必须做到全面均衡。

（9）新闻从业人员有义务根据个人良心行事。

（10）公民对新闻也享有权利和承担义务。

这些原则对正在回归新闻职业规范的我国新闻工作者来说，具有很强的现实意义。这里的几篇读书笔记，旨在引发读者进一步的关注，以利新闻职业规范的内化。

宏观微观两个层面看新闻

陈国韵

新闻是什么？这一简单的问题引发我去追本溯源，求索新闻背后的精义。读《新闻的十大基本原则》，可以从宏观微观两个层面发现上述问题的解释和答案。

第一，新闻真实——首要却令人困惑。对真实这一原则，我们需要从这样几个角度进一步理解：事件应以真实面貌呈现，真实的事件应以有效、适当的方式获取，新闻工作者应尽力采取措施保证新闻的真实。

新闻真实首先要准确报道和还原事实。然而，准确未必意味着真实。新闻如何报道，关系着公众对该事件态度的形成，新闻所提供的信息语境引导着公众。对事件背景的忽视或片面突出部分事实的新闻报道，极易使民众形成偏见和刻板印象。所以作者们指出，真实是一个复杂的，甚至有时相互矛盾的现象。新闻真实的彰显应该体现在动态的过程之中，离不开对事实的全面、平衡展示，也离不开对虚假信息的过滤处理。

为了充分获取事实的细节资料，新闻工作者往往会选择各种可以利用的途径来达到自己的目的。然而新的问题接踵而来，对事实的追求是否会逾越法律或道德底线？当事实的获取途径不正当时，人们的着眼点将不再是新闻事件，而是近在身边的隐私安全的威胁。这时，有良知的新闻人需要做出维护公众利益的抉择。

如何尽可能真实地还原事实，该书强调了若干原则，这些原则也许老生常谈，但只要新闻活动存在，这些原则就会发挥其作用。诸如用核实进行约束是新闻工作的职业要义之一；客观的报道基于新闻工作者在报道活动中的独立地位；新闻工作者应使新闻全面均衡、具体可感；等等。这些观点不仅针对作者们所处的美国新闻业界，每一个与新闻打交道的人读来都会产生强烈的共鸣。

第二，新闻工作者与受众角色地位分析——他们是交易双方吗？我们再将视线转向另一端，如果按照通常的逻辑，受众应该居于市场环境中消费者的地位。媒体经济利益的获得离不开受众的关注度与欢迎度，媒介内容的提供自然也会以吸引受众作为驱动力量。但传媒作为新闻信息的提供者，对于受众群体的分析存在同质和单一的倾向，习惯于从自身角度判断事实的新闻价值，或是有意迎合受众某种特定信息需要，而忽略从受众主体出发考虑这一群体的内在本性与真实的新闻需求情况。

媒体与受众的关系不能够简单类比为商家与顾客的关系，如果受众仅仅作为顾客的话，那么媒体经济利益的获得将大量来自受众群体。事实上媒体的主要收入来源是广告客户，我们看到的不应仅仅是双方双向的关系，而是一个由媒体、受众、广告客户构成的三角关系格局。媒体与受众的关系是服务与被服务的关系，受众在这里可以扩展为公民的概念，新闻工作者应效忠于公民，成为公众利益的代言人和维护者，而非利益名誉的追逐者。

传媒的职能在于为受众提供完整、客观的反映现实事件的新闻。该书指出："对未知的事物的了解给了人们安全感。"更进一步，"希望得到真实信息，这是人的基本欲求"。娱乐化的煽情新闻能够赢得可观的关注度，不过作者们认为这并不能做到真正吸引受众，笔者在这里暂且将其概括为"伪吸引性"。长远来看，这类信息很多时候不能满足受众获得有效实用信息的基本要求，可能引发受众群体自行选择疏离。

"用核实进行约束"

王娟

文学作品可以通过虚构情节来表述作者认为真实的事情，然而新闻（包括娱乐新闻），必须对事实做出准确、客观的描述。因而新闻与文学相区分的要点是核实事实。

在《新闻的十大基本原则》一书里，"用核实进行约束"被作者列在了十大基本原则的第三条。而第一条和第二条是新闻存在的基本前提，那就是真实和忠于公民。可见"用核实进行约束"这一原则的重要性，它是新闻得以立足的根据。

公元前5世纪时的修昔底德介绍他对伯罗奔尼撒战争的叙述，他说：非亲历的事件，我一定尽可能详尽地进行检查。2 500年后的今天，互联网让新闻的获取和传播更加容易，而新闻的核实过程却面临着新压力。就像美国女记者吉内瓦·奥弗霍尔泽所说的那样："互联网使得新闻工作者不必亲自进行调查，就可以轻松地查到新闻报道和引语。一旦一则新闻出笼，似乎与之相关的所有的新闻都是真实的 。"记者们不去核实新闻，却把精力花在对从其他媒体获得的新闻进行加工和解释上，新闻的真实性和对公众的忠诚度就会遇到危机。

2011年8月份发生在中国的伪造"47号公告"事件（来自两家专业会计网的关于个人所得税的47号文件公告，署名为国家税务局），就是这样一个可笑的例子。这条被多家媒体转载、分析的"47号公告"新闻竟然是一则假新闻，不该发生的事情却发生了，因为所有当事的编辑或记者抛弃了"用核实进行约束"这个新闻工作者应当遵守的基本原则。

这条新闻首先被《广州日报》援引报道。这样一个关乎民生的重要文件，在登报之前记者至少应该去国家税务局的网站核实它的真实性，这样的举手之劳却没有做。随后，国家通讯社新华社转载该新闻，中央电视台甚至还对这则新闻进行报道和评论，还口口声声说自己采访过国税局的工作人员。这些被假新闻一击就中的权威媒体，如果核实过这个新闻，哪怕只是打个电话、派记者去国税局跑一趟，便能马上揭穿这个伪造文件，可是他们都没有这样做。"一旦一则新闻出笼，似乎与之相关的所有的新闻都是真实的"，吉内瓦的话一针见血。

我不禁想起了历史上因为调查"水门事件"而名声大噪的两位著名记者鲍勃·伍德沃德和卡尔·伯恩斯坦，电影《总统班底》真实地再现了他们为每项有关水门事件的新闻所做的无数次的走访、查阅和电话访问的核实过程，让人感动于记者对真实的执着。或许在那个年代，他们追求的是真实的新闻，而非爆炸性的新闻，更加不是臆断和推论。

在这个信息平民化的时代，记者生存的要义之一便是"用核实进行约束"这个基本原则。

新闻——有目的地讲故事

王振宇

所谓新闻，就是对最近发生事实的报道。读了《新闻的十大基本原则》这本书，我对新闻的认识更深了。特别是书中的第七大原则——新闻工作者必须让重大事件变得有趣并且与受众息息相关，我深以为然。以这个原则说来，新闻，就是有目的地讲故事。这个目的就是向人们提供理解世界所需的信息。

在这个信息泛滥的时代，人们更关注"有趣"的新闻。一张凤姐的图片可以在网上疯狂转载，一个"我爸是李刚"的段子可以肆意传播，这不仅缘于网络的神奇力量，事件的重要、新奇也是其广泛传播的原因。

我们是应该强调新闻有趣、有吸引力、刺激人的感情，还是应该坚持只报道最重要的新闻？新闻工作者应该满足人们的精神需要还是满足他们的本能欲求？信息对故事，需要对欲求——这种提出问题的角度本身就存在荒谬性。现实中的新闻实践不是这样的。这本书提供的很多证据说明，大多数人两样都要：既阅读体育版也看商业版，既看《纽约客》也看卡通漫画，既看书评也做填字游戏。

讲故事和提供信息，这二者并不矛盾。有效的新闻写作必须既做到清晰明了地提供公民必需的新闻，同时还要文字优美，这也是对记者叙事技巧的基本要求。

为什么飞机上看报消遣的乘客不选择《人民日报》？为什么《参考消息》那么畅销？或许就在于趣味性吧。新闻工作者的职责不仅是提供信息，还要用人们愿意倾听的方式提供信息。

新闻六大基本要素是：何人、何事、何情（How）、何时、何地、为何。如果把何人看成角色，何事看成情节，何地看成环境，何情、何时和为何看成叙事的话，我们就可以把信息和故事融为一体。记者拿到一个任务时，首先应该考虑以下几个问题：（1）这则新闻讲的究竟是什么？（2）这则新闻的受众是哪些人？他们对这个主题会做出怎样的判断？（3）需要掌握那些方面的信息？（4）叙述这则新闻的最佳方式是什么？

有经验的新闻工作者知道，只有与时俱进，不断创新，坚持"把重要的问题变得有趣"，才能给受众提供既重要又好看的新闻。即使故事很好，也需要一个会讲故事的人，才能发挥这则故事应有的效应。如何讲好新闻这个故事，对每位记者都是一次次的考验。

然而最近几年，叙事性的新闻写作被一些编辑倡导为"带着态度写作"，强调新闻工作者在"讲述故事"的同时，插入自己的感想和观点。这是亟须注意的一个问题。新闻的本质是叙述事实，不是说话，所谓"用事实说话"是一种较好的宣传方式。在讨论新闻写作技巧的时候要牢记一点：形式永远不能决定内容——技巧绝对不能改变真实。

是否引人入胜且与公众息息相关，是公众判断一则报道是否有价值的标准之一。有鉴于此，新闻工作者的职责不仅是要提供有意义的信息，还要用人们愿意倾听的方式提供信息——这才是称职的新闻工作者。

梵·迪克:《作为话语的新闻》

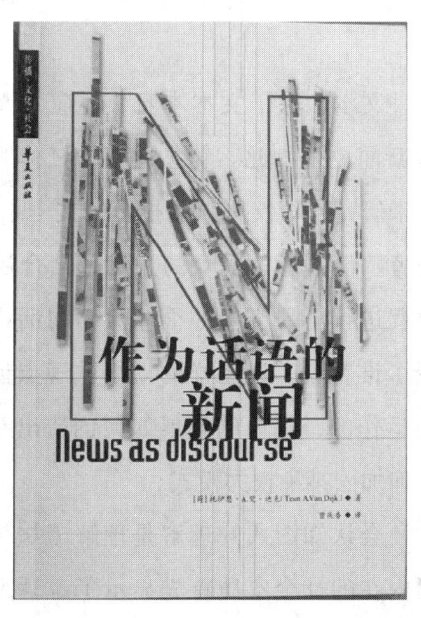

　　荷兰符号学者梵·迪克的《作为话语的新闻》一书,是我负责组织博士生翻译的两本传播学专著之一,其版权是由潘忠党教授设法争取到的。此书出版后很快成为我国传播学研究中一本基础性著作,至今十几年了,仍是传播学的必读著作之一。使用某种语言系统专事于叙述新闻,时间久了就会形成"新闻话语",如同文学话语、公文话语等。运用符号原理系统研究具体的新闻文本,这本书开了先河,而且一出现就显得较为成熟。由于这本书,符号学为传播学研究提供了元知识和新的方法论。我们以往的分析,主要凭直觉经验来写文章,或使用量化统计方法,这可以分析看得见的新闻传播现象,但新闻话语的结构如何隐蔽而无形地影响着人,需要符号学理论。

新闻话语背后的社会认知

程雪莹

我们阅读任何一种文本，除了文本本身，还应对文本潜在的倾向或价值观进行考察，理解新闻更是如此。梵·迪克的《作为话语的新闻》将新闻作为一种公共话语来研究，不仅对新闻报道的文本结构进行详细的分析、解构，还从新闻参与者、传播者、受众的角度，结合社会认知原理对新闻制作、认知和互动过程进行了研究。他很注意新闻话语背后隐形的社会认知的影响。详细讨论了谁在说、以怎样的立场或观点说，支配话语消长起伏的认知图式是如何运作的，权力的施展如何创造出新的话语方式，新的话语方式反过来又如何加固某种权力模式。

梵·迪克认为对社会认知图式的理解是理解诸如新闻之类公共话语的重要理论铺垫。话语内在的社会本质首先显示了说话人作为社会团体而预先决定了的社会知识和态度图式，其次它表明说话人还实践着他所属团体的范式和价值体系、利益、权力关系和意识形态，通过传播，它们得以复制、确证、流散开来。媒体话语也是如此，它虽素以客观、真实等原则标榜自身，但新闻采制过程不可避免受到社会认知模式的影响，并进一步将这种影响传递给受众，加强了既有认知模式，但这一过程往往不为人所注意。

梵·迪克在文中反复强调，报纸新闻不只是书面话语，它还是以公众为读者对象的话语形式，所有以大众传播为目的的话语类型都意味着相当数量的知识、信念、社会规范和价值观是它的读者对象共同分享的。离开这些信息，新闻将无法理解。新闻仿佛是一个巨大的数据库，新闻记者不断地对它进行更新，而不是重构这个数据库。已知事件是更新认知模式的重要数据，从而使得新事件的解释更容易。换句话说，新的认知模式并没有那么严重依赖于新近发生的事件，相反，这些情形被看作一般认知模式的具体体现，只需加上一些新的细节。这种在原有认知模式上加入新细节的解释模式基本上就是新闻制作过程的基础。作者指出，新闻制作似乎成为一种循环状态：事件和文本相互影响，影响对先发事件感觉的不是后来写成的文本，相反，是文本的目标和规划贯穿于感觉和创作的始终。一旦某件事情被当作潜在新闻事件，那么记者就会从旧有认知模式中寻找角度来理解、阐释和传播这条新闻。

梵·迪克同时谈到了新闻价值与社会的关系，即新闻制作的日常工作常常是对既有社会关系及权力结构的复写和再现。譬如，报纸之所以青睐社会及政治精英人物、超级大国、精英组织等，是因为此类个体或机构作为消息来源有更多机会向报纸提供报道素材，消息源的接近性使得报纸更多地报道了相关信息。报纸复制强化精英人物在社会中的显赫地位和权力以及与他们有关的事件。因此，新闻价值反映了社会公共话语再生产过程中经济、政治精英及其所服膺的主流意识形态所关切的诉求。

社会认知对新闻的影响还体现在源文本的改写上。比如一次游行事件，在一份报纸中中性的"游行示威者"，很可能在另一份报纸中变成了"暴乱分子"或"自由斗士"，这取决于报纸乃至政府的相应立场。

正如作者所说，"媒体从本质上说就不是一种中立的、懂常识的或者理性的社会事件的协调者，而是帮助重构预先制定的意识形态"。媒体话语更多的是一种对社会认知的反映和确认。梵·迪克《作为话语的新闻》中对新闻宏观结构和结合社会背景的分析至今仍不过时。

社会语境中的新闻话语与制作

黄荣荣

　　梵·迪克是阿姆斯特丹话语研究教授，早期研究文学语言学，很快转向文本语法和话语语用学，后与沃尔特·金什一起研究话语加工中的认知心理学。作为跨学科的研究成果，《作为话语的新闻》这本综合新闻学、语言学、哲学、认知科学的论著，呈现出很强的专业性与学术性，初读时有些晦涩，甚至书中的案例也不如一般的新闻书籍列举的来得生动直观。但正是其学术性、专业性提供了有趣的跨学科研究角度，为理解新闻提供了一种有效的视角。

　　他谈到写作此书的两个目的：一是结合话语分析和媒体传播研究，为分析新闻提出一种新的理论框架，把新闻主要当作一种文本或话语来分析。这种分析注重观察新闻叙事的各种层次或视角，清晰展现这些层次或视角所使用的单位或种类。为此，迪克先对"新闻话语"做出了严格的概念界定，继而回顾从奇闻轶事到社会学解释、从宏观社会学到微观社会学的早期新闻研究，接着从话语分析的层面探讨了新闻结构与新闻制作、接受过程之间的关系。

　　二是讨论大众传播环境下新闻制作与理解中的新闻结构与认知过程，即探讨认识的有限性和社会的限制如何决定新闻的结构，新闻的文本结构如何影响新闻的理解和使用。为此，他提出"新闻图式"的概念，即报纸新闻的常规形式和常规范畴。从认知的角度讨论新闻记者在新闻采制和读者运用最新知识、信念重构新闻事件的过程中对新闻事件的理解、再现和记忆过程。这既是对社会认知领域新成果的运用和扩展，也为分析微观社会学层面的新闻制作等提供了一种理论基础。

　　我对书中有关社会认知的内容较感兴趣。在这部分，迪克将新闻解释为一种动态过程，将过程和结构看成是新闻话语具有的合二为一、相互依存的体系。比起静态的结构考察，更能吸引我的是将其作为复杂传播过程的组成部分，考察意识形态、社会环境、文化背景等因素对新闻传播的影响。

新闻话语的制作与传播深受意识形态、时代与文化背景等因素的影响。迪克介绍早期英国新闻研究时，提到关于英国 20 世纪 60 年代摩登派和老客派成员行为的研究，该研究非常关注新闻媒体在这一事件中所充当的角色，发现媒体与其他的权威机构一道放大了事件中的异常行为——媒体通过误解、敏感化、戏剧化、升级等四个阶段的叙事，形成对最初问题的解说，不断强调行为的异常，进而凸现固定成见的正确性。

借助迪克所开辟的新闻话语分析进路，我们可以更好地理解文化背景对新闻制作、新闻话语生产的影响。这种考察比单纯的语义学研究来得生动。他还考察了语用学。话语不仅是文本，也是互动的一种形式，对话语进行全面分析需要将文本和语境结合起来考察。因此，要对话语进行全面有效的描述也必须对话语的产生和理解、社会文化情境中社会互动行为的认知过程进行描述。

参与话语、研究新闻话语就意味着需要研究阐释过程和社会互动。这种动态考察使我们对新闻的研究更为立体和深入，通过融入时代背景和文化因素的影响，能够更全面地理解新闻制作的过程，指导我们在新闻制作中谨慎地对待此类因素的影响，避免不知不觉地"被影响"，做出有觉知的新闻。

新媒体的"新话语"

刘琳格

荷兰符号学家梵·迪克的《作为话语的新闻》写于 20 世纪 80 年代，他将新闻作为话语分析的主要对象，从符号学和新闻学的角度对新闻话语的结构进行分析，并表达了对新闻话语的批判性意见："媒体从本质上说就不是一种中立的、懂常识的或者理性的社会事件的协调者，而是帮助重构预先制定的意识形态。"也就是说，媒体不是已有社会权力结构的破坏者，而是主动或被动地接受传统权力的影响，按照既定的模式和价值判断向受众"解释新闻"的。

书中梵·迪克记述了他和学生的一次实地调查。他让学生跟随荷兰几家报纸的记者一同工作一段时间，从而收集到尽可能多的源文本、不同版本的新闻报道和最终发表的文本，然后对这些文本进行分析。他发现"记者在很大程度上以同样的方式按照一系列固定工作程序组织他们的新闻制作工作"，复制政治、经济和社会生活现状的原因和方式，即使媒体相对独立但还是无法避免成为组织机构的喉舌，新闻自由其实是受到极大限制的，因为"我们的新闻、新闻制作和报纸已深深地被他们以为有效的一套固定程式收集每天新闻而编织的那张网所束缚住了"。

当下中国，社交媒体的出现对原有的社会话语格局造成了一定冲击。梵·迪克所开创的新闻话语分析路径，对我们认识和理解新媒体话语及其结构仍具有启迪意义，他对报纸报道"复制"既有意识形态的分析对新媒体新闻仍旧适用。以某网站的微博为例，在 2015 年 5 月 3 日成都女司机被暴打事件中，"女司机"可以搜索到 51 条相关微博，而"男司机"不足 15 条，涉及"女司机"的微博多以负面为主，而"男司机"并未特别标出，常用"司机"代替，直到 5 月 7 日才出现一条名为《为女司机正名》的微博，转发量远不如涉及女司机驾驶事故的微博。这反映出当前中国社会对女性群体的标签化认知趋势，这些新闻的出炉及相应的性别词汇描述，正是传统男权社会对新媒体话语结构的影响。

新媒体的新闻生产与接受多以"熟人和半熟人圈"的个人为单位，他们用多种形式传播信息、表达意见，且带有较强的主观色彩。梵·迪克认为话语的风格"可能暗示传播语境的私人或社会因素"，是新闻"文本的语境特征"，并且指出语言变体会形成风格特征，而当变体与风格发生关联，就会使话语具有不同的意义，"风格变体同时还标示着说话人运用了符合其所属团体特征的话语"。网络用语、表情符号、微博140字的限制、微信公众号推送的排版方式等，让新媒体的新闻话语风格更加多样。《人民日报》官方微博关于"东方之星"沉船的微博《"头七"夜，无论你在哪儿，请为遇难者默哀》，网友添加蜡烛符号转发近3万次，转发中有许多抒情语言；而财新网的微博《头七祭：沉船事故已确认406人遇难》，评论中反思、批评的声音较多。财新网在此次事件中理性、平实的报道，与《人民日报》官微的煽情报道形成对比。这表明新媒体话语尽管不可避免地受到既有意识形态的浸染和规训，仍能显示出自身的创造性和批判力。

新媒体一方面复制着传统社会的权力结构，另一方面凭借新传播技术对话语权进行再分配，又在打破传统社会权力结构的话语权结构。它的"新语言"虽然还有待完善，但提供了表达多元声音和改造社会结构的渠道。若大众获得充分的话语权并具备表达理性，那么作为话语的新闻就能发出"自己的声音"。

六、传播主体

勒庞：《乌合之众》

莫斯科维奇：《群氓的时代》

霍弗：《狂热分子——群众运动圣经》

麦奎尔：《受众分析》

舍基：《未来是湿的——无组织的组织力量》

勒庞:《乌合之众》

　　法国社会学家古斯塔夫·勒庞的《乌合之众》的中文版几年前颇为畅销,有中央编译、广西师大、民主与建设出版社等多个版本。其实它是一本旧书,早在 1927 年商务印书馆就出版了中译本(当时叫《群众心理》)。这是一本涉及群体传播的书,因而成为当前传播学课程的主要参考书之一。群体传播的很多特征,勒庞在 100 多年前就根据法国的群体活动给予了阐发,至今仍有参考价值。该书有 17 种文字的版本,说明其具有较强的生命力。这本书的价值在于提出了问题,但并没有解决问题。读这本书,给读者提出的进一步要求是:想一想如何解决群体传播中存在的弊端?

一本当之无愧的名著

孙瑞

弗洛伊德说："勒庞的《大众心理研究》（*A Study of the Popular Mind*）是一本当之无愧的名著，他极为精致地描述了集体心态。"他说的这本书就是《乌合之众》，书中对群体心理和行为的描述与抽象实在"精致"。书读起来十分顺畅，每一个看似抽象的定义都伴随一个足见说服力的例证——尽管例证距离我们颇为遥远。勒庞为我们举起一面镜子，看清身处群体中的我们和别人的群体。

首先需要澄清的是"群体"的概念。勒庞所说的群体并非我们一直所认为的——"许多人凑在一起，就叫做群体"。心理学意义上的群体是有前提条件的——群体中的人有两个共同的特点：个性的消失、拥有集中关注同一件事的感情与思想。这样的群体即所谓"乌合之众"。

从历史上看来，每一个这样的群体的形成看似偶然，但追根溯源，其形成都是受当时客观环境和个体主观思想双重因素共同导向的必然结果。从《乌合之众》中便可窥知一二。

群体心理——本能的苏醒、理智的消失和感情的极端化。集体心理并非每个群体成员生活中的常态，只有当他们属于集体中的一员的时候，他们的性格、思维和感情，与独自一人的时候大有不同，此时，群体成员的心理才被称作"集体心理"。

即使群体中只有三五个人，这明显大于一个人的数量也能为群体本能的苏醒找到基础。与个体明显的个人符号不同，群体会有一个不清晰的名字，以群体的名义行事，就像躲在一层面具后面，是不会被辨认出的，由此也不再需要负责任。此时，法律、道德上的约束会降低，原始本能的表达和释放也就顺理成章。

中国古话"三个臭皮匠，顶个诸葛亮"，说的是人多而智慧叠加；而在群体中的个人更多的是理智的全线倒退。勒庞指出："相比于个人，群体不存在丝毫的智力优势！"群体实际上是用形象来思维的，群体中的某一个人对事实的形象解读，会产生传染暗示的效果，发生所谓"集体幻觉"。自然而然地，群体的观察力受"集体幻觉"的影响，在自以为是的道路上越走越远，群体的智力泯灭也就不足为怪了。"群体对一切传统食物、传统制度，都有着绝对的迷恋与崇敬；他们对一切有可能改变自身生活基本状态的新事物，有着根深蒂固无意识的恐惧。"拒绝接受新事物是群体缺乏理性的直接表现之一。由于群体中的人有足够的自信，甚至可以说是自负，带有一种群体优越感，所以他们渴望稳定无变化。新生事物对于他们来说是未知的，是会改变他们现在的生活的。人因无知所以无所畏，由此产生的拒绝和排斥也就是感性的、愚昧的、缺乏理性的。

群体心理中占据主导位置的成分是一种极端的感情。这种例子俯拾即是，比如"文化大革命"时期的批斗"牛鬼蛇神"。那些到处揪人批斗的"红卫兵"已经超越了空间的限制，在行动上结成一个庞大的群体，自以为是的思想在群体中得到强化，由此推倒心中对于批斗对象的同情和怜悯，瓦解掉自己的负罪感。所以勒庞说："群体就注定要干出最恶劣的极端勾当！"

勒庞说："不管组成群体的是人还是动物，也不管他们为什么聚在一起，只要他们组成了群体，就会弄出一个头领，并且本能地让自己处在他的统治之下。"从中不难看出群体领袖的特点——让群体中的成员产生本能服从的欲望。

群体需要一个可以作为精神引导和行动指南的领袖，这个人赢得群体成员信任的最基本条件是：他们是"自己人"。"自己人"最直观的反映就是来自群体内部，拥有与群体成员同样的，甚至是在他们认为正确的方向上"颇有建树"的思维与道德。在已经不再拥有理性判断能力的群体里，一个领袖的存在已经不仅是他们服从倾向的对象，更是自我肯定的依据和心理安慰。我们所熟知的上世纪三四十年代德国纳粹党对希特勒的个人崇拜、苏联共产党对斯大林的个人崇拜，他们的做法固有其失当甚至是非正义之处，无需历史的证明，是任何一个群体外的旁观者都看得清的。但是他们是被群体"推选"出的领袖，是群体中的"精英"，在"群体"中有不容置喙的权威。

每个人都无可避免，甚至可以说是不自觉地身处群体里。当我们还觉得拥有独立思考、理性分析能力的时候，我们或者在群体之外的领域里进行思维，或者其实"群体心理"已经主导我们的思维和行动。然而，既然很难避免，既然已经了解，我们能做的就是在群体之外的内心，打造一个庄重的根基，这样，即使有些偏执，也不会有太多的"责咎"。

群体特征与个体表现

王琪

我们每个人都处于不同的群体之中，当局者迷旁观者清，也许正是因为被所处的群体所容纳，所以我们很少去思考群体的特性，以及我们每个个体在群体中的作用及表现。勒庞的《乌合之众》给了我们反思群体和个体的机会。

自觉的个性的消失，以及感情和思想转向一个不同的方向，是就要变成组织化群体的人所表现出的首要特征。这种集体心理，与单独一人时不同，群体数量会使人们敢于发泄本能欲望，因为群体是无名氏，个体在里面不用承担责任。比如，当某个消极事件发生时，处于事件中心的那个人往往会成为众矢之的，无数网民会在网上声讨甚至咒骂他，而在这些人中，许多在平时可算是温文尔雅。正是因为处在群体这个大环境中，他们才会敢于发泄压抑许久的感情和欲望，而不用担心会被认出或被惩罚。

群体中的信念具有传染性，这种催眠作用会使人们为了群体利益而牺牲其他个人的利益。比如战前动员，国家会把本国的民众作为一个大群体，通过广播、报纸或演说等方式说服和吸引民众，使他们交出自己的粮食甚至走向前线。在这种传播的轮番轰炸下，身为群体中的人极易受到感染，这种共同的群体目标使他们可能牺牲个人利益换取群体利益（有时是虚幻的利益）。

群体中的人也易于受到暗示，造成群体冲动。群体把歪曲的想象力所引起的幻觉和真实事件混为一谈。群体中的某个人对真相的第一次歪曲，是传染性暗示过程的起点。比如在 2011 年深圳儿童"八毛钱事件"中，记者潜意识中对医院治疗的偏见判断，造成了对真相的第一次歪曲，把舆论引向了不利于医院的方向。可为什么民众在没有核实的情况下会如此相信这种判断呢？因为我们都处于社会的大群体中，我们所经历的事情都给了我们这样的暗示，认为医患矛盾的产生都是医院方面的过错，再加上后来记者的想象，我们就产生了对医院不满的冲动，这种冲动迅速传染，对医院的指责犹如洪水袭来。

当我们了解了群体所具有的特征后，处于群体中的我们，是否也应该停下来反思一下自己。当所在群体的舆论一边倒的时候，我们是否应该静下心来理清事件的来龙去脉，分析事件中的逻辑关系，而非一味地轻信群体的判断？在药家鑫案中，舆论对法律施加了极大的压力，而发表意见的媒体和民众有没有查阅相应的法律条文，有没有受过相应的法律教育？如果法庭审判被冲动的群体意见所左右，那后果是很可怕。个体的智力不应被群体抹杀，个体的情感也不应轻易被群体所操控。此案中，发表意见的人中有相当一部分是受过教育的，"教育既不会使人变得更道德，也不会使他更幸福；它既不能改变他的本能，也不能改变他天生的热情，而且有时——只要进行不良影响即可——害处远大于好处"。的确，民众中许多人正是凭借自己受过的教育来表达自己的观点，这就造成一种后果，当这种观点不完全正确时，它的主体会认为这是对的，因为他受过教育。所以有时指挥一群受过教育的人比引导一群无知的人更容易，因为他们所受的教育并不完善，抓住露出的破绽并利用他们或多或少自以为是的心理，舆论场便很容易形成。

我们对待教育的态度不应是一味遵从甚至迷信，我们应该从教育中吸取独立思考和逻辑思考的营养，掌握客观分析事物的能力，不轻易被群体思维引导，而要在群体中保存自己较为清醒的理智。

做社会的良心

曹沙

读《乌合之众》，既是审视自己，也是从宏观角度带有批判色彩地看待自己所处的社会，看待这个社会中与自己有交往的、没交往的人。

勒庞有着敏锐的洞察力和预知未来的能力。100多年来，社会发生了许多变革，但社会中的人，这群"乌合之众"，却与100多年前那么的相似。

这本书让我对很多自己曾经用肤浅眼光看待的新闻"事实"有了深入的思考、新的探寻。

第一例：对杨丽娟追星报道的思考。人总是怕被孤立的，从诞生的那一刻起就寻找能依附的群体，先是家庭，渐渐地寻求家庭以外的社会关系，朋友、同事……对于别人的依附，与别人拥有同一观点成为了我们安全感的来源，即使对于素不相识的陌生人，一旦有了共同的认知，接下来的一系列发展也就不再困难。然而，人们往往忽视了在这一层社会关系网的编织中自己所付出的代价。放弃自我成了习以为常的事。于是，作为舆论导向主体的媒体在很多情况下成为了无形的"刽子手"。

杨丽娟疯狂追星事件曾经一度是人们茶余饭后的谈资，对于杨丽娟，几乎没有人投以同情和理解的眼光，我们所拥有的只是对于杨丽娟的谴责和讥讽，对于杨丽娟父亲既鄙夷又同情。

单从心理上来讲，我认为杨丽娟并没有脱离这个社会，或者至少并没有脱离"追星族"这个小群体，她只是行为上的脱轨，做了很多其他个体不敢做的事，便招来了整个社会的讨伐。考察追星族的心理，他们对杨丽娟的行为就算不支持但至少还是理解的，或者他们曾经在心里这样越轨过。考察为人父母的心理，他们对杨丽娟父母支持孩子、倾家荡产来实现女儿梦想的这一举动也会是同情的。但是舆论站出来了，没有给社会大众深入思考、表达自己真实想法的权利。

我们害怕被身边的人孤立，害怕因为自己表达了异于他人的言论或者干脆是自己内心的想法而被归为"异类"。对安全感的渴求让越来越多的人放弃了自己内心的真实想法选择了和不那么正确的大多数人站在一起。《中国青年报》的一位资深评论员曾经批判了媒体在这一事件中充当的"刽子手"的作用，如果说是整个社会酿成了这场悲剧，那我们每个人都是贡献了至少一点点力量的"罪犯"，即使不是出于本心。

通过杨丽娟事件，我对勒庞的这句话体会更深了："人们在智力上差异最大，但他们却有着非常相似的本能和情感。在属于情感领域的每一种事情上——宗教、政治、道德、爱憎等等，最杰出的人士很少能比凡夫俗子高明多少。"

第二例：迈克尔·杰克逊"娈童"案。迈克尔·杰克逊"娈童"，这是由媒体先声夺人地报道出来的重大新闻。随着杰克逊的辞世，事情真相大白，原来当事孩子在说谎。

"童言无忌"曾经是我们深信不疑的真理。这本书中，勒庞对这个真理给出了自己的批判和否定。作为情绪最容易发生波动的人群，孩子很容易因为恐惧或者害怕而产生幻象，更多的时候，在压力来袭时，他们选择的往往都是逃避和躲藏。儿童无辜的表象很多时候是对法官和陪审团最好的欺骗。正如书中所提到的，人在组织中往往没有理性而靠感性来分析和解决问题。即便再多的证词是对杰克逊有利的，陪审团的天平还是不会倾向于无辜的杰克逊。任何证据都抵不过孩子的眼泪和楚楚可怜的表情。

在杰克逊的案件中，陪审团起到的"举足轻重的重要作用"不可忽视。法官的错误判断、传媒的错误引导，给杰克逊的心理上造成了莫大的压力，社会大众用他们的经验主义给杰克逊的伤口上撒了一大把盐。

勒庞写道："尤其就儿童而言，绝不能拿他们的证词当真。""正像经常发生的情况那样，用孩子的证词来决定被告的命运，还不如用扔钱币的方式来得合理。"当我读到这些话时，我不由得想起了迈克尔·杰克逊"娈童"案，我们的传媒和法庭陪审团做了一件多么傻的事情啊！

从书看传媒——如何成为一个优秀的媒体人。作为新闻工作者的我们，应该具备强烈的责任感，别让少数人所谓的"真理"蒙蔽了充满好奇心的渴望探求事实真相的大众。在这里，勒庞的这句话值得我们深思："一个断言越是简单明了，证据和证明看上去越贫乏，它就越有威力。"因而，我们在收到简单而明确的惊人消息的时候，要想一想勒庞的话，提醒自己不要丧失理智。

在微博等社交网络日益发达的今天，人们几乎不需要为自己的错误言论付出代价。为了获得微博影响力——所谓粉丝数量，很多人不惜以逼真的谎言来进行炒作。越是这样的情况，就越需要负责任的媒体人出来主持正义。有道德的媒体人是社会的良心，是社会进步的有力推手。

在很多事情上保有自己的本心对于我们来说是财富，更是挑战。大家认可的未必就是好的，怀疑与探究是社会进步的源泉。要学会独立思考，享受在思考中自己的思维跳跃和碰撞的过程。一个优秀的媒体人要冷静、执着，有着充足的好奇心，还要有那么一点点的特立独行、不同寻常。更重要的是，要做社会的良心。

莫斯科维奇：《群氓的时代》

　　法国社会心理学家塞奇·莫斯科维奇在当代欧洲颇为著名。他在1981年出版的《群氓的时代》一书中写道："20世纪初，我们都肯定民众将会取得胜利，而到了20世纪末，我们都会成为领袖的囚徒。剧烈的社会动荡一场接着一场，震撼了世界上大多数国家，并把有魅力的领袖推上权力的巅峰。""领袖的这种崛起与平等原则（它是文明国家所有政府的基石）相协调吗？它与民众力量的增强、大众文化的发展以及知识的传播相协调吗？"该书以此为引子，为我们提供了一幅群体心理学全景图，并分析了领袖权力的来源。从传播学角度来解读这本书，目前学界尚不多见。这次组织三位中国人民大学新闻学院的实验班本科生来读这本书，看看他们的感受。

领袖是如何炼成的？

赵重睿

从恺撒到拿破仑，从希特勒到斯大林，一代又一代的领袖都曾经一呼百应，被一代人奉为神明。这种不可思议的现象究竟是怎样发生的？群体究竟被施加了什么"魔法"，他们都有什么样的经历可以探寻？莫斯科维奇的《群氓的时代》，为我们理解领袖如何控制大众提供了一把"钥匙"。

在群体心理学中，领袖是组织形成的第一要素。与马基雅维利笔下"头脑清醒但无原则的"王子不同，在一种信仰支配下的领袖，有着超乎寻常的激情和坚定的信念去追寻某种使命，捍卫信仰、宗教、国家等等。正是因为有了意志坚强的领袖，自由散漫的群体行为才转变成由信仰和共同目标结成的集体活动。他体现着群体思想，又是群体的化身，并主要通过组织信仰展示出来。信仰与勇气，构成了领袖的威望与超凡魅力。

莫斯科维奇如此定义"超凡魅力"，即"一个神圣的男人或女人解释某种宗教的信条，提供安抚痛苦的大慈大悲和抚慰信奉者受折磨心灵的福祉，以预言家生动的语言来感化人们的内心"。超凡的魅力被认为是一种天赋，起着象征安慰剂的作用。虽然人类具有相互治疗伤痛的传统，但真正能够成为"巫医"的，是那些具有"聪明才智"的人。这种聪明才智，就是"领袖的标志"。领袖的超凡魅力或者说权力是怎样产生的？

其一，"时势造英雄"。在他看来，只要在社会秩序混乱、信念严重侵蚀、秩序崩溃的危险绝望境地中，人们就迫切希望一种"简单明确的方法"解决这"十分棘手的问题"。这就需要一个能扭转乾坤，化混沌为秩序的"救世主"——有超凡魅力的领袖。

其二，领袖要能唤起群体的怀旧记忆。在他看来，超凡魅力的特点，即让人想起过去，唤起内心最深处的记忆与传统权能。群体记忆存在周期。

过去的人和情景在人们心中产生了一种"意象"或者"象征性的代表",会在一段时间后再现。在这一过程中,每一个参与者都"习俗化"了,以某些典型的固定形式来复制这些意象。英雄人物形象的固化了,他们"被迫接近我们",在其性格的"晕影效应"中"勇敢地承受着"。人们的记忆将过去和现在进行对比,将现在的人与环境和脑中重构的旧时英雄人物相比较,赋予人们以"充满情感的力量"和"怀旧的魅力",因而自然地把不愉快的部分去掉了,留下愉快、正面的部分,即使这一对象是暴君。当人们对现在处境不满时,就回忆过去,希望过去能够在现实中重现,并作为一种"强制的典型"强迫自己效仿,现在的人也就产生了"适合原来事件的情感",并在领袖身上复制出与已经逝去者相同的认同,就像屋大维之于恺撒,斯大林之于列宁,戴高乐之于拿破仑。领袖也往往抓住与过去相符的意象,激起人们的旧日情感,以使他们更加倾心于自己。弗洛伊德认为,关于群体记忆的假说虽然不具有科学严谨性,但它尝试着用群体记忆的"周期性"和"意象复活"来探寻群体对于新领袖认同的根源,有一定的解释力。

在这种群体记忆的循环往复中,一代又一代领袖,在混沌之时异军突起,变更秩序,在"群氓的时代"中呼风唤雨。一群又一群大众,在"礼崩乐坏"之时召唤领袖,顶礼膜拜,在"激情的岁月"里狂热不已。这种"领袖力量"的循环还要在时空隧洞里绕几个弯?我们没有答案。

群体之殇

樊欣然

塞奇·莫斯科维奇的《群氓的时代》告诉我们，人类进入了一个"群氓的时代"。个体组成了群体，但是不管他们在个体来源和其他方面有何不同，在他们组成一个群体之后，这些原本有着巨大不同的个体，都会迅速抹杀掉这些原有的不同，而像一个个原子一样紧密贴合在一起，成为一个完整的单一整体。在他看来，个人是一个理性的存在，但一个人一旦加入一个群体，深陷于一群民众之中，就可能变得过分暴躁、惊惶、热情或者残忍。他的行为举止与道德良心相抵触，与其利益也相违背。在一个既成群体之中，置身于群体中的人的智力水平会接近群体中那些智力水平最低的人的平均水平。当个人组成的群体发生了这样一种行为和思想变化的时候，这个群体就可以称为"群氓"了。如莫斯科维奇所说："一个流行的观点是，群体'并不推理'。一种相同的思想在人群中迅速地传开，并支配着大家。尽管人们属于不同的社会阶层，有着不同的观点、信仰、风俗和道德，但是，他们都会向他猛扑过去，都会屠杀他、淹死他，不需要任何理由。而他们中的任何一个，如果是独自一人，那就会飞奔向前，冒着生命危险去拯救那个他现在正在杀害的人。"

在群体之中，人们自愿放弃了思考的权利和意识，群体中的无数个体就是这样沉迷于社会的一致性中。放弃自己的思考，放弃自己的智慧，而只是去追随群体的脚步，附庸群体的决策；然而多数人掌握的未必是真理，而更可能是谬论，是荒唐的。如同诺埃勒·诺依曼著名的传播学理论"沉默的螺旋"，人们在表达自己想法和观点的时候，如果看到自己赞同的观点且它受到广泛欢迎，就会积极参与进来，这类观点就越发大胆地发表和扩散；而发觉某一观点无人或很少有人理会（有时会有群起而攻之的遭遇），即使自己赞同它，也会保持沉默。意见一方的沉默造成另一方意见的增势，如此循环往复，便形成一方的声音越来越强大，另一方越来越沉默下去的螺旋发展过程。大多数个人会力图避免由于单独持有某些态度和信念而产生的孤立。如此在这样一个"沉默的螺旋"之中产生的群体一致性，其可靠程度，又能有几分呢？更多的时候，所谓群体的一致性，不过是无助而软弱的大众为了自己的爆发性行为而寻找的一种合法性和依据罢了，"第一人效果"与"第三人效果"交替出现，每个人都产生了一种错觉，即认为群体的一致性是经过自己深思熟虑而产生的，同时又是更多地作用于他人身上的，如古斯塔夫·勒庞所说，民众的行为无疑取代了个人的有意识活动。

传统政治理论——不管是左翼的还是资产阶级的，民众都被设想成为民主制度的基石和合法性的源泉。但莫斯科维奇与此相反，纳粹对犹太人的大屠杀使他深感恐惧，他从保守主义和精英主义立场出发，强调心理因素在集体行动中的首要作用，阐明了"个人在群体影响下，思想和感觉中道德约束与文明方式消失，原始冲动、幼稚行为和犯罪倾向的突然爆发"的实相，用心理学的事实砸烂了对大众民主的幻梦。这种思路虽有其偏颇之处，但其观察是深具洞见的。他既表达了人类几千年来想要驯服强权的真诚愿望，也提醒我们警惕落入强权圈套的危险。

《群氓的时代》的传播学启迪

杨若曦

《群氓的时代》在为我们提供一幅群体心理学理论全景图的同时，致力于回答如下问题："个体是如何融入群体的？领袖是如何控制全体的？"他指出："大众暗示策略"是领袖控制群体的主要手段，其主要形式有三种：表现、仪式和说服。

第一，表现。表现需要一个相对广阔的空间，空间所塑造的氛围越是庄严凝重，就越有利于营造一种交流及等待某一特殊人物的心态，当领袖出现时，这种心态就很容易转化为对领袖的崇拜。

第二，仪式。仪式是领袖展现其超凡魅力的过程，是将群众集会的优势与符号所宣传的思想内容结合以烘托气氛，让每一个个体都融入到"正在形成的大规模无意识运动中"，加速将民众融为一体的过程。

第三，说服。表现与仪式已经为说服准备好了"集体的催眠状态"，领袖选定立场鲜明的观点之后，便可通过运用肯定与反复——说服的两条最好法则——煽动群众，达到强大的暗示效果。值得补充的是，肯定与重复的语句必须要短小、易读、易记，这样才容易在群众心中树立起不容冒犯的观念，最终转变为坚定不移的、宗教般狂热的信仰。

群体心理学的"大众暗示策略"注重传染、暗示等手段在传播中的运用，为我们思考互联网上众多舆论事件的成因开启了新的观察视角。

在互联网时代，网络平台给了人们打破时间与空间进行高效交流的机会，大大降低了实现大众暗示策略的条件与成本。从表现角度来看，群众不需要一个实体空间就可以聚集在一起，网络聚集替代了声势浩大的真正集会。尽管虚拟聚集难以塑造出空间的庄严感，但网络环境的话语熏陶更能通过重复手段强化人的意识。从仪式角度看，在线讨论平台允许人与人即时对话，就某一议题在某一集中时间段内发表看法，尤其在重大事件发生时，这些平台提供了绝好的举办虚拟仪式的机会，让人们能够很方便地通过各种终端同时共享或共同参与某事，以加速群体融合。从说服角度来看，网络的开放性更是扩大了政治领导人、意见领袖的语言传播范围，为领袖提供了更多的曝光度，而通过操纵媒体的议程设置与控制媒体的传播内容，甚至包括直接与群众互动，则塑造出更加亲民的形象，这一形象提高了群众信任度，更便于实施大众暗示策略。

当然，媒介传播环境的改变，对群体的行为与属性也产生了一定影响。比起以前单一的领袖暗示，现在新媒体平台上话语权的开放导致群众也很容易进行自我暗示。这一过程中，每一个个体发表言论，多条言论的重复逐渐形成口号，众多个体意志的高度一致形成舆论，舆论反过来影响网络上的其他个体，可以借助无处不在的支持者来反对一切持异议者，对某一事件的坚定认同乃至信仰，将素昧平生的人融合成了一个群体。典型的例子是 2011 年在日本宣布钓鱼岛"国有化"之后，各地群众开展的"打砸抢"行为，许多"打砸抢"事件，正是在网络上发起的。

因此，尽管时代变了，《群氓的时代》还是经典之作，大众暗示策略也被证实为有效的宣传手段。然而，时代的进步与传播环境的变化，改变了理论施加作用的情境与客体。社交媒体为大众暗示、舆论狂潮提供了更为便利的条件。作为新媒体的使用者，我们更应该保持独立意识。人人皆知有信仰的乌合之众是危险的，但更危险的是人人都已成为乌合之众的一员而不自知。

霍弗：《狂热分子——群众运动圣经》

　　看到《狂热分子——群众运动圣经》这个书名，可能有人会感到陌生。这本书 2008 年才被翻译为中文，而它的英文原版诞生于 60 多年前。作者埃里克·霍弗（Eric Hoffer, 1902—1983）自学成才，长年在码头当搬运工，被称为"码头工人哲学家"。他从考察码头工人运动开始，深入研究群体运动，从而成为团体运动研究专家，52 岁时成为美国加利福尼亚州伯克利大学高级研究员，80 岁时获里根总统颁发的总统自由勋章。他的著述大多涉及社会变迁与群体传播问题。《狂热分子》是他的第一部著作，被视为社会科学经典之作，一出版就行销 50 多万册，后来被译成 10 余种语言。该书探讨了各种群众运动的共有特征，从参与者到运动的领导者的动机和心态，他把德国宗教改革、法国大革命、印度独立运动、纳粹主义、共产主义、犹太复国运动、太平天国运动等等，均看作"群众运动"加以客观考察。这是一本思考之书，不避讳提出一些片面的真理，开拓了新的思路，帮助架构一些新的问题。正因为如此，才让"运动"这个沉重和严肃的主题轻松进入人们的视野，让人掩卷深思。读罢《狂热分子》，心里会很"狂热"，因为对群众运动、群众心理有了深层次的了解。书中随处可见智慧的思想语录和喻证。这里的三位中国人民大学本科生写读书笔记时，有的还附上了远比笔记长得多的霍弗警句辑录，可见该书的思想魅力。

《狂热分子》的启示

吴尚蔚

《狂热分子——群众运动圣经》的作者，是被称为"码头工人哲学家"的埃里克·霍弗。此书的主旨是分析群众运动的特质，这里的群众运动包括政治运动、革命运动、社会运动、宗教运动、民族主义运动等等，是一个非常广义的概念。作者在书中探讨了它们的一些共同特征。

书中所称的"忠实信徒"，是指群众运动中坚的追随者，他们狂热地相信自己的信仰、主义绝对正确，而其他人的信仰、主义则绝对错误。除了这些"忠实信徒"，作者还探讨了言辞人、行动者等运动中的其他角色。

这本书对于中国内地的读者来说，有着独特的意义。它开辟了一个新的思路，从一个我们很不熟悉的角度构建问题。之所以说我们不熟悉，是因为我们国家在上个世纪经历了一场接一场声势浩大的群众运动，我们被重新构建的意识形态，以及遗留下来的思维方式，都深深地影响着我们看问题、想问题的方式。《狂热分子》给我们提供了一个很好的参考角度，让我们反省我们民族所经历的这一切。

这本书于1951年出版，后来的史实证明，作者的观点是相当有预见性的。我们可以试着用《狂热分子》中的理论来解释我们国家在经历浩大的群众运动过程中前前后后所出现的一些现象。例如，作者认为，民族主义运动是热情的发电厂，它产生的能量可以推进一个国家的现代化建设事业。我们的国歌唱到："中华民族到了最危险的时候"，这首诞生于抗日时期的《义勇军进行曲》，在新中国被确定为国歌，而我们的历史教材将近现代的屈辱史划为了很重要的一部分，努力培养忧患意识，点燃的均是民族主义的火焰，让它为现代化建设的事业继续燃烧。

作者认为，讴歌"过去"、许诺美好未来，是贬低"现在"的一种方法。之所以这样做，是为了保持群众运动产生的能量。我们的执政党不断强调在它的领导下推翻了三座大山，革新了历史；每个人从小受到的历史教育，都在讴歌我们的古代文明有多么的辉煌，强调近现代的屈辱，并且许诺了共产主义的美好蓝图。这可能也是我党想延续上个世纪群众运动产生的热情、能量，继续用它来推进现代化建设。

霍弗说："怀有大希望者的力量可以有最荒谬的来源：一个口号、一句话或一枚徽章。"这使我想到"大跃进"时期喊的那些口号，并没有使人们的生活改善，然而不少人却在这种不切实际的口号中，干得精神十足。作者还说："当一个群众运动开始吸引有事业野心的人加入，就是该运动已过了全盛时期的征兆；它不再以创造新世界为务，而只求掌握和保有现在。"他还引用希特勒的话说，一个运动提供的岗位和职位愈多，"它吸引到的劣质人才就愈多，到头来，这些政治攀缘者会充塞于一个成功的党，致使其昔日的忠诚战士再也无法认出它的本来面目"。

除了帮助我们分析、认识国情之外，这本书对我们自身的指导意义也是巨大的。正如书的简介中所说的那样："要说霍弗是在探讨群众运动，还不如说他在探讨人性。"当今有一些大学生，积极主动地把自己当成未来的意见领袖来塑造。书中关于"言辞人"的探讨，则可以作为对他们的忠告。正如作者所说："他们当初站起来对抗旧秩序，嘲笑它的不合理与无能，指责它的不合法和高压政策，要求它给予个人自我表达和自我实现的自由。他们理所当然地认为，那些响应他们呼吁的群众，渴望的是和他们一样的东西。"

这本书把我们引向思维的另一个角度，无疑有利于我们对某些社会现象有更加全面的思考。因为群众运动中表现出来的行为和心理，比个体更能真切地反映人性的复杂、多面和矛盾。

失意，"狂热分子"的诞生

杨晴

美国作家霍弗的《狂热分子》一书系统论述了群众运动的共有特征以及"皈依"群众运动的狂热分子的人格特质。"狂热分子"大致经历这样的诞生模式：生活中的失意感→对现实的强烈否定→融入群众运动→获得否定自我的满足感→狂热引发的群众暴力事件。

"失意"是该书中出现频率最高的一个词，失意感是狂热的源泉。一个群体中，总会有少部分成员由于各种原因产生对当下生活现状的强烈不适，他们找不到自我存在的意义，对"现在"强烈不满。霍弗称他们为"畸零人"——他们被世界抛弃，他们也抛弃世界。他们渴望改变和毁灭现有的一切。这种"失意"以及由失意引发的"渴望"，促使畸零人成为群体运动潜在的皈依者。

陈胜吴广在被逼无奈之下喊出"王侯将相，宁有种乎"，洪秀全三次乡试落选而谋求变革。反过来看，当下生活中得到自我满足和价值实现的人，不会或者很难投身群众运动，因为他们缺少狂热的动机——失意感。中国共产党的胜利经验之一就是充分发动了群众，尤其是下层贫苦的农工。

一个潜在的皈依者投入群众运动之后，"自我否定"的快感随之而来。狂热者撕去自我的特殊性，完全同化到群体中去，获得强烈的归属感和安全感。通过集体认同，某个人不再是他自己，尤其不再是原来那个一无所成或一无所有、没有现实存在意义的自我。他成了群体的一部分，某个永恒之物的一部分。自我否定帮助皈依者获得摆脱失意自我的快感。

如果集体认同进一步升温，群体成员会获得来自群体的超额勇气，来做独立个人不敢做的事。霍弗说："当我们在群众运动中丧失了自我独立性，我们就得到了一种新自由——一种无愧无疚地去恨、去恫吓、去撒谎、去凌虐、去背叛的自由。这毫无疑问是群众运动的部分吸引力之所寄。在群众运动中，我们获得了'干下流勾当的权利'。"所以，我们看到群众运动常常伴随着暴力事件的发生。当然，并非所有群众运动都演变成为暴力事件。

例如法国大革命的雅各宾派，他们制造的血腥越多，"就愈需要相信他们的原则是绝对正确的，他们才会心安理得，有力量继续向前冲。他们不是因为相信民主是一种宗教性真理才流那么多血；他们是因为害怕，才去试着相信民主是宗教真理和制造那么多血腥"。这就如作者所说，"人需要有狂热的信仰才能使他的懦弱站得住脚"。这个也可用来解释在南京大屠杀时，日军做出那么多丧尽天良的行为时，他们内心的一种状态。

2011 年 8 月伦敦的示威活动演变为暴力事件，100 多名青年在夜色中焚烧警车和沿街建筑，切断交通，劫掠数十家店铺。放在平常，这些普通的年轻人断然没有打砸抢的勇气；但骚乱之中，即使平日很守法的市民都保不准会去"凑凑热闹"。群众运动中，个人行动，集体买单。每个成员都本能地认为自己属于一个群体，个人的责任也被分散给集体。群体认同是从事暴力活动的勇气来源。

综上所述，对当下生活的不满导致某些社会成员出现失意感，他们强烈渴望改变这种现状，于是投身群众运动以求得对失败自我的否定，自我否定伴随着对所在群体的高度认同，从而获得从事违法和暴力的勇气。失意，是一个狂热分子的原初动因。

群众运动中的狂热心灵

杨志强

《狂热分子》这本书的原书名为《忠实信徒：论群众运动的特质》（*The True Believer：Thoughts on the Nature of Mass Movements*）。"忠实信徒"是指群众运动中坚的追随者。他们狂热地相信自己的信仰、主义绝对正确，而其他人的信仰、主义绝对错误。许多群众运动摧枯拉朽的力量，来自其追随者坚定不移的信仰。他们不会因为危险而却步，不会因为障碍重重而气馁，不会因为有反面证据而困惑，因为他们根本否定有危险、障碍和反面证据的存在。正如法国哲学家柏格森所说："信仰的力量不表现在能支使人移山，而在于能让人看不到有山要移。"

洛克认为，狂热是除理性和启示外的第三种能导致信仰的根据。它与理性和启示正相对立，并以一个人头脑中无根据的幻想来代替它们。弗洛伊德精神分析也表达了相似的意见。人本质上有一种非理性的本能冲动，只是为了生存才不得不受理性的约束。这是一种真正的对抗。本我、自我、超我的人格结构只能使这种对抗因平衡而缓和，却不能消除它的对抗性质。因而在理性的约束作用下，由于某种原因而减弱或中断时，久被压抑的冲动加倍剧烈地发泄出来，这往往表现为狂热。

狂热具有盲目和幻想结合而不断膨胀的特点。对于狂热这种独特的社会心理现象，人们并不陌生。如果说日常生活中零星的狂热现象不太引人注意的话，那么影响过社会结构和历史的大规模群众运动，如宗教改革、清教徒革命、早期的伊斯兰教、初期的基督教、纳粹主义、共产主义、法国大革命、太平天国、印度独立运动、犹太复国运动，则应该引起人们的深思。

上面列举的群众运动都会激发起其追随者赴死的决心和团结行动的意

愿，助长狂热、激情、仇恨和不宽容，全都要求信徒盲从和一心一意效忠。你无法用理性或道德上的理由去说服一个狂热者抛弃他的"大业"。他害怕妥协，因此你不可能让他相信他信奉的主义并不可靠。对他而言，真正重要的不是他所依附的"大业"的本质，而是他渴望有所依附的情感需要。

群众运动最强大的吸引力之一，是它可以成为个人希望的替代品。在一个深受"进步"观念浸染的社会，这种吸引力特别强烈。因为这时的进步观念会把"明天"放大。在现代社会，人们只有在忙得透不过气的时候，才能够不抱希望地活着。失业之所以会带来绝望感，不但因为失业者有贫穷之忧，更是由于他们突然发现人生一片虚空。失业者宁愿追随贩卖希望的人，而不愿追随施予救济的人。

法国心理学家古斯塔夫·勒庞认为，狂热作为一种集体心理现象，应从集体中来理解它的产生。集体人的数量本身给人以不可战胜的感觉，使个人无所畏惧。集体中人们的情绪互相感染，行为互相模仿。狂热产生的原因深藏于社会状况之中。带有时代性的群体狂热的产生与人们普遍的心理和情绪有关，而后者是现实状况的反映。现实状况既包括人们生活的苦难，又包括力图改变苦难生活的运动。普遍的苦难产生普遍的消除苦难的愿望，共同的物质利益表现出共同的精神要求。

在这个时代，我们需要对"忠实信徒"的动机和心理有一些认识，因为我们的时代虽是无神的时代，却不是无信仰的时代。"忠实信徒"无处不在，他们昂首阔步、列队前进，要通过劝说和激烈手段，按他们的形象塑造世界。不管打算加入他们还是反对他们，都应该尽可能多地了解他们的特质和潜势。

麦奎尔：《受众分析》

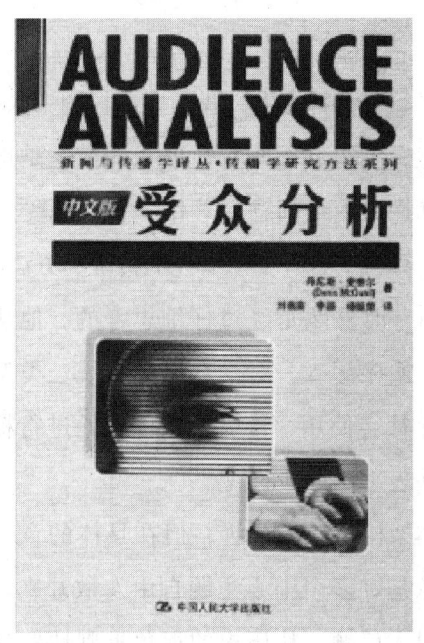

我国传播学界对英国出生、荷兰成就的传播学者丹尼斯·麦奎尔（Denis McQuail），早在 20 世纪 80 年代就知道，因为那时翻译出版了他的那本薄薄的《大众传播模式论》。《受众分析》是他众多专著中的一本，全面总结和探讨了受众的问题。他将历史与现实、理论与实践、宏观与微观、定性与定量、批判学派与经济学派等多种维度纳入研究视野。对核心概念"受众"的含义及其演进，进行了界说和梳理。在 2009 年 10 月莫斯科大学召开的一次国际会议上，他提出，技术的发展、媒介的增长和传播手段的丰富，虽然理论上为传播的多样化开辟了道路，然而目前在大多数国家里，多数受众的注意力仍然集中在少数几个频道上。"受众，无论怎样概念化，都难以管理、控制和适应一切情况，人们很难做出明智而一致的选择。"一句话，在这个领域，问题永远比答案更多。

结构严谨的《受众分析》

[韩国] 姜旼秀

记得那天特别冷，风也特别大，我去中关村图书大厦买了《受众分析》这本书。作为留学生，觉得它很难读，但我知道这是迄今为止西方传播研究界最全面地总结和探讨受众问题的著作。它对"受众"这一概念及其演变历史进行了梳理，分析了各种受众研究的传统、方法和结果。

麦奎尔在安排章节时显然是经过仔细思考的。他从厘清概念、追溯历史视角的维度起始，循序深入，对受众研究传统、类型，以及围绕受众展开的媒介到达、媒介社会使用、传受关系等问题进行梳理，最后对受众的发展趋向做出判断并表达他自己的观点。

虽然作者在整体架构上比较严谨，但在具体的章节内部，还是缺少严格的逻辑顺序，更像是好多个中心主题自由发散开来。麦奎尔论述的通常思路可以总结为：引入议题，从历史的视角批判地罗列不同研究者的既有研究成果，结合研究现状分析原因、探讨规律，给出自己的思考。通过阅读这本书，可以将他的主要论述内容概括为三方面：

其一，研究的起点：大众、受众与大众受众。麦奎尔在写作的起始，首先立足于厘清受众的概念。按照他的观点，虽然"大众受众"已广为人知并被普遍接受，但"大众"与"受众"并非天然一体，而是原本分属于社会学与传播学两个不同的话语范畴。大众受众是现代传播技术进步带来的必然结果。他在系统回顾受众产生发展的历史中特别指出：影院放映方式的出现，"创造了第一个真正意义上的'大众受众'"；广播电视的发明，则使大众受众的内涵真正充实。

其二，受众研究的三种传统路径。麦奎尔参照了詹森和罗森格伦关于受众研究的分类方法，在此基础之上，将五分法进一步精简，把受众研究的路径划分为三种：基于受众测量的结构性研究传统、基于媒介效果和媒介使用的行为性研究传统和基于文化研究与接受分析的社会文化研究传统。

麦奎尔划分上述三种路径的依据，主要是研究目的的不同、对受众看法的不同以及研究方法的区别。他认为，不同研究路径之间的本质区别，是研究者立场的不同，即面对传媒工业一方和大众受众一方时，究竟更靠近谁。而现状是，虽然近些年来出现了向受众靠近的趋势，但所谓的主流研究传统依然以传播者为中心。

其三，以受众为核心概念展开若干研究。作者强调受众研究不能拘囿于线性的传播过程本身，而应放眼于广阔的社会背景。受众不仅仅是媒介的受众，更是社会的受众。特定时间、特定情境的媒介使用总与一定的社会文化传统、生活习俗、亚文化等相联系，不容忽略。他对受众研究中的抽样调查方法表示了不屑，认为该方法只是基于个体抽样而得到的简单的总体信息之和，并不能真实反映总体。作者的话语维度比较客观多元，认为受众在媒介工业的强势之下难免呈现非人格化的特征，但随着传媒交互性技术趋势的加强，受众的地位得到强化。他对"传播革命"保留了温和的怀疑，认为传媒产业结构并没有随着技术的突飞猛进发生根本性的变化，人们根深蒂固的媒介使用心理和习惯不可小视。

关于互联网，作者的观点是：旧有的受众群体将会延续，而新媒介也将催生新的受众。尽管受众这一概念的内涵和外延处在变动之中，他仍赞成保留"受众"这一传统的专业术语，但强调以受众研究的主要维度对受众的含义作出相对清晰的界定。

麦奎尔把注意力主要集中于大众传媒视角下的受众，现在似乎有些过时。受众问题不仅仅存在于传播行为发生的线性过程中，新闻产品内容本身对受众行为、态度、选择等方面的影响也是非常重要的。麦奎尔过多地论述了技术因素，事实上，尽管传播手段和到达方式的个性化趋势不断增强，但新闻产品在内容上仍然具有支撑大众群体存在的强大张力。这一点，麦奎尔尚没有提到。

全媒体环境下的新闻受众

丁嗣赓

在《受众分析》这本书里，麦奎尔搭建了一个理论研究的平台，提到了"新媒体环境下的受众"这一概念。我从麦奎尔的理论范式出发，结合新时代环境下融合媒体的变局，浅谈受众的角色转变。

虽然受众并未消逝，但却在拥有新的时代意义。这种新的变化与其说体现在新的定义上，不如说更为明显地体现在作为每一个受众个体对于所处的受众大环境的新感知上。首先，这种新变化表现在，受众从批判学派认为的传播链条的末端（end）转变成当代传播环境下的中转环（linked chain）。受众不再是受操控的无知被动的接受者，而是在获取信息的同时也发散开去新的信息，也在充当信息源头。其次，新媒体环境下的受众，呈现出更强的个体差异。而在传统媒体时代，我们阅读印制好的报纸，实质只是在阅读编辑筛选好的消息的组合罢了。我们观看电视节目，多是电视内容牵引着我们的注意力直到我们接受它。而在全媒体时代，LBS 等基于地域定位推送信息的服务，更加符合受众的地域接近性。最后，新媒体环境下社交媒体网日益发挥作用，使得权威媒体机构的刺激减弱。淡化了批判学派眼里传媒单向度施予受众的"心理无知"控制概念，使受众可以真正从自己的社会条件出发去解读媒介文本，并建构意义。

麦奎尔在书中关于新媒体与受众的未来，做了一小节的探讨和预测。围绕"所指对象的消解"（breakdown of the referent）展开，他说："没有人再乐意与他人同时接受相同的信息包"，细分化的受众以及受众需求的日益独特、多元化成为个性化传播时代的特征；可是，在基于拓展而非取代旧时代受众行为的模式下，受众却可以比任何时候人数都要多，规模也更为巨大，就好比回到了那个大众受众当道的沉默年代（Quiet Era）。

这一问题同样值得思考，麦奎尔并不是一位技术决定论者，他在研究新媒体时代下受众的时候也提出，我们不该仅仅从技术层面去思考一种新类型的受众形成的原因。他在肯定技术直接推动受众细分化、选择个性化的同时，亦辩证地提出这些新媒介技术仍然没有从根本上改变人们的受众行为。即使在传播渠道大大丰富的今天，大量的传播机器仍然准备开足马力努力将受众最大化，现实如此，从鲜明的传播者本位角度出发去做决定，也的确如此，这就是所谓的就目前的受众实质而言，新媒体技术层面的巨变是对旧有受众行为的某种拓展，而非彻底改变。

从存在即合理的角度看，麦奎尔相信传统模式下的大众受众仍有存在理由并且仍会适于现实情况，而新媒介孕育出新受众也是必然，只是这个孕育的结果如何被定量定性，是一个暂不可知的受多种社会因素作用的结果，即他所说的"潜力未知"。

《受众分析》的译者刘燕南在前言中指出："麦奎尔对于传播技术发展与未来受众的探讨，并非一维的，而是二维或多维的，既是技术的，也是社会的。"或许也印证着麦奎尔一向抱有的观点：受众的形成受各种社会因素的影响，受众不只是技术的产物，也是社会生活的产物。

新媒体时代如何解析"受众"

石爱丽

丹尼斯·麦奎尔的《受众分析》出版于 1997 年，距现在已经近 20 年的时间。在这段时间里，以手机、网络为代表的新媒介在技术上有了重大突破，信息传递的时效性大大增强。此时的"受众"出现了与以往很不相同的特点。新媒体时代里该怎样认识受众，成为一个值得研究的问题。我根据自己的认识并结合麦奎尔关于受众维度的观点来分析一下当前出现的一些受众现象。

随着电脑、手机等电子产品涌入到我们的生活中，受众选择性地使用这些产品，借用麦奎尔的观点，这"是受众利用这些媒介完成了搜寻者、浏览者、反馈者和对话者的角色"。但从另一方面来看，现在各行各业的商家利用新老媒介的平台做广告，千方百计吸引受众，对受众的爱好和品位等进行多方调研，以此作为打造自己商品的依据。不论是传统媒体，还是各种网络新媒体，商家的各种广告就像"魔弹论"所说的炮弹一样射向受众，使受众变得更加被动。而受众对信息的接受处于主动还是被动，很难测量。

然而，不论受众对信息的接受是主动还是被动，接触媒介的受众规模正在变大。随着传播技术的发展，许多偏远落后的乡村有了广播和电视；伴随电子产品更新换代的速度加快，产品样式增多和产品价格降低使更多的人拥有了手机和电脑。从整个社会来看，受众的量都是在增长的。另外受众接触媒介的时间也在增多。"宅"这个词目前很流行，它体现的是现在一些人，尤其是部分年轻人的一种生活方式。他们几乎整天都待在家里，较少户外社会活动，陪伴他们度过这一天的多半是电视节目、QQ 聊天，还有网购。在这期间，他们接触到从十八大召开到"双十一光棍节"商品打折等各种各样的信息。而目前这个受众群规模还在进一步的扩大。

这时的受众，又表现出了一些"质的"变化。2012 年由杨艾菁发起的"戒指换教学楼"的微博公益爱心接力行动取得了成功。普通人通过微博平台传递信息，继而引起了社会公众的广泛参与并达到了人们预期的效果。在微博接力的过程中，信息的接收者同时又具有了一定意义上的"传者"角色。陕西省安监局局长杨达才，因在延安车祸现场微笑而遭网友"人肉"，随后被挖出在多种场合佩戴名表的事实，陕西省纪委对其进行调查最终确认其严重违纪并将其撤职。网民利用互联网、微博等媒介对政府官员进行监督举报。网民是受众吗？在他们发出信息时，是传者，但在网上与其他人交流时，很大程度仍然是受众。

新媒体时代里，受众接触媒介的主动性和被动性越发变得模糊，这个意义上的受众的规模不断增长，受众对媒介依赖时间也在变长，受众与媒介相互依存共同发展，成为一对不能分割的共同体。过去时代里只听不播的受众群正在消解中，由无数个体构成的庞大受众群，将作为带有"传者角色"的新一代受众，呈现在我们面前。而"受众"这个词作为单方面描述性的词语，它的内涵需要重新审视。

舍基:《未来是湿的——无组织的组织力量》

　　《未来是湿的——无组织的组织力量》是一本很有思想的论著。看到"湿"这个概念,不禁想起前苏联电影《办公室的故事》的一段对白,统计局女局长彼得罗芙娜严厉地质问职员纳瓦歇里采夫:"你说我干巴巴的?"他吓得摇手说:"不,正相反,您湿乎乎的。"就直接的意义而言,干巴巴即机械;而湿乎乎,则指有血有肉。该书作者克莱·舍基(Clay Shirky,1964—)采用"湿"的隐喻,讲述互联网如何开发有机而非机械的人的脑力。书从一位叫伊凡娜的女士丢失手机讲起,这件小事得到网络的关注,一种看不见摸不着、无组织的组织力量,将众多角色一一卷入进来,事情闹大了……在克莱·舍基笔下,网络传播带来了一种新的组织形态——"没有组织的组织"。如何认识网络社会的形态特征?这本书很有看头。

"舍基原则"下迅速的政治行动力

赵白执南

古希腊著名哲学家亚里士多德曾说："人是天生的政治动物。"作为群居动物的人，总有组成群体的欲望。克莱·舍基在《未来是湿的》这本书中描绘的"湿的"未来，与人际沙漠相对应，是一种通过网络造成的人与人之间更加有人情味的联系。

在这本书中，他讲述了一种互联网通过无组织协作而非有组织、有命令的方式涌现的组织行为的过程。这个过程分为四个步骤（如图）。

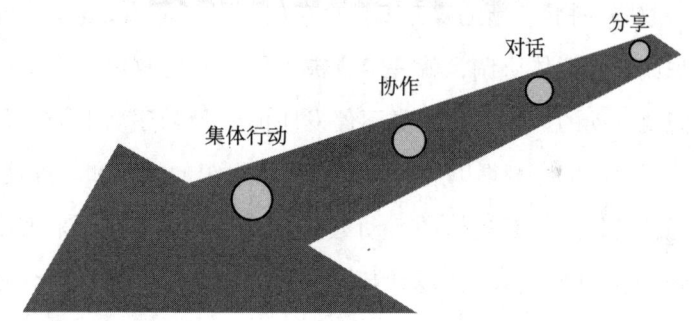

在这个涌现的过程中，第一步是信息在互联网各式平台上通过留言、转发等功能实现信息的分享，构成网络的节点；第二步是在节点之间产生意见的交流和碰撞，进行对话；第三步是对话产生自如的分工和协作；第四步则是这些协作超越某个阀值之后，产生了集体的行动。

群体并不是简单个体的集汇或是双边的关系，按照舍基所说，群体是通过两种联系建立起来的，一种是同质人群中紧密的联系，一种是异质人群之间通过"联系人"建立的联系，而"联系人"才是一个大群体中使人与人得以相识的关键。

集体行动远在新的通讯工具和新媒体出现之前就出现了，它贯穿人类的历史。但在旧的方式下集体行动的组织工作需要很大的成本。而随着新媒介出现和更新，这种成本被大大地降低了。如二战中德国法西斯曾利用无线电进行实时通讯，一度实现了利用飞机、坦克的快捷优势，以突然袭击的方式制敌取胜的战略；美国滞留在飞机上的乘客通过某家报纸网站的评论，组织起"航空乘客权利法案联盟"，迫使捷蓝航空 CEO 下台并实行《乘客权利法案》。这些例子表明，新型通讯交流工具的出现促成了集体行动的成功，虽然制胜的战略并非新媒介可以替代。新媒体的出现降低了群体之间桥接的成本，使得"联系人"的角色能够将更多的群体集合到一个平台上，负担的联结数量虽然有所上升，但实时的交流却能够由此成倍地达成，进一步引发上述过程涌现，最终达成集体行动。

　　集体行动固然会利用新媒介，遏制行动的力量难道不会随着新媒介的应用而有所行动？就像微博中从最开始的无组织，逐渐发展并"暗藏"了无数的组织，并且组织行为的成本也一样降低了。解答可以用一句话概括——"一物降一物"。新的媒介工具总在被发明，而只要这些媒介能够提升公共意识或达成群体协调，就一定会被人类这样的政治动物用在政治行动之中，想要行动的人，总会依靠不停发明的工具和逐渐下降至几乎没有的成本，使得自己的计划得以进行。或许权力组织的能力和合法性的不同，会造成不同的结果，但是集体的行动力量得以充分发挥，原来细小的意愿得以聚沙成塔，使得民众成为新的政治力量，也是当代世界不容小觑的趋势。

人人时代的人性回归

景丹阳

工业革命给人类社会带来了跨越式的进步和发展。但是，高度发达的理性文明，让整个社会组织变得僵硬和冷酷，处处都是机械化的组织关系，人与人之间的联系要依靠这种组织来进行，遵守规则，处处受限。人性中柔软和自然的部分，在现代理性文明的机械化组织方式下逐渐淡化；过分的理性，带来的是"人性的沙漠"。而迅速兴起的互联网技术，如克莱·舍基在《未来是湿的》一书中所说，打破了工业革命后机械化、组织化的社会关系，极为有效地串联起了网络环境中的每一个人，每个人都能便捷地参与到自发性的群体中来，人类社会迎来"人人时代"。新兴的互联网科技和各种社交软件，如聊天室、博客、电子邮件等将人与人之间的距离拉近，重新给予人们相互组织联系的条件，将处于工业化社会组织中的人们解放了出来。

除了书名，舍基在书中并未直接提到"湿"这个概念，他重点强调传统的组织方式和互联网时代新的组织方式——即无组织的组织——之间的区别。新的组织方式使人们拥有了在固定机构之外组建群体、共同行动的能力，强化了人与人之间的关爱。对于社会而言，这是巨大的变化，更是一种挑战，促成这种变化的正是新技术的突破与广泛应用，新技术使得新式群体的形成成为可能。

"湿"这个词，来自"湿件"（wetware）这个新概念。在 IT 业中，硬件、软件、湿件是并称且递进的三种"件"，1988 年最早被提出。湿件作为人类脑力，相对于软件（编码化知识）和硬件（机器）。可以把湿件理解为处于生命状态的东西，例如人脑中无法与任何人共享的东西，如技能、思想等。计算机"软件"，是经编程后存储于计算机或硬盘中的东西。"湿件"

概念的出现，很大程度上改变了人们对社会关系和行为方式的看法，并开始试着依托于科技的创新成果来实践这种联系组织方式。

新技术促成的新组织方式，使社会"湿化"过程加速。来自世界各地不认识的人群可以为了一个简单的目的而聚在一起，不费任何成本地形成群体组织，然后发挥这种组织方式"湿"的特性，群策群力，完成一件看上去极其复杂的任务。在这个过程中，人群之间的联系完全是黏性的，是湿乎乎的，人的自然的感情流露和相互交流取代了固化的规则与组织。

舍基举出的一个典型例子，便是维基百科的编辑与运营，没有任何雇佣和管理的机制组织，读者与编辑者双重身份，以及任意读者无论出于何种目的对某一篇文章的修改与完善，湿乎乎的组织方式得到了最充分的体现。但是，这些人究竟为什么要参加这样的一个群体呢？舍基提出了三点原因，其中第三点，也是最基本的一点，是爱。人们往往忽略了自己内心中对于正义或对社会有益的基本欲望，"越来越多的证据表明，人脑中的某些部分专门会来做出一些经济上不理性而于社会有益的计较"。随着新的组织方式与社会工具的出现，这一爱的力量将更加被放大，成为更新社会的材料。

译者胡泳副教授在序言中强调，互联网是中国的"加湿器"。由于高速的工业化和城市化，中国社会已经处在了"人性的沙漠"当中，缺乏活力，缺乏多元和交流。互联网带来了"湿化"的社会关系，来打破沉闷，注入活力，让社会"充满爱"。

互联网兴盛与公民新闻兴起

常菲

近年博客、微博、微信等社会化传播形态和途径兴起，人们突破现实社会中的局限，跨越时间和空间，加入到虚拟社会中构建群体，互联网也因此拥有了社会密度，与现实社会的紧密度紧密相连。从去年"7·21"北京暴雨到庐山雅安地震，越来越多的新闻不是从专业的新闻机构中发出，而是出自网民之手。网民通过网络进行即时的第一线新闻发布能力，已经突破了新闻机构所面临的现场困境。任何新闻机构都不可能在任何的新闻现场出现，而事件的亲历者却可以凭借互联网进行即时的新闻发布，再通过不断的分享和传播，达到新闻传播的效果。

互联网近几年发展的社会化趋势愈见明显，互联网已经超越了技术发明的意义，人与人之间的结合，网络虚拟社会得以构建，成为现实社会的延伸，互联网的熟人社会特征显现，人际交往中的感情也加入到网络交往中，基于爱、正义、共同的喜好和经历，在互联网上一起分享、合作乃至开展集体行动，人们之间的关系变得"湿乎乎的"，有了人情味。

博客、微博等社交平台的兴起，带来的很重要的一个变化是新闻的大规模业余化，这已经成为"人人皆记"的时代。新闻可以不借助传统媒体而闯入公众意识，新闻的职业化色彩减弱，每个人都成为信息传播生态中的一部分。

公民新闻的零成本成为其兴起的重要原因，出于兴趣或好奇心，进行新闻发布或者补充。互联网提供了一个分享的平台，且在最广的范围内提供新闻的分享和交换。尽管不是每一条新闻发出之后都能够完全进入公众视野，但所谓的失败也是零成本的，不需要进行成本的回收，差误的信息也能在传播的过程中得到纠正和补充，这个分享的过程，也加深了信息传播本身的效果和意义。

传统的新闻机构出于组织运行成本以及机构定位的考虑，会对信息进行明显的过滤和筛选，不可能满足更多人的信息需求。"任何成本都会造成某种壁垒，大多数传统媒体的高成本则制造了高壁垒"，这句话则很好地解释了这一新闻过滤产生的原因。社交媒体的扩张，使信息发出的渠道增多，先集中后过滤的新闻模式可以最大限度地满足人们的信息需求，也能在不断过滤的过程中，获得信息价值的聚集，得到真正具有新闻价值的信息。

电视节目播出时间、报纸的阅读成本，造成了很多信息资源在传播过程中被损耗。互联网则不同，它所提供的熟人小世界，基于人们的共有兴趣和爱好进行分享，互相的交流所需要的协调成本也大大降低。小世界网络对于信息同时起到过滤和增强的作用，你身边的人感兴趣的内容，与其他信息洪流之中的信息相比，对你来说往往具有更强的吸引力，相反，把别人不感兴趣的内容过滤掉也增强了共同兴趣的内容部分。这个过程所耗费的协调和成本，几乎为零。

互联网的兴盛带来公民新闻的繁盛，也同时带来了信息的繁杂，鱼龙混杂，泥沙俱下，如何在互联网这个开放的平台上减少谣言的传播和扩散，成为新的问题。以人际关系为依托的公民新闻生产和分享，一定程度上改变了传统媒体的议事日程，但提高信息传播质量也是我们该思考的。

七、新闻与传播史

曼古埃尔：《阅读史》

斯蒂芬斯：《新闻的历史》

林语堂：《中国新闻舆论史》

斯诺：《西行漫记》

郭嵩焘、刘锡鸿等：《郭嵩焘等使西记六种》

曼古埃尔:《阅读史》

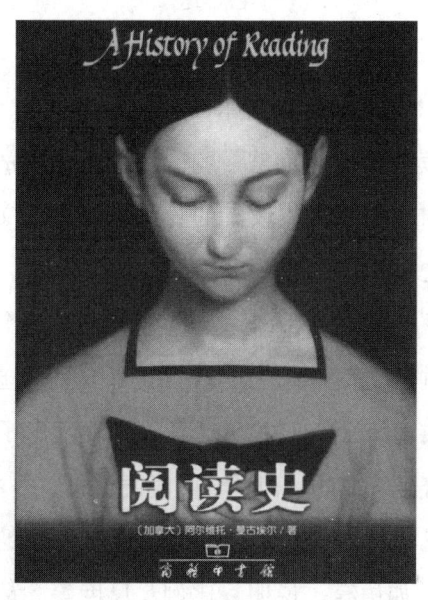

　　什么是阅读？阅读是使正在呈现的文字、图画和影像成为有意义事物的一道程序。如果所展示的图文没人看，那么这种存在只是一种没有意义的沉默的存在。现在名为"阅读"的书很多，多数是读书清单或阅读经历、感悟，不涉及人类阅读活动的历史。曼古埃尔的《阅读史》是十几年前翻译出版的，时至今日仍有阅读的价值。这本书扭转了我们关于人类阅读活动的许多刻板印象。比如，我们往往把一个人默读一本书当作理所当然的事，殊不知人类早期的阅读活动通常是集体的、需要大声朗读的。另一方面，阅读是一种传播活动，但阅读明显不属于常说的大众传播，而是自我传播，在早期是群体传播。了解人类阅读的历史，将有助于我们更深刻地去理解传播现象。现在我们进入了社交媒体时代，阅读形式发生了变化，形成了新的阅读习惯，如何将海量信息变成"知识"，这是一道重要的转折。

阅读：进入符号世界的通关仪式

毛思遥

加拿大作者阿尔维托·曼古埃尔在其《阅读史》一书第一章中写道，这是一本描述"阅读的历史，也是一般读者的历史"的书。对此，我的理解是，个人因阅读的行为而获得读者的身份，而更广义地来说，个人凭借阅读来定义自己在这个世界中的位置与所属。

于是，一个问题接踵而来，即这个世界到底是一个怎样的存在？它是触手可及的客观物质构成的实体，还是汇集各种理念的虚拟空间？

习惯于四处漂泊，却又安于书室一隅的作者给出了自己的回答：我们的世界是由一系列符号组成的，而学会阅读便是我们进入其中的通关仪式。

这是一个很有见地的看法。我们知道，希腊文中逻各斯（logos）这个词有多方面的含义，如语言、说明、比例、尺度等。赫拉克利特最早将这个概念引入哲学，在他的著作残篇中，这个词也具有上述多种含义，但他主要是用来说明万物的生灭变化具有一定的尺度，虽然它变幻无常，但人们能够把握它。其实，逻各斯还有挑选、采集的内涵。对于每一个运用语词的个体来说，他们都是采集者。诗人采集想象，让神在天堂诞生；阅读者采集回忆，让神在凡间显灵。将二者联结的就是语词这种符号。随着历史演进，二者的采集对象边界也逐渐模糊：著书者采集经验，对它们进行符号化处理；阅读者采集联想，对符号做出各种解读。在此互动中，读写双方成为传播与接受的复合体，变成了一个融于世界中的丰满的人。

通过阅读来掌握对符号的使用，对于个体来说既是服从权威，又是破除权威的过程。服从意味着告别个体不成熟的习惯，来融入社会所选用的沟通系统，参与到集体记忆中。典型的便是中世纪对语法教育的强调和对经文释义的垄断。这时，符号正在塑造着我们，让我们逐渐习惯于社会的各种规则，依赖社会关系而存在，成为一个"社会人"。

但是，人不应屈居于社会或是集体存在，人应当为自己正名。因此，读者同样可以将阅读的行动限制在自己的亲密世界与经验里，对各种文本中蕴藏的符号，结合自身的经验给出自己的解释，由此获得作为个别读者的权威。正如曼古埃尔在文中引用加拿大随笔作家珀斯坦的话："对于读者而言，必须要有一百万部自传。"通过这种方式，读者也在塑造符号，让字符的排列组合与生活的经验密不可分，人们在这个过程中逐渐寻找自身存在的价值，成为一个"个体人"。

然而现代社会中的政治、经济权威似乎也理解到符号对于个体人与社会的意味所在，试图通过将生活与阅读人为二分，使符号的解读权再次回归权力者手中。因此对于现代人来说，阻断这一进程的方式唯有回归"阅读的生活"。在通过符号世界关卡的同时，也成为符号世界的主人，由此摆脱曼古埃尔所说的"灭绝的危险"。

"沉默的读者"并不沉默

李婧怡

《阅读史》给我最直接的印象是，作者曼古埃尔尽管拥有巨大宝藏，却不愿耽于与人交际，而只愿以一个舒服的姿势靠在自己的小床垫上，在文字中流连忘返。当我在脑海中构建出他的这个形象，一种在今天很少见到的模样时，我思忖，他是沉默着的吗？

我想，这些看来沉默的读者、安静地阅读着的读者，其实从不是沉默的吧。

因为，阅读这种文学传播活动借助于书籍所虚构的情景和它留给人们的想象空间，构建了一座让作者与读者或是不同的读者在迥异的时空中进行互动的桥梁。曼古埃尔在书中描绘了诸多痴迷于书而心无旁骛、与书亲密对话的人。直到今天，即使我们少有暇时，阅读的快乐仍是每个识字的人都愿意去享受的。

文学作品与读者间之所以能产生如此强烈的共鸣，源于文艺传播本身所携带着的情感纽带，它使得阅读过程本身就能够用情感来激发想象与感动。即使读者对文学作品中的很多事情一无所知，但只要读者能够大致理解此文，文字中所独有的情感就能组成一张网，将读者的心牢牢攥住。这就像是，当一位大师在演奏小提琴时，一位对琴和乐曲一无所知的孩童站在边上，他拿着自己的小提琴，并不去演奏，却仍能够感受到音符在共鸣腔里旋绕，直绕进他的心里。读者与作者之间正是通过这种情感的纽带，实现跨越时空的交流。美国电视记者约翰·英尼斯在播报评论时，总是把一本《撒旦的诗篇》放在书桌上，曼古埃尔这样评价："让这本小说片刻不离手边，暗示一名读者对这本书与其作者的命运的休戚之情。"

伟大的作家就像是一个造物主，用文字建构出了一个世界，只等着后来人纷纷住进去，站在现有的天地之间，建成另外一个属于他们的世界。因此，瑞典文学院终身秘书长彼得·英格伦这样评价马尔克斯："大部分作家只是影子，但马尔克斯是投下影子的人。"

当然，在文学传播的过程中，读者与作者的位置同样重要。正如曼古埃尔在书中所说，"书写的文字似乎在对你说话，仿佛他们具有智慧和聪明，但假如你为了更进一步求知而询问它们所言何物，它们只会告诉你相同的东西"，"对于在另一个时空下被构思和呈现成图画或者文字的东西，读者必须根据自己的时空背景予以重新创造。"读者在阅读过程中，将自己的故事、情感与文学作品相糅合，产生了属于自己的故事，因而成为了文学作品的新作者。

若读者的记忆力足够好，能将整本书一直记在心中而不忘的话，这本书就可以真正地融为读者自我的一部分，成为他一生中常常可以翻出来的回忆。同样的一个人走到不同的人生阶段，经历了不同的事情之后，对文学作品所作出的再创作也是迥然不同。曹雪芹将一部红楼遗于世间，文字和故事经百年沧海桑田始终沉默不言，然则曹氏的荒唐言与辛酸泪已被我们加工成或阳春白雪或下里巴人的各色版本，这就是"读者的力量"。

阅读文学作品还能通过这种情感的纽带将读者和读者联系在一起。就像曼古埃尔在地铁上遇见一位手拿博尔赫斯作品阅读的夫人时的感受，"我已忘记她的长相，也几乎没注意到她的穿着，更忘了她是年轻或者年老，只是由于她手中握着的那本书，使她比其他经常碰见的人更让我觉得亲近"。

阅读这种文艺传播的力量，让"沉默的读者"不再沉默。

图像传播与阅读图像

张子语

《阅读史》的第七章，作者曼古埃尔向我们介绍了图像阅读在阅读史中的体现与发展。

关于图像阅读，作者对其的考察主要专注于宗教传播上。例如，书中提到，安锡拉的圣尼勒斯在其家乡修建新修道院时曾提议，不要以圣徒、狩猎场景和鸟兽等作为装饰，而应该绘以《旧约》及《新约》的故事。这样一来，"就像是给没受过教育的信徒念的书"。发展到 15 世纪，随着印刷术的发明，关于宗教的图像书也得到了更广泛的流传。

从这段简短的图像阅读历史中，我们可以看到，图像的表达方式打破了文字语言对于信息传播的束缚，文本以图像的方式整体呈现出来能更加直观、一目了然地将所有要表达的重要信息展现，亦使得不识字的人也能阅读。那些画家们实际上如同翻译，将宗教学说、圣经故事以绘画的形式描绘、复述出来。而民众看到绘画后，则会根据自己的生活经验、知识背景等进行理解，从而达到传教的目的。

对于这一传教过程，我们可以用传播学学科建立者施拉姆提出的双向"循环模式"来解读：圣经故事即要传递的讯息，而画家针对圣经进行释码、译码，再以绘画的形式完成重新编码。接受者根据图画以自己的方式进行重新译码、编码，最终接受到所传递讯息。

跳开书中的历史，来看我们当下的时代。这种图像阅读、视觉传播可谓得到了更广泛的发展，不是有人称现在为"读图时代"吗？图片信息直观简单，极大地满足了人们对于快捷的追求。同时，比起语言符号、文本信息，图像有时确实能够传达得更多。一张难民伤痕累累流离失所的照片，可能比上百字的场面描写更能使人感受到战争冲突的残酷，体会到对生命的不忍。而再丰富的语言似乎也难以表达深切的心理和情感，图像确能产生一种只能意会而难以言传的传播效果。

但是，图像传播存在着一定的局限性。

首先，图像很可能在其创作过程中受到外界因素或者传播双方自身的影响而产生不一样的传播效果。例如，在画家译码、编码的过程中，即构思创作时，必然会加入自己的理解与想象，而这很有可能对最终受众的信息接收产生影响。

其次，受众能否解码成功、能否理解图像也存在着一定的条件，毕竟这需要具有相应的背景知识。例如，曼古埃尔就提到，对一名非基督教教徒而言，阅读那些教堂壁画很可能是"从各个描绘要素中，替自己编造一则故事与一套字汇"。可见，这种图像传播并不是一定有效的。而这一缺点在新闻图片的真实性上影响尤为明显。

最后，非语言符号有时不能完整表达所有语言符号的含义，特别是较为抽象的语言符号。

因此，为了更好地应用图像传播，还是应该与文字传播相结合。

斯蒂芬斯:《新闻的历史》

　　1997 年我读到《新闻的历史》英文第一版时就很激动,因为当时中国没有一本系统阐释人类新闻传播历史的专著。1566 年手抄威尼斯公报的图片,就是那时拍下来的,至今十几年了,仍是外新史讲课 PPT 的一页。当时我让我的博士生翻译了前面的大事记近 2 万字。根据我对世界历史的理解,感觉译稿较多的地方表达不对。我的英语很差,为了保证翻译的准确,我几乎将每个单词(词组)逐一查字典,颇为艰难地完成第二遍译稿,发表在武大的《新闻传播评论》上。那时很期盼这本书很够完整地翻译过来,这个愿望终于在该书第三版后实现了,陈继静以很高的翻译质量完成了这个译本(北大出版社 2014 年 4 月版)。我国的外新史论著,基本是传媒发展史,而非纯粹的新闻传播的历史。因而我拿到样书后即刻推荐给中国人民大学新闻学院实验班的同学,同学们整本复印,写下了读书笔记。

载体在变，新闻传播规律不变

王聪

米切尔·斯蒂芬斯的《新闻的历史》是对新闻传播的历史记录，也是用历史解读现代新闻传播发展的一次尝试。互联网普及，口头新闻传播方式虚拟化地再现；作者在"手抄新闻"与"印刷新闻"两章中曾提到新闻从原始的信息交换变成信息买卖的变化历程，或许解释了互联网信息传播方式形成的根源——人对新闻本真的需求。

口头新闻时代，新闻在人聚集的地方快速而密集地传播着，伦敦街头咖啡馆是新闻传播的场域，外部信息到达咖啡馆并经由咖啡馆中的人向外传播，且逐渐固定了新闻传播的内容：劳埃德咖啡馆提供航船新闻；迈尔咖啡馆讨论政治议题，进行公共事务模拟投票。人们主动寻求信息，促使了咖啡馆新闻模式的形成。

手抄新闻、印刷新闻的出现，是对口头新闻传播不固定性、时空限制较大的改进。人逐渐忽略免费的口头新闻，转向要付钱（或以其他形式付费）的手抄新闻、印刷新闻。手抄新闻改变了信息的流言情状；印刷新闻将新闻传播的错误率降到更低，具有一定发行体系的印刷新闻突破了以往口头新闻的时空限制，可以入户送达。

但是，新闻载体使得新闻传播从民众自由的传播信息走向了国王操纵信息的局面。必须承认，人对新闻的需求也有惰性，就像古罗马的《每日纪闻》没有在档案馆中被花心思地保留。人对新闻的渴望是本能，但也可能仅局限于本能。被动获取，或者说是接受推送信息的新闻传播模式在手抄新闻、印刷新闻时代逐渐建立，新闻传播开始被少数人所掌握。随后新闻煽情、奇幻的发展则反映了新闻传播的初衷从获取生存信息扩大到娱乐和日常化交流。

从印刷新闻、广播电视新闻到互联网新闻，最显著的变化是新闻的获取从付费回到了免费。互联网时代，人们在网络终端发布信息、获取信息，微博、论坛等场域在一定程度上扮演着与咖啡馆相似的角色，人们在这些场域讨论或传播新闻。

新传播技术提供了更广泛的新闻获取方式，人们趋向于选择最专业、最快捷的新闻传播方式。现代新闻传播业的发展离不开新闻记者对新闻的发掘，所谓"扒粪"新闻便是这个行业鼎盛的见证；而互联网提供了更多元的信息，因为以往的新闻记者对黑幕的揭露远比不上要求隐匿权的"深喉"们，而现在互联网新闻的最大优势，便是提供更为专业的信息。

新闻传播载体的变迁轨迹，主要还是依赖于人对新闻本身的需求。知乎、果壳、豆瓣等论坛如同伦敦咖啡馆一样固化了所传播的信息，这便是基于需求而选择新闻的结果。微博平台发展成为社会化媒体，各种信息在微博平台上发布、发酵，并被传统媒体筛选、播报；前者依稀可见口头新闻的产生与交换，后者则更多的是与手抄新闻、印刷新闻相似的信息选取——一定程度上与国王操纵下所传播的新闻相似，都有一定的传播主旨和群体归属引导。

书中的思考题中，斯蒂芬斯多次以现代媒介现象和群体习惯引导读者认识新闻载体的发展趋势。透过新闻载体的形态、内容变迁，我们可以更深刻地感觉到，正是人们对新闻内容、获取方式、表达方式的更新需求，推动了新闻传播的现代化，但我们很多时候更为关注媒介本身而忽略了这一历史的启迪。

新闻传播技术的螺旋式上升

孟令尧

如果仅仅把历史理解为对过去发生之事的总结，那么以发展的视角来看，研究它就没有多大的意义了——历史最重要的功能、最大的价值应该在于提供一种研究问题的视角，将过去映射到现在，用过去和现在指引未来。如何更好地理解和运用"新闻的历史"，为"新闻的现在和未来"提供最好的帮助，这便是我在阅读《新闻的历史》的过程中一直思索的问题。

初民社会，新闻主要是通过口头传播，或由普罗大众在琐碎的生活场景里交换，或由信使、喊叫者以及游吟诗人等"专业人士"散播。由于技术尚未发展到可以为新闻传播提供新的可以普遍使用的载体，口头新闻在很长一段时间内一直是新闻传播的主要方式，甚至直至中世纪，这种地位在欧洲也未曾动摇。口头传播社会判断新闻的基本标准与现在并无太大差别，基本类型也大同小异——"轰动"、"反常"是新闻价值的重要标准；除了传播广度的局限，口头新闻的另一个内在缺陷在于内容的客观性和准确性很低，极易出现歪曲和夸大。没有白纸黑字的限制，新闻似乎在不经意间就会朝着戏剧化的方向发展，掺进太多传播者的主观成分。

与单纯的口头传播不同，文字有其特有的优势。正如书中所提到的那样，"文字时代的人与初民有着不同的价值观"。文字时代使一系列由抽象推力发展起来的认知能力萌生，新闻也第一次开始以人为的新闻价值为标准被组织和编排。无论是手抄新闻还是印刷新闻，都能够在很大程度上弥补口头新闻传播范围小、传播内容易失实的两大问题。当然，若在这二者之间比较，印刷新闻在这两方面的表现也远远优于手抄新闻。印刷意味着大批量的生产，且每个读者拿到的复制品将是完全一致的——"至少能确保新闻从印刷机安全到达读者，途中不发生任何改变"。

新技术的发展将新闻业带入了电子新闻时代。"电子传送人声，无线电波变成空中信使，图像自动从新闻现场传到直播室。"新闻传播以一种更生动的形式，吸引着受众的注意力。

回溯新闻的历史，或许会觉得这是一个新技术引发革命、新的传播手段取代旧手段的演进过程。在我看来，虽然不断有新的传播方式登上新闻的历史舞台，但这绝不意味着原有的传播方式就此被推翻、被倾覆。口头新闻也有其独特的优势：每个人都可以成为新闻关注的主角，可以与新闻传播者直接对话。然而，随着新技术的发展，"我们变成新闻的机会，不过是偶尔对着扫过的电视镜头招手而已"。这让我们不得不去思考，我们在不断创新传播手段的时候，怎样在克服以往的问题的同时，不要用新的光环遮蔽了过去的优点。其实这并不是不可实现的。比如，随着科技的进一步发展，在自媒体时代，我们也可以随时记录自己的生活、记录自己周围的新闻，每个人都可以承担一部分记者的职能，也都可以成为新闻中的人物。如果说印刷技术和广播电视技术使口头新闻的优点沉睡，那么网络技术恰似唤醒它的神奇一吻。这个很有意思的现象充分说明，技术的变革不是一个改朝换代的线性过程，而是一个螺旋式上升的发展进程。

说到底，作为新闻传播的载体，技术的变革最终目的都是为了更好地发挥各种传播手段的优势，能够最大化地实现新闻的传播。我们在关注历史的时候，应该更多地聚焦历史可以为现在和未来提供什么有益的指导。

政治与新闻控制

黄泽禹

　　新闻的传播通常与政治紧密相连。从《新闻的历史》中我们可以看到，无论新闻的传播方式如何变化，口头新闻、手抄新闻、印刷新闻到现在各种新型媒介形态中的新闻，背后总有着或明或暗的政治控制的影子。初民时代，较为正规的新闻体系的构建本身就源于政治需要。随着社会规模的不断扩大，构建一个准确、可靠的新闻体系成为统治者越来越迫切的愿望，于是专业新闻传播者——信使诞生了。谁控制了信使，谁就能够决定哪些流言和信息需要加工，谁就掌握了与社会成员沟通的渠道。信使大多由国王、首领、酋长控制，很少成为表达反对意见的途径，直接体现统治者的意志。

　　古登堡发明的金属活字印刷术使得新闻获得了空前强大的影响力。王权害怕争议，进一步加强了对新闻的管制。早期的新闻书或是官方出版物，或领取津贴，或由王室或讨好王室的出版商发行，为的是贯彻当权者的意志。此后几百年，随着议会权利、人权和出版自由的政治观念日益深入人心，出版商的数量大增，对出版商的监控也日益松动甚至瓦解，几经反复，总体来说还是慢慢向自由发展。

　　18 世纪的新闻政治发生了变化，革命时期的新闻传播成为推翻暴君的导火索，以至于法兰西第一帝国皇帝拿破仑说："四份有敌意的报纸比十万颗子弹还要可怕。"

　　19 中叶以后至 20 世纪，尊重事实、客观报道的呼声和需求愈来愈强，新闻传播越来越被看做由事实构成的一种独立存在，政治上逐渐独立的记者对一直以来操纵新闻的政治家构成了威胁，但当权者的控制并没有因此而停止，新闻操纵的记忆很快专业化，一门新的艺术和职业出现：公共关系。新闻传播业在很多国家不再归政府官员或其他组织所有，但总统、首相和公司都开始委托"公关"专家负责对新闻业施加影响，以保护自己的隐私不受侵害。

言论自由的观念源自希腊古典时代，到 20 世纪已传播到世界大部分地区。但系统、有效的言论控制也出现在 20 世纪。90 年代的阿富汗，在宗教激进组织塔利班政权统治下的所有报纸被关闭，只有塔利班自己的电台还在播出。即使西方国家也并非总能细心呵护言论自由，50 年代美国发生麦卡锡主义，迫害传媒界左派人士成为潮流。更大的威胁来自于媒体所有权的集中，21 世纪初的澳大利亚，70% 的报纸都由默多克的新闻集团发行；在意大利，贝卢斯科尼既是政治人物，同时又几乎垄断了全国民营电视，并以总理身份影响公营电视，他的兄弟拥有意大利最大的报纸，他本人拥有多份杂志和全国最大的出版社。很难想象在这种环境下，传媒批评政界的消息还能自由、轻松地流动。

互联网时代的到来就目前来看并没有根本改变传统的信息传播秩序，也没有带来民主的狂欢。新技术带来了自由发声的机会，也同时带来了新的思想控制的手段。网络防火墙依旧，政治上的"指导意见"依旧有很强的约束力。表面上人们的自主选择性增强了，实际上人们接受的信息依然经过了过滤，只不过这一过程显得更加无声无息。

新闻因其特殊的价值和影响力为各种利益方所青睐，是人与人之间、社会利益集团之间、个人与社会之间，同时也越来越是国家之间处理各种关系的一个基本途径和手段。

林语堂:《中国新闻舆论史》

林语堂是第一位以英文书写扬名海外的中国作家，也是集语言学家、哲学家、文学家于一身的著名学者，两次被提名诺贝尔文学奖。《中国新闻舆论史》不过是他的几十种著作之一，英文原名为 *A History of the Press and Public Opinion in China*，1936 年初版，中文名是他本人后来确定的。该书分古代和现代（从 19 世纪初算起）两个部分，分别探讨了中国古代的舆论史和现代报刊史。林语堂写书之初的观点是：没有宪法对公民权利的保护，就不可能正常发挥舆论批评的作用；然而书写到最后，通过考察那时的报刊史，他流露出一种否定性的答案："在专制与民主的冲突中，宪法的一纸文件比不过独裁者的刺刀。"这本书读起来给人以警醒。该书有多个版本，2008年中国人民大学出版社和上海人民出版社分别出版中译本，接着2011年暨南大学出版社出版了该书1968年英文版的译本。如果有兴趣，建议对照英文版将三个译本都看看，考察一下自己对英译文水平的辨别能力。

新闻人的使命：宣扬真理，为民发声

黄婉盈

　　林语堂用英文撰写的《中国新闻舆论史》，显示了他作为文化人的社会良知和责任感。该书分为两编——古代编和现代编，意在表现古今新闻舆论之别。在古代编中，林语堂没有完整描绘整段中国古代新闻舆论史，由汉、魏晋南北朝直接过渡到宋、明，与一般历史的写法有异；在现代编中，他主要介绍了现代报业的兴起及其作用，并称 1895 年至 1911 年为中国报业史上的黄金时代，其目的在于指出言论自由对于现代中国的影响。

　　此书虽名为"中国新闻舆论史"，不过诚如宁树藩教授在序中指出的，该书"实质上，还是中国舆论史"。究其原因，实与林语堂对新闻应有的作用的见解有关。他明言"我所感兴趣的，是作为民意与专制斗争史的中国新闻史"。因此，贯穿全书的主旨乃在于阐明：表达民意、体现民主的新闻业才能算是真正的新闻业，但在中国历史的大部分时间内，都是舆论在发挥此作用，那么此书侧重舆论，也就理所应当了。

　　由于志趣所限，我对古代编较感兴趣，认为这部分能真正反映林语堂所追求的士大夫，或曰文化人应有的责任。在古代编的各章里面，林语堂强调古代社会之所以采取歌谣、联名上书等手段表达意见，乃是缺乏宪法保障的后果。东汉两次党锢之祸，把士大夫敢于直言的风气一扫而空，造成魏晋南北朝清谈之风盛行，足见皇权时代对言论的打压之深。

　　文化人的责任，最能体现在古代言官身上。林语堂说：御史"得不到任何人身保护。敢于直言的御史，总会得到舆论支持，其独立言论也受到景仰，但是从法律上说，却要面对各种惩罚：罚俸、降职、监禁、流放，甚至性命难保"。东林党人的命运，就是明证。尽管如此，中国历史上也不乏敢于直言的文化人，他们真正拥有文化人的道德责任感。笔者认为，此种精神亦是新闻人的一种信念。

林语堂在书中一再强调舆论的作用是与专制作斗争，作为新闻人，也应当意识到自己的使命之一——宣扬真理，为民发声。古代未能出现真正意义上的"新闻业"，其本质是专制统治，一切都是为皇帝统治服务的，民意永远都是次要的。虽然天子仍要受命于天，纣王无道则能起而伐之，但连孔子也说"民可使由之，不可使知之"，将其作为一种愚民的常理，无法令人体会到民作为人的价值。正出于此原因，林语堂才对晚清报业发展、梁启超开民智的思想给予高度的评价。

林语堂写此书之时的中国新闻业，受制于检查制度。弥尔顿的《论出版自由》被认为是西方自由主义萌芽时期的名著，可见自由对于出版业而言意味深长。林语堂也充分认识到言论自由的重要性，称"审查官是世上最荒唐的职业"。新闻业的价值的确需要捍卫，如果没有足够的思想空间，人类的创造力必定受到限制。

新闻人的使命之一，是客观、真实地反映现状，如果没有言论自由，没有良知，则可以宣告新闻人之死。中国的舆论史告诉我们民意的价值，那段专制的历史时时在提醒人们新闻自由的可贵。

舆论与中国当权者之间的斗争史

高艳楠

读完林语堂《中国新闻舆论史》中对于中国古代各朝不同舆论状况的叙述之后，我发现每个朝代都有其自身的不同之处，但总的来看，又都遵循着相同的规律，下面就叙述几点我关于中国古代舆论斗争的感触。

首先，民众和古代学者作为舆论的主体各自有自己的舆论表达方式和诉求，民众采用歌谣，学者和官员则上书或发动学生运动。

当民众缺乏舆论表达渠道的时候，歌谣就是他们愿意采取的表达方式。每个朝代都不缺少民间歌谣，而这些歌谣中也不乏对于朝廷的不满与讽刺。这些通俗易懂、朗朗上口的民谣不断地从一个地区传到另一个地区，从一个朝代传到下一个朝代，不断地述说着人民对于政府的意见，记录着每个朝代的功过荣辱以及统治者在人们心中的形象。民众的舆论力量正是通过这样的方式保存了下来，它是不可忽视的，就像林语堂所说的："中国人民对于统治阶层来讲是伟大的讽刺家，在这一点上或许远远地超越了西方。"

而学者和官员发表舆论的形式主要有两种：地位比较高能够接触到朝廷中央的学者，一般都是向朝廷上书请愿；而那些地位比较低的贫穷学生，则主要是借由学生运动来表达他们的不满。在这本书中，林语堂就列举了很多不同朝代的学者请愿和学生运动的事例。而通常，这些学者们斗争的对象，大多数都是宦官，虽然其中也有很多贪官。一个朝廷一旦出现一个权力较大的宦官，那他是一定会遭到学者们的猛烈抨击的。而学者们如此针对宦官的主要原因，林语堂做了很精准的解释："正像我所指出的那样，学者们攻击昏庸淫乱政权是基于一种愤恨和轻蔑的情感，但最终还是因为宦官们的性别和阶层偏见。这些宦官大多数都是文盲和愚昧无知的人，而学者们认为在他们的统治下为国家效力简直就是一种耻辱……"其实就我的理解，说到底，还是学者们心里所固有的一种高傲心理在作祟。在古代，人们认为赶科举、中状元是光耀门楣的最好方法，学者们普遍受到人们的敬仰与尊敬，这使学者们形成了一种高傲的心理，这种心理让他们无法接受一个没文化的阉人来领导，因此对于宦官他们则是一定要抨击的，如果换成是某一位宰相的话，我想情况会好得多。

其次，中国古代的舆论环境时刻处于变动之中，舆论是否活跃很大程度上取决于君主的开明和容忍程度。如果统治者相对开明，那么学者上书请愿的情况就会多一些，舆论环境也比较轻松，氛围较好。但学者不断的进谏和批评有可能消磨君王的耐心而招致残忍的镇压，致使大批学者和民众丧命。这样一来，在之后相当长的一段时间内，很多学者为了保全自己的性命，宁愿隐居山林自我放逐，也不愿再去向朝廷请愿。这是林语堂发现的一个相当有趣又无奈的现象。中国的文化人一方面很有社会担当，都有很高的自我期许，在仕途得志时愿意为民请命，表达舆论诉求，想要通过自己的言论去改变腐败现状；另一方面，他们作为读书人又会很圆滑，面对凶恶现实而明哲保身，当局势动荡时，他们考虑更多的还是自己的性命与生存，对于朝廷的镇压与迫害，他们并不是不怕的。

总的来说，公众与舆论与朝廷的对抗从来都没有间断过，但是最后却都以失败告终。究其原因，林语堂认为，"这就是当缺乏法律和民权保护时，公众批判的徒劳和无效……"，"在独裁制和民主制之间的斗争中，宪章不是独裁者的刺刀的对手，而独裁者总是'从已经腐烂的民主尸体旁'走向傲慢的'九千岁'"。

舆论监督需要法律的保护

黄怡

林语堂提出，一个国家如果想要有舆论监督，就必须要有个人权利，尤其是言论自由要得到宪法的切实保障，否则只会有沉默不语的犬儒主义。然而中国从古代起，就缺少有效表达人民意见的法治途径，而在这种情形下，舆论监督存在巨大的困难和风险。其逻辑结果，便是民众对国家事务的漠不关心："公众对于国家事务的漠视只是民主权利缺乏保护的自然和逻辑结果，而公众也必须将漠视国家事务作为自我保护的手段。"这样的情况是可悲的。

其实，良好的舆论监督可以有利于社会有序运行。当社会处于气氛紧张的状态时，有效快捷的上传下达途径可以起到减压的作用。在《中国新闻舆论史》一书中，林语堂花了很多篇幅分析汉代时太学生运动的兴起、发展及悲惨的结局，认为这正是舆论表达不畅的反常现象，只有"当社会上存在新闻自由和较为宽松的表达舆论的媒介组织时，学生运动不会发展成为任何有影响或者重要的社会活动"。对于学生运动与舆论自由之间的关系，他精辟地指出："当一个政府在人民舆论面前沦落到不可收拾的境地而正常表达舆论的途径被剥夺的时候，学生运动必定被认为是一个非常自然的社会现象。"

我认为这样的建议对于现在执政者解决社会不稳定问题提供了很好的借鉴方法。当人人的意见都能够完整自由地表达出来，社会的怨气自然会少一些。言论就像河流一样，只能疏导，不能阻塞。

这样一来作为舆论平台的媒介就变得非常重要。但当时很多报刊未能善尽职守，不仅没能提供表达舆论的平台，连基本的职业要求都没能做到，一味追求商业利益而忽视了社会担当，《申报》就是其中一家。林语堂指出,《申报》的编辑方针是以广告带动新闻,每天的新闻量以及版面数都以广告量为判断标准。在版面编排上,把黄金版面留给广告,而新闻只能靠边。这也正是戈公振在《中国报学史》中提到的现象:"我国报纸所载之新闻,苟以充篇幅而已。叙一事也,常首尾不具,前后矛盾,同一事也,而一日散见二三处,重见二三处,无系统,无组织,浮词满纸,不得要领。"试想,以这样碎片化的新闻呈现来表达舆论和进行舆论监督,无异于缘木求鱼了。林语堂提倡文风的幽默、简洁。对新闻从业人员,林语堂提出这样的期待:"我觉得社会大众需要的不仅仅是官方的报道,还需要批判精神,愿意到处搜集资料,有智慧,训练有素的记者。"

林语堂期望的报刊是一个理性交流的平台,政府和民众可以在此对话,真诚交流,公开争论,他相信真理越辩越明。他对于新闻审查制度恨之入骨,深刻地体会到新闻审查对于一个民族的伤害是巨大的。书中他写道:"没有任何民族是可以征服的,除非它的新闻舆论首先被封锁和压制。"林语堂毫不客气地说:"审查制度最坏的特点是它缺乏智能、混乱和过分神经过敏。"

林语堂的这本书呼吁民主、宪政对于新闻业和舆论的保护,因为缺乏对个人的保护、缺乏对统治者的约束,人治之下没有真正的舆论监督。他认为,应该在宪政之下,保护个人权利的真正实现。这里借用林语堂的一句话作为结尾:"如果在拔河比赛中一端是奴颜婢膝的御用作者和宦官及其党羽,那么另一端必定是人民无畏的声音。"

斯诺：《西行漫记》

《西行漫记》对老一代新闻工作者来说，是颇为熟悉的一本书。它不仅全面记录了当时国人很陌生的中国共产党和红军，而且记者埃德加·斯诺深入采访的风范和客观报道的新闻文笔，也树立了规范的新闻职业工作的榜样。如今"80后"、"90后"的新闻传播学专业大学生读了这本书，会是一种怎样的感觉？那我们看一看他们初次接触这本老书后写的笔记吧。

《西行漫记》引出的怀念与反思

董芷菲

埃德加·斯诺的《西行漫记》原名是《红星照耀中国》。红星照耀中国，1938 年，能有多少人相信最终是中国共产党带领中国走向革命胜利，走向民族独立和国家发展呢？但是埃德加·斯诺相信。他之所以相信，并不仅仅因为感情上对中共的偏好，我认为更多的是理性说服了斯诺。因为他的所见所闻，尤其将"根据地"和"国统区"对照，使得他得出这样的判断——中共一定会胜利。现在我读《西行漫记》，除了赞叹他卓越的洞见以外，更多的是产生了一些怀念和反思。

其一，怀念。由于条件限制，当时的共产党员在很多方面都是很清苦的。但是即便有条件有能力，中共的领导人也没有利用他们的特权。在很多方面，高级将领和官员就和普通百姓没有多大的差别。据斯诺记载，在毛泽东家里，最奢侈的物品是蚊帐。但如果有人反驳说这是因为当时的物质条件限制，那领导人的态度就更能真正说明问题了。

斯诺是这样写毛泽东的："南京虽然悬赏 25 万元要他的首级，可是他却毫不介意地和旁的行人一起在走。"不仅是毛泽东，朱德、彭德怀这些被南京高价"通缉"的掌权人物，却都只有一个警卫员。

在对待下属和百姓时，中共高层也表现出与一般掌权人物的不同："朱德爱护他的部下是天下闻名的……他的生活和穿着都跟普通士兵一样，同甘共苦……军队里任何一个战士都可以直接向总司令告状——而且也常常这样做……朱德向兄弟们讲话往往脱下他的帽子。在长征途中，他把马让给走累了的同志骑，自己却大部分时间步行，似乎不知疲倦。"

彭德怀给斯诺留下了很深的印象不仅是因为直率。斯诺写道："我注意到，彭德怀很喜欢孩子，他的身后常常有一群孩子跟着……我常常见到彭德怀和两三个'红小鬼'坐在一起，认真地向他们讲政治和他们的个人问题。他很尊重他们。"

中共和红军胜利的一个重要的原因是人民的支持。否则，在当时，在那样缺少物质支持的情况下，他们是基本上不可能获胜的。这一点也正是国民党所低估了的。中共与人民亲密的关系，尤其是高层领导与人民的关系，在这本书中可见一斑。

比如，作者这样写众人观看红军剧社表演时的情景："我看到中央委员会书记洛浦、红军大学校长林彪、财政人民委员林伯渠、政府书记毛泽东以及其他干部和他们的妻子都分散在观众中间，像旁人一样坐在软绵绵的草地上。演出一开始就再也没有人去怎么注意他们了。"

一个政党的存在和发展有其历史必然，许多政党最初都有理想支撑，而仅仅不是一个利益集团。以上两点中共的优势——节俭和亲民，可以说是由一定的历史条件和客观因素造就的。但我认为，中共本身的素质以及努力还是不能忽视的。反观现在，面对比较无奈的现实，我们大概也只能怀念了吧。

其二，反思。在这本书中我看到的是一群有血有肉的布尔什维克分子。作为一个无党派人士，斯诺虽然很支持和看好红色中国，但他还是客观地报道了红区和中共的一些不足，委婉而中立。但其中许多，我觉得是今天的执政党应该继续反思的。

比如，艺术与政治的关系。艺术与政治到底是什么关系？应该如何处理和看待？在斯诺造访红军剧社时他就进行过思考："在共产主义运动中，没有比红军剧社更有力的宣传武器了，也没有更巧妙的武器了。红军占领一个地方以后，往往是红军剧社消除了人民的疑虑，使他们对红军纲领有个基本的了解，进行反宣传，争取人民的信任……总的说来，这是把艺术搞成宣传到了极端的程度，但从广义上来说，这就是艺术，因为它为观众带来了生活的幻觉"，"在某种意义上你可以把整个中国共产主义运动史看成一个盛大的巡回宣传演出……不论他们在这个问题或那个问题上的强调或重视有多么夸大，但是他们真诚的迫切的宣传目标始终是要震撼、唤起中国农村中的亿万人民，同儒道两教的胆小怕事、消极无为、静止不变的思想作斗争"。

当时这个政策的存在，还是符合时代需求的。成功的政治宣传也是中共胜利的因素之一。但是，在民族国家已经建立，民众自觉意识已经高涨的今天，仍然坚持艺术的政治性还有多大的吸引力呢？当主流媒体、大众媒介都充斥着一个声音时，是否应把艺术的话语权交还给人民，恢复其纯粹的生活的面貌，对社会和人的多元化予以宽容呢？也许这才是所谓的"以人为本"和"与时俱进"吧。

这段历史已经渐渐远去了。后人如我，往往也只是通过历史课本上简略的、概括性极强的文字，了解到中共领导中国革命胜利的原因。就算背过不少遍，也少能真正明白。通过这样一部至今仍然是重要的第一手历史资料的新闻纪实作品，我才算比较直观地感知进而理解了中共胜利的原因。书中的那段日子，大概是中国共产党最可爱、最浪漫、最朝气向上的时期吧。那个时代已经远去，红星依然照耀中国，只是我们都很怀念它当初的光芒。

新闻真实的魅力

何林璘

《西行漫记》或许算是我进入大学后读的第一本新闻写实的书。大一时只是简单地把这本书当作一本故事书或者历史书来读。正如苏东坡诗中说的，"旧书不厌百回读，熟读深思子自知"。这是我第二次读《西行漫记》，主要是从新闻的角度重读此书，真的收获了很多，尤其是在新闻事实方面的思考颇多。

"实践是检验真理的唯一标准"这句话对于新闻工作有着极其特殊的意义。而斯诺的这本书刚好是对这句话的印证。对于斯诺，我有着由衷的敬佩。他在 1936 年中国国内局势大转变关键性的一年里，冒着生命危险抵达陕北，在向红都进发的过程中遭到国民党军队的追击，又被红军误认为白匪头子，千钧一发之时才得以脱险。正是这种敬业精神，使他成为到红色区域进行采访的第一位西方新闻记者。在世人面前，斯诺呈现了一种人与历史之间奇妙而非凡的关系——站在历史的门槛上时，他心中充盈的是强烈的时代责任感；而当走入历史现场时，他却能忘却自我，投入历史本身的灿烂与风雨中。

再次仔细阅读时，我发现这本书本不该当作正式的历史书籍来读，正如在该书的出版说明中提到的："斯诺的这本书是一部新闻报道性的作品，不是一本历史著作。作者根据采访所得写成这本书，有些是辗转传闻，有些叙述者当时就记得不甚确切，因此难免有失实之处。"但在这本书中体现出的新闻真实的魅力着实让人难忘。

《西行漫记》中斯诺的新闻写实，给我的启发并不亚于在我平时在新闻写作课上的学习和在学校学生媒体中的实习工作中所得到的。

（1）历史真实与新闻真实的统一。真实、客观是新闻从业的基本准则。

在《西行漫记》中，这种真实不仅体现为如实记录了共产党领导人和无名的红军战士、农民、工人、知识分子的言行，报道了根据地的情况，更重要的是它揭示了当时中国的时局，深刻预见了中国历史的发展趋势："中国社会革命运动可能遭受挫折，可能暂时退却，但它不仅一定会继续成长，而且在一起一伏中，最后终于会获得胜利。"

新闻对单个人物、事件的处理和描述具有心理上的、无关逻辑的吸引力。即使它只是截取事实的片断，经由主观的选择和组合呈现出来，仍然会作为真实生动的新闻事实被接受。但若放在整个历史长河中看，则必须具有与历史恰当的关联，可以融贯于前后时空所发生的变化里，才能被认为具备历史的真实。斯诺在《西行漫记》中的一些判断，由于被后来的历史所印证，因而就增强了其本身的真实性，将历史真实和新闻真实很好地结合在了一起。

（2）保持中立——以他人之口来讲事实。《西行漫记》的一些写法，有些像解释性报道。但是信息源的权威不在于记者的名气，而在于记者直接请出的生活中的实实在在的人。记者承担的是新闻事件的观察者、记录者的责任。斯诺按照这样的原则和方法呈现事实和意义，他采访的人，不管是领导人还是普通群众，都是各领域的典型代表人物，以他人之口来讲事实。这让我想到了很多时候被人称为"借刀杀人"的新闻写作方法，即在任何报道中记者都是中立客观的，即使有立场也要通过被采访对象的观点来体现。

《西行漫记》要对复杂的事实和意义做出解释，同时又要保持报道的客观性，解释方式就显得特别重要。除了用事实（数据、多消息来源印证等）来解释事实和意义、借权威的他人之口来解释之外，记者在报道中保持中立的态度，也是一个重要的问题。因为记者只有中立，才能保证报道内容公正客观，而只有公正客观的报道才能被更多的读者接受。

（3）提供新闻事件的背景资料。报道新闻事件的记者抑或是编辑，首先要了解该新闻事件的背景资料，并且为了不使读者误解，要将这些背景资料在报道中展现出来。"将今天的事件置于昨天的背景之下，以揭示明天的意义，解释正在发生的新闻事实的来龙去脉及因果关系，使受众认清事物的真相并把握事态发展的基本走向。"

在斯诺访问陕甘宁边区之前，红军一直遭到严密的新闻封锁而与世隔绝，有关红色中国的情况成为当时最大的谜，有各种版本的传说，哪怕是最简单的事情也都存在争议。正如斯诺在前言中所说的那样："相当一个时期以来，竟没有一个非共产党观察家能够有把握地、准确地，或是用亲身调查过的事实解答这些问题。"斯诺认为红色中国是当时中国最值得采访、最有新闻价值的消息。

斯诺全面描述了当时的"现状"——陕甘宁边区的农业、工业、经济政策，红军的日常工作、学习、精神状态，与老百姓的关系及百姓生活等。他没有停留在"现状"的描述上，还通过采访获得的大量资料，追述了中国共产党自成立以来所经历的重大历史事件，记录了大量不为人知的史料，使读者，特别是远离中国的西方读者能够深入理解苏区的"现状"，增强了新闻事件的立体感和报道的厚重度。

此外，《西行漫记》中还大量使用了环境的事实，如在解释共产党的土地政策时，补充了国统区百姓大面积受灾、农民破产、土地和财富集中到少数地主和高利贷者手中的事实。这些横向事实，与共产党的土地政策以及根据地农民衣食无忧的生存状况形成鲜明的对比，在这样的事实面前，各种不同背景、不同立场的读者，尤其是西方市民读者才能够理解共产党的土地政策。该书还使用了多个消息来源来相互佐证消息的可信度。

（4）小结。当然，我在阅读的过程中发现，该书中有一些分析、评论文字，被一些人视为"主观参与"过度。我认为，解释性报道中必要的主观性渗入，往往能够使新闻报道更接近事实真相。最重要的是斯诺对中国革命发展趋势所做的分析和预测，已成历史事实。这种基于大量事实的判断，不但没有损害新闻的客观性，反而更显示出作者对现实的深刻思考和准确把握。

　　我在阅读作品时，也明显地感觉到斯诺对自己的主观判断是有节制并努力克制的。我在校园媒体《青年人大》采写新闻，实践中也深刻体会到了新闻报道真实、客观的重要，从斯诺的这本《西行漫记》中，不仅学到了什么才叫做真正、客观，而且还学到了保证报道客观的各种方式。

以诚待人就是最好的宣传

王坤

新闻学院的不少前辈都说过："没读过埃德加·斯诺的《西行漫记》，不像是搞新闻的人。"无论从文学、历史，还是从新闻角度来看，《西行漫记》都是一部值得一读的经典，因此我从图书馆里借来了由董乐山先生翻译、解放军文艺出版社出版的《西行漫记》。虽然书本破旧了些，里面也有不少前人留下的标注，不过文字清晰，译文易懂，很好看。

为了让世人真正全面地了解中国红军、苏维埃和共产主义运动，斯诺在国民党友人和中共的帮助下，通过重重封锁来到了中国西北的红军驻地，并见到了毛泽东、周恩来、朱德、林彪等中共领导人，体会了红军与红区人民学习、生活和战斗的情景，并得出这样的结论：中国的社会革命运动"最后终于会获得胜利"，而且"这种胜利一旦实现，……必然会把目前奴役东方世界的帝国主义的最后野蛮暴政投入历史的深渊"（《西行漫记》第十二篇第六节）。

这本书让我感触最深的地方，并不是斯诺所得出的"令人惊惶"的结论，而是他对红区人民及其生活的极其客观的描写，其客观程度甚至让我难以相信其真实性。在书的第二篇第二节里，斯诺描写周恩来"面目英俊，身材苗条，像个姑娘"，试问国内有什么资料会如此介绍周恩来？在书的第三篇第一节里，斯诺写道："我记得有一天我和毛泽东谈话的时候，看见他心不在焉松下了裤带，搜寻着什么寄生物。"生活在领导人时常被神圣化的地方，我无法理解一个领袖竟能和这种陋习扯上关系。

其实，斯诺的文章之所以能如此客观细致，原因很简单：一个是斯诺敏锐的观察力与新闻专业性，另一个就是红区内实行新闻自由的环境。固然，斯诺的文章客观上起到了宣传红军的作用；红军方面愿意接受斯诺采访，也不排除有通过斯诺向外界宣传自己的打算。可是，红军不会因为外国记者的到来而人为改变自身习惯和当地面貌，以应付宣传需要。除了在中英互译方面与对事实的描述进行校正外，斯诺的文章和拍摄的照片，从未受到任何检查（第三篇第一、三节）。斯诺采访红军领导人时，事先没有烦琐的检查程序，采访时也没有时间地点上的严格限制，毛泽东总是在自己用作办公室和卧室的简陋窑洞里通宵接受斯诺的采访（第四篇第一节）。而在同时代的白区，由于严格的新闻管制，连红军是否存在都是一个问题。

红区之所以能实行新闻自由，很大一个原因就是统治者的亲民作风。红军领导者不但在生活上克勤克俭、与民同甘共苦，在生活作风上也是平易近人，不搞官僚作风。他们对于斟茶递水的小朋友也是彬彬有礼（第二篇第二节）。看红军剧社演出时，他们没有包厢或雅座，与普通群众一起坐在地上看戏（第三篇第五节）。他们的平易作风使得斯诺在采访时无所忌惮，也获得了当地群众的爱戴，这与国统区里官僚作风盛行、贫富矛盾尖锐的情况形成鲜明对比。

我认为，《西行漫记》之所以能让世界对中共和红军产生正面的评价，不是因为红军在此书中展现了某种光辉形象，而是红军本身以诚待人的态度，打动了世人。他们努力将自己的真实展现出来，让大家知道自己是真正优于白军的存在。遗憾的是，现在我们极其重视宣传自己，刻意打造"正面形象"，官员也媒体"神圣化"、"神秘化"，党早期的优良品质没有继承下来。实际上，没有优良的内在品质做支撑，任何虚张声势的宣传都只会给人家增添笑料。不断改善自身，并尽力将自己的本色一面诚实地尽力展现给大家，这样才是最好的宣传方法。最近纪念中国共产党成立90周年，上级鼓励大家重温红色经典，或许更应该重温的是要求下面重温的领导人自己。

郭嵩焘、刘锡鸿等：《郭嵩焘等使西记六种》

　　老师也需要向学生学习。我是在审读一篇博士论文时才知道《郭嵩焘等使西记六种》这本书的，觉得该书很有价值，于是推荐给了中国人民大学新闻学院本科实验班的同学。该书有 1998 年和 2012 年两个版本。手捧此书，仿佛回到了 19 世纪下半叶的中国。1876 年，清朝第一位使臣郭嵩焘从上海出发出使欧洲，开始了中国官方对西方世界的实地考察。那时写日记是出使外交官的工作之一，回来上交，作为官方了解西方的第一手国家资料。郭嵩焘奉命撰写的日记《使西纪程》，传回国内后引起轰动。他和副使刘锡鸿 1877 年 2 月参观了《泰晤士报》，日记中有详细记载。郭嵩焘和他后来的继任者薛福成、宋育仁都是主张睁开眼睛看世界的，而刘锡鸿则捍卫"圣人之道"，希望"用夏变夷"，是清廷安排在郭嵩焘身边的"监督"。这本书收录了这四位的六种日记，还是比较真切地反映了现代新闻思想引入中国的最初历程的，历史感极强。

晚清中国驻外公使对西方新闻业的认识与局限

王艺霖

1876 年，中国历史上第一位驻外公使郭嵩焘经过数月海洋旅程抵达英国。这时的英国实现了工业化，建立了代议制民主政体。清政府要求派出的驻外公使，必须以日记形式，定期向政府报告驻在国情形，并及时翻译咨送有关中外交涉事宜的书报议论。于是，他用中文记录下了在国外的工作、生活与见闻。

19 世纪中叶，英美报业已经从党报宣传时期进入了商业报刊时期。根据郭嵩焘的记载，"英国日报凡四：曰《代谟斯》［泰晤士报］，曰《得令纽斯》［每日新闻］，曰《斯丹得》［旗帜报］，曰《得勒格纳福》［每日电讯报］。《代谟斯》为国政公议，《得令纽斯》则民政议院之旨也。《斯丹得》主守常，《得勒格纳福》主持异论。四者各有所持议论，而《代谟斯》为最要。又有七日新闻报凡三：……"可见，当时英国报业种类多样，日报、周报不少。郭嵩焘经过新加坡等英国属地时，在当地就可以买到《泰晤士报》，说明英国报业的触角已经伸向了世界。总结他对新闻报业的认识，主要有以下三点。

报纸的基本职能还是传递消息、获取消息。这也是他们使用报纸的主要目的。郭嵩焘前往英国的途中，每到一个停靠点都会吩咐部下寻得当地报纸，让译者翻译。海上航行中报纸是他了解世界最新消息的唯一方式，也是一种很高效的方式。

除了获取消息之外，报纸对于他来说还有开阔视野、获得新知识的作用。郭嵩焘记述了自己在《代谟斯》中看到的关于英国人前往北极探险的故事："英总兵勒尔斯探北极事，以 1874 年 4 月起，1876 年 7 月回国。言至北极之八十二度尚见地土，过此皆冰海矣。……凡行两月，不见日者一百四十余日。"通过这些新闻，郭公使得到了关于北极地区的地理环境知识，而且还了解到了现代所称的"极夜现象"。他还在报纸上看到了在北极发现爱斯基摩人的新闻。郭嵩焘记录下来，说明对他来说具有意义，可以想象，他在知晓这些事情后内心的震撼。

如果将此书中郭嵩焘读报的内容一一列出，不难发现，他是有选择性地阅读。他阅读的内容多数与中国，以及中国与列强的关系相关。他在简单地描述新闻内容后，还会由此发议论，他的论点基本可以概括为：西方国家并不是国内保守势力想象的那样不知礼数，相反，他们各方面都很先进。中西本同源，现在中国落后了，应该学习西方先进的部分。

两位驻外使节受到自身知识、认识水平的限制，对新闻报纸所起到的作用认识是有限的，比如对报纸所能起到的舆论监督等作用，都没有提及。郭嵩焘属于开明的士大夫，他对西方事物的态度比较积极。而另一位出身草根、依附于国内保守势力的副使刘鸿锡，他的日记中有两篇与新闻直接相关的文章，即《伦敦新闻纸无异中国之宫门抄》和《印报何为必用机器》。单就文章的题目，就能知晓他的保守立场。

郭嵩焘与刘鸿锡对西方报纸的看法，是晚清时期士大夫阶层对西方报业看法的缩影。尽管当时的士大夫们已经对报纸、新闻等概念有所了解，但是真正愿意去阅读报纸、了解报纸的士大夫很少。连刘鸿锡这样亲自接触过西方文化与社会的驻外使节，都对现代报纸存有偏见，更不用说紫禁城里那些更加保守的士大夫们了。在这种环境下，中国官方当时并没有及时引进现代报业，之后20多年后才有了西式官报。

郭嵩焘与《泰晤士报》

倪怡然

郭嵩焘是清帝国首任驻欧公使，其出使英法时频繁接触的西方媒体，首要的便是《泰晤士报》。《泰晤士报》创办于 1785 年，郭嵩焘 1876 年出使英法时，《泰晤士报》是世界上唯一的大报。在《使西纪程》和《伦敦与巴黎日记》中，他主要从印刷技术和刊登内容两方面向人们展示《泰晤士报》。

他详细地记载了《泰晤士报》的印刷技术："往观代模斯新报馆……初用机器制出铅字廿六字母……再置一圆机器中，熔铅贯之，随纸高下成字。合四铅板成新闻报一张，置印文机器中……印车动，随转随印……每日印刷新闻报七万纸，不过一点钟可以竣事……"在这段记载当中，郭嵩焘注意到了报馆印刷技术的高效与便捷。

郭嵩焘较多摘录的是涉及清帝国外交、内政的新闻。如他记载《泰晤士报》刊登吴淞铁路被毁一事并"诮中国之愚"；提到招商局官督商办弊大于利并分析原因；提到该报刊登书信指责中国在灾荒之时仍然采购天坛巨木，浪费资财，并指出忽视自然灾害预防、交通不畅、锁国政策等。他还记载了《泰晤士报》刊登的土耳其帝国丞相的言论：土耳其在改革过程中虽然下发了很多政令，却因官场盛行蒙混过关之风而并未得到实际颁行。这位丞相后来被废黜。郭嵩焘认为，其言论指明了中华从明代以来的弊病。

郭嵩焘也看到《泰晤士报》并不总是客观的，如关于波斯国王未完全开化的言论，隐含着欧洲中心主义的立场。但是总体而言，郭对该报较为信任，认为该报印刷技术先进，信息及时而丰富，犀利的言论针砭清帝国积弊，使人警醒。

郭嵩焘几乎完全正面评价《泰晤士报》，与他的个人因素有密切关系。

首先，强烈的文化差异感使他对西方事物的观察较为深入、敏锐。他考中秀才后进入岳麓书院读书，30岁时考取进士。1876年出洋对他来说是文化的激烈碰撞，因此他对与中国不同的西洋事务比较敏感。他不仅留意报纸的内容和印刷技术，甚至对报纸的价格等都事无巨细地记录。对《泰晤士报》较为详细的了解，使他具备了评价此报的基础。

其次，郭嵩焘是开明的，愿意观察西洋的事物并吸取其优点。他直面清帝国与西洋的差距，采取向西方学习的态度，不像有些士大夫那样闭目塞听、拒绝接受打破天朝上国美梦的真实信息。所以，他倾向于认可《泰晤士报》的先进印刷技术，也倾向于赞同《泰晤士报》的言论，认为这些言论切中时弊、发人深省。

郭嵩焘在观察《泰晤士报》时也有自己的局限性。作为驻外公使，他关注报纸上与清帝国有关的国际新闻，忽视了报纸刊登的其他内容。这可能导致他对《泰晤士报》的感知相对片面，缺少立足报纸全貌的评价。

郭嵩焘能够把英国著名报纸的一手信息通过自己的记载传达给相对闭塞的清帝国，仅这一点就已经超越了当时许多人自身的"局限"。不论国人的接受程度如何，不论保守人士如何攻击郭嵩焘的日记，甚至导致日记最终毁版，他还是为清帝国这座密不透风的铁房子带来了些许欧风。与同时代人相比，郭嵩焘不失为超越局限者。

《泰晤士报》作为郭嵩焘在海外了解时事的重要信息来源，给他带来较为可靠的国际要闻。从这个角度看，《泰晤士报》客观上促进了中国传统教育背景的人士与西方的交流，郭嵩焘也通过对《泰晤士报》记述推动了中西相互了解。

郭嵩焘：透过西方报纸看中国

杨燕媚

1876 年中国被迫签署中英《烟台条约》，有一项是中国派公使就英国驻华公使馆翻译马嘉理在云南被杀到伦敦道歉。于是，洋务派郭嵩焘担任道歉使臣，同时担任清政府首任外派常驻使节。自郭嵩焘始，清政府才有了固定获取海外一手见闻材料的途径——使臣见闻记录。驻外使节们成了某种意义上的"记者"。

郭嵩焘不仅考察的对象是所在国，还从所在国来观察中国。清朝在外国是怎样的形象？从郭嵩焘的见闻日记里可知，吴淞铁路事件、中国灾荒、禁止鸦片贸易等出现在英国主要报纸上，并在英国殖民地得到传播。这些报纸对于中国的报道与讨论都站在有别于清廷的角度，而郭嵩焘是一个对西方了解较多的中国洋务派。读者与报纸，一个在叙事对象内，一个是对象外的叙述者，郭嵩焘看到的是怎样的关于中国的报道？又作何理解？

1876 年 10 月，清政府以 28.5 万两白银买下吴淞与上海之间的铁路，于第二年 10 月拆除。郭嵩焘在《伦敦与巴黎日记》中两次提及英国报纸对吴淞铁路事件的报道。其一是《泰晤士报》"论吴淞铁路段，诮中国之愚"，令他"感慨系之"。其二是在 1877 年初，英国外交官威妥玛对他言中国"万事费惰"，所提第一件就是吴淞铁路事件。郭嵩焘便与他说起中国之所以如此守旧落后，轻视洋务，在于恭王奕䜣与其他贤才没能受重用。由以上记述可见，知洋务、倡洋务的郭嵩焘与英国报纸在这一事件中对中国的评判大致相同。

1876 年，一场将持续四年的中国旱灾引起英国报纸的关注。英国官员和神职人员在多份报纸上发文号召为中国捐款。其后，报纸还跟进报道了捐送中国的赈灾款项与进展。郭嵩焘作为中国使节，必然先是对英国方面致谢。但他在日记里还流露出另一项关切——负责施放赈灾物资的是在中国的传教士。他惊讶地慨叹："竟以各省灾荒，导使教师行惠以要结人心，其亦耶稣教盛行中国之征乎？念之悯然而已。"传教士在中国素来是比较尴尬的身份，其形象也牵动着中外关系。一方面，他们能吸纳一定数量的信徒，受到这些人的拥护；另一方面，传教士频频与中国民众爆发冲突，各地教案一次次让中西关系愈发紧张。郭嵩焘的特别身份使得他对单纯的赈灾报道能够有这样敏感的解读与联想。

在郭嵩焘所阅览并记录下来的关于中国的报道中，除了赈灾，传播的大多是中国的负面形象。比如，在巴黎大会上，中国"漠然处之"，连日《泰晤士报》"讥刺中国"。而郭嵩焘均在这些摘录之后表示认同，称其对中国的官员群体、现行制度等的批评"深中膝理"。其中摘述最完整的是《泰晤士报》刊登的一封发自上海的评论，文中批评清廷因旱灾而颁布的罪己诏书是在开脱罪责，称清廷本该开河浚川以预防旱涝，又该发展交通运输以便救助。另外，该文还批评清廷闭关锁国，"一切袭常蹈故，自取坐困之势，至是犹无省悟"。这样对清王室不敬的言辞，郭嵩焘竟敢收录在日记中并深表赞同："俱切中中国情弊，阅之慨叹而已。"郭嵩焘对清廷兴洋务兴改革的追求真诚强烈至此。

摘录关于中外关系的书报议论，当时有另一番效用。西报呈现的是许多国人未能看到想到的中国，赖于驻外使节的这一机制，这些议论或可上传至清王室，下达至坊间百姓。不论影响范围多大，都是难有的启迪。通达中西，被驻外使臣如郭嵩焘等赋予了深刻的含义。

八、新闻传播政策

弥尔顿：《论出版自由》

欧文·费斯：《言论自由的反讽》

奥威尔：《1984》

弥尔顿：《论出版自由》

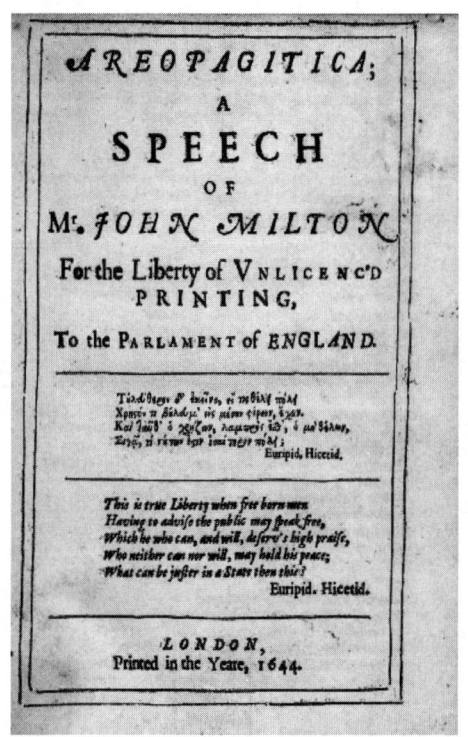

何为新闻学的第一本著作？恐怕多数圈内人都会脱口而出：1644 年约翰·弥尔顿的《论出版自由》。这是一本很薄的小册子，翻译成中文仅 4 万字，然而经典不一定就是厚书。该书正式的标题是 *Areopagitica—a Speech for the Liberty of Unlicensed Printing*，主标题 *Areopagitica*，是古希腊演说家伊索克拉底斯的一篇演说的篇名，内容为呼吁雅典人恢复民主制和元老院来反抗马其顿人。显然米尔顿当时想借古论今。他通过批判书报检查制度，得出一个基本观点：在多元的信息中认识真理。他的观点当时在英国没有广泛传播，百年后米拉波伯爵在法国大革命中将其翻译成法文，才为世人所知。马克思写道："米拉波的永远响亮的声音直到现在还在轰鸣；他是一头狮子，你想要和人民一起叫一声'吼得好，狮子！'就必须亲自倾听一下这头狮子的吼声。"米拉波所吼的，便是米尔顿的出版自由。商务版中译文请逐字认真阅读，因为译者是位文字功底很好的老先生，文字接近半文言。如今这本小册子，引发了"90后"的感慨。

在多元的信息中认识真理

刘宇航

摩挲着手上崭新的小册子，硬硬的封皮有些精装书的感觉。也许它自从被图书馆买回来就一直躺在库本阅览室的架子上不曾被取下来过，新得有些不像图书馆的书，翻页后书脊旁的折痕还是我翻动时留下的。

这篇 4 万字的演说很有特色。让我吃惊的是，英国的演讲修辞竟然在那时就已经达到这样高明的水平，迂回婉转、激扬华丽，却不迷失在自己的言辞游戏中。弥尔顿并不是在开篇就陈述出版审查的利弊，反对出版审查条例，而是很委婉地先赞扬人权自由，再说这种自由要归功于上下议院的议员们（也就是他的听众）。接着他说，"有三个主要条件如不具备，一切赞扬就将成为纯粹的谄媚和奉承"，这样就很巧妙地衔接上了自己的批评，并将这种批评伪装成赞扬的条件，这样高妙的逻辑实在让人大开眼界。

直到此时，弥尔顿仍未说出自己要批评的是什么和自己的主张，反而又说如果能接受批评则证明这些议员们的伟大，如果不能接受批评，则证明这些议员们与他们推翻的教会没什么差别。这样既为自己的批评找到了借口，又给被批评者套上了道德的枷锁，使之必须愉悦地接受批评。可见，演讲仅仅做到以理服人还是不够的，还需要有巧妙的言辞使人乐于接受自己的观点。

对于书籍应采取何种看法？弥尔顿说，要博学就需要博览群书，当读到一些"恶浊"的书籍时，"只要心灵纯洁，知识是不可能使人腐化的，书籍当然也不可能使人腐化"，而且"关于恶的认识与观察对人类美德的构成是十分必要的，对于辨别错误肯定真理也是十分必要的"。这样，弥尔顿排除了"不好的书不能看"这个命题。

他用驳论的方法批评了所谓兼容并包读书法的三个"害处"：使毒素流

传；没有必要就不应当让自己受到引诱；许可法令可以达到净化风俗的目的。他用"邪恶的风俗却完全能够不通过书籍而找到上千条其他的传播途径"和"没有理由因为要限制笨人而剥夺聪明人在增加智慧方面的任何便利条件"来巧妙地驳斥第一个"害处"。用"这些引诱性的书籍对聪明成熟的人而言是良药"这个命题驳斥了第二个"害处"。第三个驳斥尤其精彩，弥尔顿从许可法令纠正风俗、防止教派兴起等角度分别说明许可法令对于这些而言有太大的空子可钻，他们完全不必借由书籍来传播，同时，审查者的素质也让人质疑。

弥尔顿的核心观点是：真理是在多元化的信息当中逐步被探索而发现的，而且真理完全可以凭借自身的力量获胜，是不需要靠许可法令来维护的。

我试图去考虑弥尔顿的思路。他以阐释许可法令的来龙去脉为逻辑主线，从历史说到现下的作用，再说到将来的危害，这样看来，整篇演说的基调应该是驳论的，难怪这样精彩。

联系当下的社会环境，很多弥尔顿的论证依旧是有效的。确实，无论怎样严密的新闻管制和出版审查下，总有一些审查者认为"伤风败俗"的文化品得以在大众中流传，而且有时传播的效果比正规渠道要强并且影响比审查者想象的更加恶劣。出版审查在今天的确不怎么管用，也确实不利于学术研究中多元信息的获取。《论出版自由》于我而言的价值，不在于看到了多少精彩的论据，多少妙语连珠，它的价值是提供了更多样的思维角度，让我得以重新审视当下的新闻自由空间。

向几百年前的智者取经

张晓媛

《论出版自由》一书的由来有点滑稽。弥尔顿因为要离婚而写了两本论离婚的小册子，那时可是犯忌的，于是被国会召去质询，他慷慨陈词，形成了《论出版自由》一书。读完后最大的感受就是弥尔顿作为演讲者，通过缜密的思辨和高超的说服技巧，对当时的《出版管制法》（该法规定：凡书籍、小册子或论文必须经主管机关或至少经主管者一人批准，否则不得印行）的鞭挞以及对出版自由的激情呐喊。

"让我有自由来认识、发抒己见，并根据良心作自由的讨论，这才是一切自由中最重要的自由。"这是弥尔顿整篇演讲最振聋发聩的一句，也是核心诉求。对此他进行了缜密的论证。他谈到书籍存在的意义："它包藏着一种生命的潜力，和作者一样活跃。不仅如此，它还像一个宝瓶，把创作者活生生的智慧中最纯净的菁华保存起来。"他将扼杀书籍与扼杀人相比，"杀人只是杀死了一个理性的动物，而禁止好书则是扼杀了真理本身"。接下来，他从历史出发，证明不管是文化繁荣的雅典，还是性格粗野的斯巴达，都没有书籍许可制，直到罪恶的罗马教廷才创制了出版审查的办法。而今天英国就是在效仿罗马教廷，和那些极端虚伪的煽动者和压迫者一样向它乞灵。

在他看来，恶的知识与善的知识一样是人们所必须要接触到的，因为只有经受住恶的考验，才能清楚地辨别恶的一切习性，同时利用自制的力量加以区分从而选择真正善的事物。善只有在与恶的对比和斗争中才能体现出来，否则，人们就是无知地不假思索地相信善，那种没有战斗力的善也是没有说服力的。而恶也只有公开了才会显露出真实的面孔，更加容易被驳斥。不过，弥尔顿过高地评价了人们的理性，也没有预测到坏思想入侵所带来的后果。

弥尔顿痛陈实施书报检查对社会造成的危害，他说："真理和悟性绝不能像商品一样加以垄断，或凭提单、发票，掂斤播两地进行交易。"信仰和知识与肢体和面容一样，只有运动才能保持健康，而真理则像一泓泉水，如果不运动则会变成传统与形式的泥淖。他说，我们只有根据已知的来寻求未知的，然后将其结合到真理身上才能达到完美的和谐。这种对未知的寻求则需要我们虚心听取别人的意见，不要在它没有诞生之前就用硬邦邦的纲领扼杀掉。

任何一个行业都需要约束才能使之在正常的轨道上行驶，关键在于约束人的身份，应该是自律组织。洪堡的"个人自主性"概念同样适用于一个组织，即组织内部可以自主地决定自己的活动，这样的社会才是一个自由的社会。在这个社会里，政府和大众作为第三方实行监督。在弥尔顿反驳"兼容并包会造成毒素流传"时，提到审查员会把书中的"恶"向长官一一讲述。这不由得让我想起了传播理论中的"第三人效应"，长官自己看完不会受到负面影响，却害怕其中的"毒素"会带坏了大众，低估了大众的辨别力。

弥尔顿认为，压制真理带来的后果是"真理的分裂"，就像是草木禾秸毫无生气地被挤压和冻结在一起，形成一个死的结合，这种僵硬的外表形式下包藏的是最厉害的分裂。恩格斯也说过，书报检查制度造成虚假的人为安定。其实，意见多元本身才是正常现象。胡泳在他的《众声喧哗》中肯定了互联网作为公民发出声音的出口的作用，互联网也改变了人们对控制、自由与创造的认识，从而使他们能够自由地动员集体智慧提高治理水平。作为解压阀的网络就像一个中介，在这里有让你愤怒的源泉，也有让你吐槽的平台，然后再将这些一起打包发送到管理者那里。

在没看这本书之前，脑海里就被灌输了关于这本书的各种标签，一直以来对几百年前的奠基之作怀有敬畏之心。读完这本不到4万字的小册子之后，我的观点被彻底颠覆了。不管社会行进到哪一步，古人的文采和智慧都是历史留下的最宝贵的遗产。现代社会的每一个问题都曾经被先哲们思考过，当我们在现实生活中遇到困惑时，不妨翻开那些发黄的书页，去向几百年前的智者们取经。

自由有多远?

舟杰文

约翰·弥尔顿是一位热情似火、才气如虹的大诗人。他的代表作是失明时所写的《失乐园》。《论出版自由》这本小册子本是无心之作，由机缘巧合下的陈词铸就，这至少带来了两个问题。

一方面，因为一蹴而就，往往会缺乏逻辑，缺乏合理性。从书中我看到，弥尔顿过分强调书的作用，在其理想剧情里，言论、出版自由了，人们接受新的思想与知识，人们开始具备分辨是非的能力，于是"理智"成为对抗禁书的有力武器。在我看来，即使是在那个年代，这样的理由也是缺乏合理性的。李普曼批评了弥尔顿所谓的"理智"："如果人们不能准确地理解世界，他们的行事如何能明智？大众总生活在'虚假环境'之中，他们是非理性的，他们对世界的认知是不确切的、不真实的。大众头脑中充塞的图景，往往不过是传媒输送的语词和图像的大杂烩。他们只会通过从权威那里接过的种种归类方法和习见，来观察周围的世界。"

而另外一方面，《论出版自由》充满了诗化语言，虽然极具才华，但我觉得书中废话颇多，诗一样的语言弱化了文字的逻辑性，并让浅显的道理变得华而不实。比如他批评许可制的坏处，这项法令"首先对于学术和学者是一个最大的打击和污辱"，"富于自由精神和天才的人，他们显然生来就易于研究学问……只为上帝和真理服务"。许可制的坏处到底是什么？侮辱打击？而原文在阐述的时候用了大量的文字，到头来也只是说了个不明不白。

当然，这本书在世界广为流传，影响巨大，是关于出版自由理想的经典论述，其历史意义是巨大的，积极的。历史上有它的出现，比没有它情况好，对社会的进步有推动作用。

弥尔顿在书中强调了人民拥有言论出版自由权。他认为，人们具有理性地辨别正误的能力，人们必须不受限制地去了解各种思想和言论。弥尔顿相信，真理是肯定的，主张让真理参加"自由而公开的斗争"，真理才能战胜罪恶，帮助人们"发现、驳斥、预防和解释"，而政府没有必要限制真理的斗争，不应该约束言论。弥尔顿故意不征求书刊检查机构的同意，印刷了该演讲词，以示对书刊检查制度的蔑视，这在当时是需要极大的勇气的。

当时英国的《出版管制法》规定：凡书籍、小册子或论文必须经主管机关或至少经主管者一人批准，否则不得印行。弥尔顿全面批评了这一出版检查制度的弊端，认为它只能"破坏学术、窒息真理"，并指出，任何历史上的文明国家、政府都未采用出版许可制。他还对出版检查员的品质产生怀疑，认为由他们检查出版物是对作者的侮辱。

回到现实的中国，中国处于民主与法治建设的过程中，人民的自由与某些利益存在一定冲突，这让我联系到弥尔顿所处的那个时代，觉得有些相似。毋庸置疑，矛盾是存在的，特别是在新闻领域，在这条道路上，我们需要做的还有很多。

欧文·费斯:《言论自由的反讽》

《言论自由的反讽》（*The Irony of Free Speech*）很薄，中文版小 32 开，正文仅 112 页。作者是美国耶鲁大学法学教授欧文·费斯（Owen M. Fiss），初版于 1996 年。在费斯的文本语境中，认为一味地放任个人或集团的自由表达，并不能带来社会中各种成员平等地表达自己意见的机会，在言论自由领域，国家并非绝对的朋友或敌人，而是可以帮助放大弱势群体的声音的。北京大学法学教授贺卫方为该书作序，承认费斯的观点是有道理的，但他认为："中国在通向法治国家的道路上刚刚起步，是否可以说，在这样的阶段，某些在本书里受到批判的理论却反而可能切合我们的需要，因而应当认真对待、付诸实践呢?"

"言论自由的反讽"的反讽

饶沛

《言论自由的反讽》这本书指出，国家可以是言论自由的朋友，而非敌人。在这本书刚刚出版的时代，这个观点可以说鲜明而独特。很多自由主义学者认为，国家是自由的天然敌人，国家企图压制个人的声音，因而也正是国家必须受到制约，必须保证每个人说话的权利。作者在这本书中却说，"一味地放任每一个人自由地表达自己，并不能带来社会中各种成员获得平等地表达自己的机会"。作者提出这样的观点，是因为他认为，美国宪法第一修正案的目的是"扩大公开辩论"，确保所有公民能够行使实现民主自决必不可少的权利——知情权，而实际上一些拥有强大传播手段的个人或集团的言论自由，盖住了很多弱势群体发出的声音。

作者在书中解释道：在某些情形下，国家机器会试图压制自由和公开的辩论，此时，第一修正案的确是制止或者防范这种国家权力滥用的可靠机制。但在另一些情形中，如果国家之外的权力（例如拥有传播手段的个人或集团）正压制着言论，那么国家可能必须采取行动，来增强公共辩论的活力。国家可能必须给那些公共广场中声音弱小的人配置公共资源——分发扩音器，使他们的声音能被听见。国家甚至不得不压制一些人的声音，为了能听到另一些人的声音。

对于"国家之外的权力正压制着言论"的情况，作者引用了"言论沉寂化"这一理论来阐述，并以对仇恨言论、色情文学和竞选捐款三大问题的有效监督为例，阐述了政府通过干预"促进自由和公开的辩论"的重要意义。

为了言论自由，而对仇视言论、色情文学和竞选捐款的无限制保护必然会危及相关的弱势群体——少数种族、女性和没有捐款能力的贫民的言论自由。

以竞选捐款为例，作者指出：无限制的政治开支不仅延续了财富的不平等地位、将穷人置于政治竞技场的弱势地位，而且会产生"沉寂化穷人"的后果。例如，富人在传媒和其他公共领域的传播空间中是如此具有支配性，以至于公众实际上只能听到他们的声音。其结果是，穷人的声音可能被完全淹没，继而损害到公开辩论的健康性。

国家作为分配者的责任，就是为各方创造出平等交流的环境，作者非常重视媒体在其中的作用，并介绍了"给公共广场中声音弱小的人分发扩音器"的方法：由国家建立和资助"公共广播公司"。这一决议致力于在公共广场中引入一种摆脱商业动机的声音。其设想是，一个公共广播系统应该主要涵盖那些可能被商业广播忽视却又对集体自治至关重要的问题。

但是笔者认为，这种由国家为"声音弱小的人分发扩音器"的做法存在着一定的缺陷。向"声音弱小的人分发扩音器"看似是追求平等的过程，但是由于国家处于"发放者"的地位，向谁发放扩音器就成为了权力的体现。任何权力都有着扩大边界的冲动。在这个寻找"声音弱小的人"的过程中，国家必然会去追求最有利于加强权力的方式，找到那些"声音弱小的人"中最有利于权力扩大的人，或者，至少是不反对国家权力的人。

问题是谁又来监管国家"分发扩音器"的行为？我们需要找到更加明确的答案。

自由与平等之悖论

冯阳

美国宪法第一修正案传承了古典自由主义的宗旨，从法律的角度保障言论与出版自由的权利。《言论自由的反讽》这本小册子对此在形式上唱了反调，向美国司法界和新闻界，乃至整个美国社会，提出要重新思考美国宪法第一修正案内涵的要求，再次审视国家对于言论自由究竟发挥着什么作用。

从各个具体的有关第一修正案的判例中可以看出，美国社会较多地限制国家干预言论自由，而费斯教授所做的，是对"国家是言论自由的敌人"这一观念的解构。他认为，权力私有化的聚集等因素对自由造成了冲击，现在的国家并不是自由的唯一敌人，国家可能会从自由的压制者角色转变为自由支持者的角色，以抵御这些冲击。他认为，在言论失衡的情况下，国家不应保持所谓的"中立"，而应该进行干预，给予那些弱小势力更多机会，使其参与到公共辩论中来。他甚至提出，国家给弱势群体发放扬声器（当然这是一种比喻），以便让公众听到更多的其他人的声音。国家行为的基础就在于对平等的追求，一方的自由言论不得以另一方的言论自由为代价，这也是第一修正案的题中应有之义。进而费斯教授得出一个看似"反讽"的结论：国家既可以是言论自由的敌人，也可以是言论自由的朋友。

市场是资本主义最核心的概念，言论市场也是如此。媒介集团的垄断化扩张，形成了另一种形式的言论绑架。成本、广告、目标受众成为比言论自由更实在的追求，长此以往只会让马太效应在言论市场上愈演愈烈。而在资本主义社会的其他领域，尤其是经济领域，政府干预已经变得平常。从凯恩斯开始鼓励国家资本主义，到哈耶克对自由主义的回归，政府干预的效用不断被人解读。费斯肯定市场的基础作用，但他认为，在危机时刻政府的干预是至关重要的。保障所有人全面自由的发展是政府之所以存在的基础，平等而自由地发表言论又是这一基础存在的条件。

互联网时代，情形似乎有所变化，微博等自媒体所提供的表达方式，使得自下而上的言论表达成为可能，实践着哈贝马斯所讲的话语民主，即公民围绕公共事务展开平等对话并最终达成共识。然而我们仍然要意识到，任何时候政府拥有的技术手段都比公民个人拥有的强大得多，防止政府使用技术手段控制新媒体，又成为需要平衡的新问题了。保障言论自由而平等地表达不仅是政府和媒介的责任，也是每个公民自身的责任与必须争取的权利。

不论是对于自由言论还是平等价值的追求，费斯的目的都是为了保障民主制度的完善。因为民主制度要求人民对于重大公共问题拥有知情权，各方在此基础上展开公共辩论，这种辩论必须是——按照布伦南大法官一份判决书中的描述——不受禁止的、强健的，以及广泛开放的。第一修正案的言论自由保障的就是公民的民主权力。但是"只有当平等的条件被完全满足时，真正的民主政治才可能实现"。

自由与平等都是人类追求的终极价值，却常常面临冲突需要抉择。如同一个跷跷板的两端，作为操控者，从一头走向另一头，总要小心翼翼权衡再三才能达到平衡。这一操控者只能是政府、司法机关、媒体以及人民的共同体，没人可以单独完成。

言论自由的中国式解读

张小雪

看到《言论自由的反讽》这一书名，我脑海中第一反应就是：这是一本保守派的作品，它反对言论自由。但看完了书的导论，我的想法被完全颠覆了。作者费斯基于对自由充分肯定的前提，探讨是否能通过国家干预等"不自由"的手段来寻求自由与平等的平衡点，从而使每个人都平等享有言论自由的权利。

读完这本书之后，最大的感受就是自己之前对自由和平等的理解实在浅薄，现在网上所谓"新兴愤青"的状况，也许和我大体不差，将自由和平等二者的概念混为一谈，根本没有深入的理解，便在网上大抒胸臆。写到这里，我想到了一个不恰当的比喻：自由和平等就像是一对孪生兄弟，必须在二者中间找到一个微妙的平衡点，就像父母不能偏向于孪生兄弟的任何一方一样。

中国的情形怎样？就我仅有的知识显示，戊戌变法前后，报刊是十分活跃的，批评政事讽刺官员是媒体的常态。民众敢怒敢言，媒体人亦十分大胆活跃，书报审查制度在当时也压制不住媒体的活跃。到了国民党统治时期，实行原稿审查制度。为此，共产党在国统区的《新华日报》做了顽强的斗争，开展"拒检运动"，发表了《为笔的解放而斗争》的社论，号召国统区的新闻文化界为争取新闻出版与言论自由而斗争。

中国的民众多少年来很像杯中的跳蚤，似乎已经习惯于不说话，不会再尝试去跳出杯口，这和费斯在书中所讨论的状况完全不搭边，这让我感到十分悲哀。现在有了可供民众发泄吐槽的互联网。胡泳在《众声喧哗》中说到，互联网已成为普通公民抵制信息垄断和发出声音的一个出口。它既是政府拿着扩音器宣传的工具，同时还留有一道口，一道小口来供民众发泄和"吐槽"。就中国的现状来说，市场对媒体的影响是小之又小的。发行量大的报纸和收视率收听率高的电视台广播电台都有自身的利益，已经成为具体的利益单元，吃人嘴软拿人手短，让报就报，不让报就不报。少量非国有资产的网站，普遍的做法是刊登毫无社会价值的无厘头娱乐新闻吸引读者。这一部分算是受到市场影响的，但它们不承担报道公共事务的责任。因此总的说来，中国媒体在重大公共事务上发出的声音基本不受市场影响。

看完这本书其实想说的特别多，但是真正面对电脑开始写作的时候，又突然词穷了。许多想法在脑海中似乎波澜起伏，但落笔处却显得苍白无力……

奥威尔：《1984》

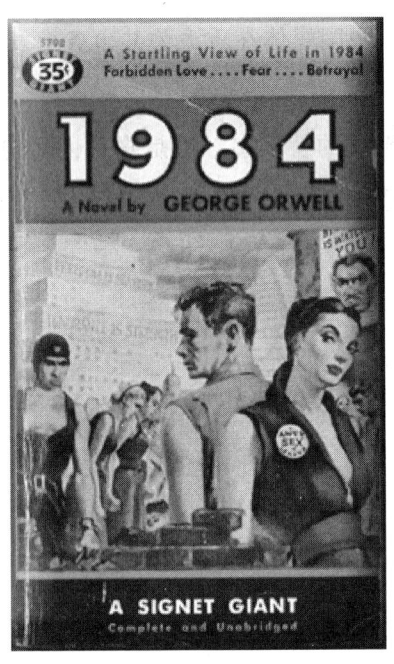

英国作家乔治·奥威尔的小说《1984》，是我"批判角度看传播"一课的参考书之一。该书主要讲述一个由"老大哥"统治的极权社会"大洋国"，全体人民处于监视之下，屈从与无意识被训练成一种全民心态。主人公温斯顿·史密斯被灌输了极端思想而人性泯灭。这本书被翻译成至少62种语言，对警惕某种传播政策和现象具有警戒作用。我1979年首次看到此书的中译本（国家外文局内部翻译）。与该书相关的一些词汇已经成为日常话语，例如"奥威尔式的"（意指"极权的"）、"老大哥在看着你"（意指侵犯隐私的监视行为）。1984年，同名电影上映。作者生于印度，20世纪30年代参加西班牙内战，40年代在BBC从事反法西斯宣传工作。该书写于1948年，出版后7个月作者病逝，年仅47岁。奥威尔揭露了语言的堕落，语言在一定条件下成为了掩盖真实的幕布、粉饰现实的工具、蛊惑民心的艺术。

公权力与私权利

程艺佳

社会公权来源于个人私权的让渡，但当公权极度膨胀并完全凌驾于个人的私权之上时，私权利往往荡然无存，这就是所谓极权。其中最可怕的莫过于这一让渡的过程完全出于社会每一个个体的自愿，好比献祭。这也就是《1984》通篇展现和探讨的话题。

这本书中的党的高层奥布莱恩对主人公——一个普通公民温斯顿这样说："党追求权力，完全是为了权力本身，权力是目的而不是手段。"在追求权力过程中的死敌莫过于公民作为独立个体思考的能力和对个人权利的捍卫，于是，就要通过暴力与思想控制形成一种所谓"公意"，让公民自愿交出自身的权利，丧失了个人意志，从而在行动和思想上完全服从听命于统治者，这也就达到了其权力的最大化。

实践这一思路的方式，主要有以下几个方面：

第一，建立一套恐怖的暴力机制，无处不在的电幕和思想警察，使得公民的隐私权、人身自由权完全沦丧。大洋国不设法律，而以党的意志行事，不经审判，就可以随意抓捕任何一个被认为有罪的人，并施以酷刑，最终使其彻底"蒸发"。党控制着物质生活的资料，使得民众为了基本的生存权而不惜互相撕咬，不惜以出卖亲情、友情、爱情为代价，进而服从掌控着生存权的老大哥。他们还设计了一系列"人民公敌"，用"两分钟仇恨会"的活动将民众的仇恨推向狂热。通过战争环境使人们一致对外，并心甘情愿地放下个人利益来拥护老大哥。

第二，控制教育，使教育不再是科学和文明传承的途径，而沦为了灌输统治者意识形态的工具，培养出来的人没有独立思想与判断力。然而，还有一些人如温斯顿等，"过去"清晰地存在于他们的记忆之中，于是要控制历史。书中的党有一句名言："谁控制了历史，谁就控制了未来；谁控制了现在，谁就控制了历史。"历史的两个来源是史料和记忆，史料被高度机密化，并通过不断修改以保持永恒正确，由于切断了人们与此前社会的所有联系，思想者的记忆就失去了基础，最终与被篡改的历史融为一体。

这个过程中，最重要的一种方式就是"双重思想"，例如温斯顿所处的"真理部"，这是专门篡改历史的部门，人们就都得学会睁眼说瞎话。温斯顿在日记中曾经写道："自由就是可以说二加二等于四。"但最后他成功学会了双重思想的逻辑——内心明白 $2+2=4$，但在党的利益和要求面前自觉地放下独立思考，诚实地相信 $2+2=5$。

第三，改变语言。语言的丰富性是文明重要的表现形式。为减少思想的丰富性，书中的党创造出了"新语"并强迫使用，它由贫乏的基本词汇添加前后缀而成，使得思想表达极大地被削弱了，"人们将不可能犯思想罪，因为根本没有词汇可以表达"。语言完全沦为了极权统治者的工具。

现代的"极权"与古代的"集权"最大的不同之处，就在于统治者对民众控制的广度和深度，现在已经渗透到了生活的每一个角落，而这些都是以先进的科学技术作为支撑的，这无疑是科技异化的表现。

读罢此书最深切的感受就是毛骨悚然，作者早在 60 多年前就发出了极权主义的警告。当今社会，民主与法制虽已取得了巨大进步，但社会中仍存在着泛政治化的问题，虚幻的总体利益一定程度弱化了个人的生存权、发展权、言论自由权、隐私权等各种基本权利。极权主义的社会是没有生命力和活力的，也是无比脆弱的。而预防极权主义最根本的方式就是处理好公权力与个人权利的关系，尊重个人权利的实现和独立精神与创造力的发掘。

人性的泯灭是最可怕的

曹姗姗

这本书读了很久，每次拿起都有想要放弃的冲动，极权政治下无论是人还是事，都弥漫着压抑的气息。不过我最终还是读完了这本书，现在回味起来忽然间有了新的认识：让人压抑的不是简单的极权统治，这一环境下人性从被压抑到被摧毁才是真正让人窒息的因素。

在《1984》建构的世界里，"战争即和平"、"自由即奴隶"、"无知即力量"是民众信奉的思想，"2＋2＝5"是他们坚守的原则，但这些理念其实并不是发自内心的。人性的压抑让他们选择了思想上的顺从。他们有的是被"教育"过的机械思维，并且他们不会背叛这种思维。因为老大哥会时刻进行引导，准确无误地监控，周边人会紧密地相互监督，这些人甚至会是最为亲近的人。书中一对父女的故事足以让人战栗，女儿将自己的父亲检举进监狱，父亲却真心地赞叹女儿是个聪明的人儿。

这种压抑终究还是未能阻断"渴望呼吸自由空气"——人的这一本性的存在，只不过这种欲望只会萌生于思想相对独立的极小部分的群体身上。主人公温斯顿便是其中一员，当在梦中回忆起自己强抢了妹妹的救命巧克力，母亲依然献出自己的生命去救自己时，他不禁在醒后大哭大喊："群众是人，我们不是人！"亲情、伦理意识在此时被唤醒。茱莉亚的出现，让温斯顿体会到了爱情，温斯顿第一次感受到人性的温暖。愈是感受到人性的真实存在，他便愈加强烈地感受到现实的压抑和荒谬。而就在寻找真理的过程中他被发现了，以奥布兰为代表的党成功地降伏了他，降伏的彻底性在于抹杀了他身上最后一丝人性。

对温斯顿改造分为三阶段：学习、理解和接受。如果说学习和理解这种信息的灌输还能够忍受的话，那么最后阶段在101房间的改造则是在挑战他意志的极限。有时候人可以忍受疼痛直到他死的那一刻，但是对每个人来说都存在着他不能忍受的东西——与勇气和怯懦无关。而对温斯顿来说这个东西就是老鼠。最终，面对老鼠的侵袭，他开始大喊"咬茱莉亚吧！咬茱莉亚吧！我不管你们把她怎么样。把她的脸撕碎，只剩下骨头！别咬我！"到此，他的改造真正地完成了。他出卖了之前在万般折磨下也未曾背叛的茱莉亚，人性中最后的底线也被彻底打破了。

当两人再次见面，他们互相承认了对对方的背叛，此时，人性也遭受了最大的嘲弄和讽刺。曾经发誓不会相互背叛，并将对对方的忠诚作为必须维护的底线尊严，而如今这一道最后的防线也被打破。此时的两人仍是行动便利的正常人，只不过俨然已是行尸走肉。而支撑他们继续存活的是"2 + 2 = 5"的老大哥思想，在这样的思想支撑下的人是不会有感情的，所以也不会去做任何有违纪律的事。这就很好地解释了为什么当温斯顿再次遇到茱莉亚时，他甚至不再想去看她一眼，为什么在他倒下的最后一刻，他很坦然地说出自己战胜了自己，他热爱老大哥。

海明威说："人并不是生来就要被打败的，你尽可以把他消灭掉，可就是打不败他。"而在温斯顿生活的世界里，人是可以被打败的，通过挑战人性中的致命弱点（即不能忍受的东西），便可以迫使他在思想上主动服从以求得苟延残喘的机会。在这里，你将被迫出卖人性以祈求不被消灭。

不惊叹于这个英国的卡桑德拉

袁秋岳

"温斯顿,你是个顽固、刚愎自用、一直要挣脱老大哥慈爱怀抱的浪子,他告诉自己说。两滴渗着杜松子酒气味的眼泪滚到鼻子的两边来。但现在什么事都摆平了,斗争已经刚结束了。他已战胜了自己。他爱老大哥。"这是《1984》的结尾,也是这本书给我震动最深的文字之一,这是一个令读者合上书久久不能平息的结局,我甚至倒吸一口气,良久才慢慢舒缓呼吸。

从奥威尔值得赞扬的修辞来说,我喜欢那句"杜松子酒气味的眼泪",但真的很难接受这个结局。为数不多的醒着的人之一,为什么不让他一直醒着,最后一定要他背离自己的灵魂,抛弃自己一直坚守呵护的人性。不过,也许只有这样,才能把这个大洋国建到极致,按照老大哥的做法,温斯顿离死亡也不远了吧。也许他早就死了。

奥威尔在整本书里建立了一个绝对的思想被控制、人性被压抑的极权社会。那些电屏、仇恨周、老大哥、思想警察,描写得如此逼真,而奥威尔死后,这些场景在地球的某些地方一模一样地出现了,其中的细节竟然惊人的相似,不得不惊叹于这个英国的卡桑德拉。《1984》浑然是一本恐怖小说。

那个时期我没经历过,对它的了解都是来自于资料和老人们的话。突然想起前不久外公讲述他年轻时在一个"先进"文学社的故事,都是得意地嘲讽国民党的愚笨,听后无语。那个时期确实存在过,并深深影响着一代人。现在呢?一个朋友在给我推荐《1984》的时候,很激动地告诉我,这很能对号入座,但我实在没有同感,我已经被驯化了。从小接受的教育告诉我们,整齐划一是好的,浑然一体的大合唱是最美的歌声。老师说得那么诚恳，是因为他们都是这样过来的。我们就都相信了，那么多年。有些人会长久地相信下去，并且坚持一辈子，并且自发地成为维护整齐划一的义工：正义地挺身而出，纠正不统一的步伐，捂住嗓音怪异的嘴巴。

我想到几个月前的军训中教官的那句话：就是你们还不够累，还不能让你们停止思想。一个停止思想的人还有什么意义呢？前两天一个学艺术的朋友向我感慨，有的地方的人好像更容易快乐，因为他们的"我"更大。不知道从什么时候开始，在一贯的思想里，我们的"我"放得小小的，缩在一个个角落里，归放在一个个小盒子里，集体的利益才是重要的利益。

初中的思想品德书里有一段给留下很深的印象，一个父亲家里孩子生病了，但单位上有一个很重要的会要开，让做重要程度排序。教材上的正确答案是，他应该去单位开会，然后再去看孩子。另外一个类似的事情是高中时上的课，老师说到地震的时候（我是成都人），正好学校团委书记的孩子在那两天出生了，他自始至终"坚守岗位"，直到一切安排妥当，当看到孩子的时候，他爱人已经出院了。老师点评说，这正是一个共产党员应当有的品质！事实上是，如果那个老师"擅离职守"，他将会受到处分，影响到一片大好前途。

以上便是我对《1984》的一些肤浅想法。也许等阅历丰富了再来翻看这本书，能有更丰富的收获吧！最后，我想说，对于许多人谈论的温斯顿和茱莉亚的感情，我认为那不过是两个同命人的惺惺相惜罢了，不是爱情。

九、新闻传播理论

哈贝马斯：《交往行动理论》

陈力丹：《精神交往论》

维纳：《人有人的用处》

丹尼斯、梅里尔：《媒介论争：数字时代的重大问题》

哈贝马斯:《交往行动理论》

　　尤尔根·哈贝马斯的《交往行动理论》,是传播学批判学派的代表性专著中最厚重的书。传播学的教科书里虽然有所介绍,但要问哪位学人读下来了,估计没几个人,因为两卷本的此书,一是很厚,二是极为艰涩,很难读懂。哈氏继承了德国古典哲学的思维传统,对传播(中译文的该书将"Kommunikation"翻译为"交往")问题给予了深刻的阐释,其思想基础是马克思的传播观。如果哪些字句看不懂,建议反复阅读、琢磨,一旦读懂了,会有一种对事物更为深刻的理解。此书有一些理想化成分,但其严谨的哲学思维逻辑,值得我国新闻传播学者借鉴,因为我们太习惯于用行政思维替代学术研究,功利化的色彩压抑了学术思维。

《交往行动理论》的传播学启示

陈露菡

哈贝马斯是德国著名哲学家和社会学理论家，也是法兰克福学派第二代的主要代表人物。他在《交往行动理论》的第一卷——《行动的合理性和社会合理化》中，提出"交往行动"这一概念，并通过对马克思、德国社会学家马克斯·韦伯、匈牙利马克思主义理论家格奥尔格·卢卡奇和第一代法兰克福学派代表人物狄奥多·阿多诺等人理论的批判与继承，论证了"行动的合理性和社会合理化"的命题，从而构建出交往行动理论。我认为哈贝马斯的交往行动理论对当前的传播学研究有如下启示：

第一，交往是主体与其他主体之间的活动，而主体并不局限于个人，还包括家庭、集体、民族、国家、社会等。哈贝马斯的"交往"是广义上的传播，将人际传播、组织传播、大众传播、跨文化传播等传播类型都包括在内。哈贝马斯特别强调，"交往"要以语言为媒介，因此他的"交往"观相对于马克思、恩格斯"交往"中包含的物质交往和精神沟通又略有收缩。哈贝马斯的"交往"更接近于目前传播学中"传播"的概念，因此哈贝马斯的交往行动理论，应是传播学研究的重要课题。

第二，哈贝马斯通过"主体间性"的主体—主体交往模式，重新阐释了传者与受者的关系，对于发展传播过程模式具有重要意义。哈贝马斯认为，"有了主体间性，个体之间才能自由交往，个体才能通过与自我进行自由交流找到自己的认同，才可以在没有强制的情况下实现社会化"。不难发现，在哈贝马斯的交往行动理论中，交往的双方或者多方都是主体，没有主客体之分。而早期的传播过程模式，如香农—韦弗的信息工程模式、拉斯维尔的5W传播模式，大都是线性传播模式，传播者居于主导地位。哈贝马斯的主体与主体的交往理论有点接近奥斯古德—施拉姆的循环传播模式，但哈贝马斯的交往理论存在多极主体，这又是奥斯古德—施拉姆的循环传播模式所无法解释的。因此，主体间性对于发展传播过程模式具有重要意义。

第三，哈贝马斯指出了"交往行动始终在生活世界的背景下运动"。"生活世界"是哈贝马斯在波普尔"三个世界"观点的启发下提出的，哈贝马斯说："我可以把生活世界的概念首先作为理解过程的关系而引入进来。进行交往行动的主体始终是在生活世界范围内互相理解的。他们的生活世界是由或多或少分散的，但总是固定的背景构成的。这种生活世界的背景是状况规定的源泉，而这些状况规定是由参与者作为固定的规定首先设置的。"我认为"生活世界"与传播语境之间的关系不言而喻，几乎可以等同。"生活世界"储存了关于交往的规范以及对过去事物的解释，给予了交往的主体共通的意义空间，保证了交往的顺利进行。

第四，这本书的核心观点：通过"交往行动"促使"交往行动"的合理化、"生活世界"的合理化，最后归结于"社会合理化"，实际上是主张用主体间的平等对话，代替暴力、冲突与争端，达到相互理解或行动上的一致性。这一论述无论是对于人际传播还是国际交往，都有启示意义。就个人的交往而言，遵循真实、正确、真诚、有效的要求是交往过程中的必要守则。而国际交流中，和平解决外交事务，积极正面地解决外交争端，以文明的非暴力的手段达到共同发展的目标，则是解决国际关系的正道。

哈贝马斯的"生活殖民化"思想

周洋

　　哈贝马斯的《交往行动理性》一书内容广博、例证驳杂，加上德国哲学语言中特有的晦涩，让整本书读起来非常吃力。在此，笔者仅就哈贝马斯"生活世界的殖民化"的社会批判观点，结合其学术经历和书中的文献引述，谈谈自己的看法。

　　学术继承和理论溯源。哈贝马斯 1954 年在波恩大学获得博士学位，1956—1959 年间在法兰克福社会研究所担任阿多诺的研究助理，在此期间受到法兰克福学派创始人马克斯·霍克海默和阿多诺的影响极大。另一方面，在"海德格尔事件"（德国哲学家马丁·海德格尔 1933 年 5 月至 1934 年 2 月担任弗赖堡大学校长时发表将希特勒等同于上帝的言论）的冲击下，哈贝马斯认清哲学和政治之间并不存在截然的界限，但反对理论盲目的亲近实践，由此发展出一种将哲学与政治学结合在一起的学说，《交往行为理论》正是这一思考方向的结果。

　　在《第二阶段的中间考察：体系与生活世界》一章中哈贝马斯指出，原本属于私人领域和公共空间的非市场化和非商品化的活动，被市场机制和科层化的权力所侵蚀，生活世界被"殖民化"。我们不难看出他的论述中社会批判理论的影子。事实上，哈氏的论证中也多次提到卢卡奇、阿多诺、霍克海默等"西方马克思主义"早期重要人物的思想，沿着"异化"、"物化"的考察路径发展出"生活殖民化"的观点。

　　马克思所说的"异化"指的是人的物质生产及精神生产变成异己力量反过来统治人的一种社会现象。卢卡奇将"异化"发展为"物化"，指出资本主义社会中"物化"是所有人的普遍命运，同时人与人之间的关系也被下降为物。到霍克海默和阿多诺那里，这一思想发展成"文化工业"的观点，他们通过揭露"真正的文化艺术在大众传媒和大众文化的中介中变成商品，而大众传媒又把社会控制的信息传递给整个社会"的事实，提出所谓"启蒙"已走向反面，从而构建其社会批判理论。

哈贝马斯对前人思想进行了批判性的继承。他将马克思的异化思想进一步阐释为："当人们之间的互动不再是按照规范和价值来进行，而是通过交换价值来进行，社会交往的活动领域就发生了物化。"他认为，随着技术、权利、媒体等的迅速发展，现代社会体系变得日益复杂和合理化，工具理性过度膨胀，公民成了政治生活中被动和消极的路人，"生活世界"与"系统"的分化日益严重。他将这一现象称为"生活世界的殖民化"。

批判与扬弃。那么这一批判是否同样适用于当今中国呢？笔者认为不尽然。一方面，哈贝马斯的批判基于西方语境，西方人和中国人的交往行为总体上存在个人主义和集体主义文化背景的鸿沟，中国社会特有的复杂性在类似于《中国人的性格》等书中已有许多描述；另一方面，哈贝马斯的批判是基于资本主义制度的，虽然美国经济学家、诺贝尔奖获得者罗纳德·科斯等人认为中国至少在经济上已经被"资本主义化"了，但是从政治制度的设计上来看，哈氏指出的很多"系统"入侵"生活世界"的现象在中国的制度设计下或可以完全避免，或具有不可避免的必然性。当然，这并不意味着哈氏的理论在当今中国没有任何启发作用，只是在具体分析时还需要从社会现实出发，进行适当的"扬弃"。

哈贝马斯一生建构的交往集合

王靖雨

　　法兰克福学派是传播学批判理论的主要派系之一，在传播学界哈贝马斯也一直是个为人熟知的名字。由于我国的新闻传播学界对构建中国式公共领域的渴望，造成对哈贝马斯的认识较多地局限于他的早期著作《公共领域的结构转型》。而对他的后期作品《合法化危机》、《交往与社会进化》、《交往行动理论》的探讨，则主要在哲学界进行。

　　其实哈贝马斯对交往行动相关理论的思考，在其早期著作中就初露端倪。1962 年哈贝马斯出版自己的教授资格论文《公共领域的结构转型》，1984 年出版最后一本著作《交往行动理论》，前后跨越 22 年。实际上哈贝马斯后来的研究兴趣已经远离"公共领域"，只是从《公共领域的结构转型》一书开始关注"合理性"、"有效性"、"交往"等诸多问题。在 70 年代出版的《合法化危机》一书中，哈贝马斯考察了现代资本主义一系列的危机，可以看成是为"立"而"破"。在他另一 70 年代的论文集《交往与社会进化》中，哈贝马斯"合理重建秩序"的思想已经初步成型。哈贝马斯明确提出，如果从交往行为领域看待语言，那语言必须真诚、真实、正当，才能促进交往行为。由此可以说，"合理交往"、"促成合理交往"是始终贯穿哈氏著作的线索，《交往行动理论》是这条线索上的集大成之作。

　　越到后期，哈贝马斯的著作越呈现出一种严谨论证和驳杂知识的学养气质。就拿《交往行动理论》（人民出版社的版本）的《导论》来说，它在第一卷中有 140 页（全书去掉参考文献共 380 页），占三分之一还多。在导论中，哈贝马斯对这本书所讨论的问题、语境和涉及的概念，进行了具体而细致的探讨，例如其核心概念"交往行为模式"，就曾多次阐释。"交往行为"是一个组合词，从语言学角度来看，"交往"与"行为"也不具有相同的地位，交往行为是指以交往为指向的行为。其实，哈贝马斯是提示我们将"交往"和"行为"既分立又联系起来看，语言充当交往的媒介，对交往行为进行协调，行为以目的为基础。

"行为"被哈贝马斯分为四种：目的行为、规范行为、戏剧行为、交往行为。除交往行为之外，其他三种行为都具有片面性，是交往行为的临界状态。其中目的行为是一种间接沟通，规范行为只是把已有的共识付诸实践，戏剧行为是与观众相关的自我表现。而交往行为是语言的、主体间性的、程序的、暂时的、可悟的，这使得因贯穿目的理性而走向危机的西方社会重新找到一种依托——交往合理性。

由于哈贝马斯的理论通常具有很强的语境特征，在论述之前必须将论述得以成立的条件一一列出。但是在现实生活世界，这些繁杂的条件同时成立的可能性极小，于是，哈贝马斯的理论一般被看做是"先验的"。然而没有人能预测未来，即使是总结历史也因对当时情况的不可知而难以做到。因此，先验的理论不意味着无意义。哈贝马斯的交往行为理论，仍然为后现代社会的社会生活提供了一种抵制"系统"入侵的可能。

陈力丹：《精神交往论》

我的《精神交往论——马克思恩格斯的传播观》历经 10 年的磨砺才做出来，首次出版 20 多年来三版五次印刷。由于研究功底比较扎实，尽管遇到一些磨难，最终得到学界的承认，获得吴玉章人文社科成果一等奖和教育部人文社科成果一等奖。这本书的思想主角——马克思和恩格斯毕竟距离现在的大学生比较遥远了，安排他们读这本书，目的在于初识马克思和恩格斯，了解他们传播思想的宏大，产生学习和研究的兴趣。看来，这本书确实使他们开阔了关于马克思主义传播观的眼界，但也从笔记行文中看到他们理解的肤浅。建议先看看目录以及目录中每一章节下的文字（马恩关于传播的一些语录），有兴趣了再读相应的章节，逐步深入学习。

历史唯物主义坐标下的传播观念

贾琼

一般认为，传播学 20 世纪 40 年代诞生于美国。但是，关于传播的思想源远流长，甚至可以追溯到古希腊时代。马克思和恩格斯创立了历史唯物主义，在 19 世纪 40—90 年代为我们提供了一种研究传播现象的视角，这是不可忽视的。它构成了传播思想早期发展的一个十分重要的环节。

我国虽然有着研究马克思主义理论的传统，由于历史原因，对于马克思和恩格斯关于传播的思想知晓较晚，只是近些年才有所研究。陈力丹历经十年磨砺著成的《精神交往论——马克思恩格斯的传播观》，在通读马克思和恩格斯的全部论著基础上，梳理了他们关于传播现象的丰富而广泛的论述，为我们提供了马克思主义传播观研究的框架体系。

马克思和恩格斯的传播观，建立在系统而宏大的历史唯物主义思想基础之上。在他们的著作中，对于传播的重要性有着明晰而深刻的认识，并将传播归入人类精神加以研究。传播的真谛是精神的交往（交流），故他们称之为"精神交往"。马克思和恩格斯跳出德国古典哲学关于"精神"、"思想"等理念的形形色色的"虚无"和"神秘"，打破"从无中创造自身"的固有观念，以历史唯物主义的眼光重新解释传播现象，由此触及了一些其他学者没有意识到或无法解释的传播现象。

一方面，马克思和恩格斯成功地用生产力的发展解释了传播业的产生与发展，为其找到了发展动因，并预见了信息时代的来临和社会特征。这些特征是：生产结构将以信息和服务业为主，劳动力结构将以智力劳动为主，资源结构将以信息和知识为主，处于社会中心位置的是科学的组织和决策机构。他们实际上是在精神传播史和人类物质文明发展史之间建立了坚实的联系，将精神交往纳入人类历史发展的大体系之中。

另一方面，他们并不是僵化地运用"物质决定意识，意识反作用于物质"的原则解释精神交往。他们认识到了宗教、文艺、舆论、宣传等传播的多样性形式，传播过程中人的主体地位。在历史唯物主义的世界观下，"人"是一种在社会历史领域活动的、具有意识的、经过思虑或激情行动的人。历史社会因素的引入，使人的精神交往行为呈现出一定的规律性，马克思和恩格斯着力去发现这方面的传播规律。马克思第一次担任报纸主编时就提出：报纸有自己的内在规律，外力不应干预，内部也不应摆脱。

通过对人类精神交往现象的研究，马克思和恩格斯窥见了人类历史的更替和社会的政治过程。从人类传播发展的角度，他们看到了交往可以推动人类打破地域界限和精神隔阂，从而使历史不断离开原有状态而向着统一化方向发展的趋向。在他们的视角下，"交往的扩大会消灭地区性的共产主义"，传播的发展最终将推动一个每个人都自由发展的共产主义社会的到来。

马克思恩格斯的精神交往观，为我们提供了一个全新的观察传播现象的坐标，为我们解读已有的传播现象乃至将来可能出现的与传播相关行为，提供了新的角度和工具。当然，传播现象更多涉及的是人类的精神文明，马恩的论述不是僵化的和公式化的，他们在具体情境下的一些观点的表达，具有特殊的历史背景，我们在运用时需要具体情况具体分析，不宜简单套用。

人类交往的三种社会形态

韩子秦

马克思的社会形态划分已成为政治经济学领域的经典理论。相应在传播领域，他提到了"交往的社会形态"。陈力丹在其专著《精神交往论》的第十六章，就交往的社会形态进行了深入探讨，由此，我们得以从这种宏观的角度深入考察人类交往的过去和未来。

马克思认为，人的依赖关系，是最初的社会形态；而第二大形态，即以物的依赖性为基础的人的独立性——在这种形态下，才形成普遍的社会物质交换、全面的关系、多方面需要以及全面的能力体系。未来的第三个形态，体现为人的自由个性，建立在个人全面发展、共同的社会生产能力成为他们的社会财富的基础之上。第二个阶段为第三个阶段创造条件。

交往的第一形态，作者以时间为线索，梳理了包括现代商品经济社会以前的所有社会（或社会类型）的发展阶段：原始时代、古希腊—罗马时代、中世纪、亚细亚社会等。第一阶段的交往活动的共同特征，是人们交往范围的局限性，以及交往活动中个性的缺乏。人仅仅以共同体一份子的身份和心态参与精神交往——这是人类精神交往必经的较低级的层次。

交往的第二形态，资本为人的物质交往和精神交往的社会化开辟了道路，精神产品或活动的商品化——如名人演讲、医生诊治等——大大刺激了精神交往向社会化和现代化发展，这是巨大的历史性的进步。同时，资本要求人们的生产远远超出自给自足的狭隘目的，从而不仅仅为人们创造满足日常生活需要的物质财富，同时也创造了大量自由时间，即闲暇。大量的自由时间可以转变为从事科学、艺术的时间，从这个意义上，马克思认为资本创造文化。

资本开辟了各种交往产业，同时造成了交往异化，即人的交往受到了人自身创造的"物"（资本和媒介形态本身）的控制，这种控制表现为各种有形和无形的控制。因而，所谓自由的人，实质处于一种形式自由而实质不自由的境地。个性完全屈从于社会条件——人的物质生产、精神生产及其产品，最终反过来统治了人，束缚了人的全面发展。

交往的第三形态，是人的全面发展的形态。这是马克思根据第二形态的发展趋势所进行的伟大设想。大工业时代的到来给了人们自由时间，而随着人类科学技术和商品交换的发展与发达，自由时间将越来越多，使人们从对人的依赖和对物的依赖中脱离出来，使一切人都有足够的自由时间来参加社会的理论和实际的公共事务。应该看到，第三形态需要资本主义的高度发达为前提，在这个交往形态中，每个人都能够实现自身的全面发展。

从这本书关于"三种交往形态"的讨论中，可以看到的不仅仅是对"三种交往形态"理论的深入发掘，更可以看到作者以马克思历史唯物主义为理论依据的三个理论视角：一是社会发展的自然过程，二是人类整体的发展过程，三是人的个性的发展过程。对于第一个视角（相关的部分有生产关系、阶级斗争等），我们都已经非常熟悉。而作者的研究与论述，丰富和拓展了第二、第三个视角的研究。这部分研究更多地关涉传播问题，而这部分理论则浓缩了马克思和恩格斯全部关于新闻传播的论述。本部著作包罗之宏富，体系之宏大，可见一斑。

从民族交往到世界交往

麻可寒

马克思和恩格斯创立历史唯物主义的时候，就用这种世界观论证了从人类民族交往到世界交往这一必然发展的过程。陈力丹的《精神交往论》第二章，专门论证了马克思和恩格斯关于传播的这个基本观点。

早期人类社会，采野果的人和打猎的人进行交换，表面过程是物质的交换，但经历长时间后，采野果的人和打猎的人从交换中满足了彼此的需要，他们认为彼此之间是相互配合的，因而逐渐建立了比较稳定的关系。同时随着进一步发展，他们又诞生了新的需要，就想拓展自己的交往范围，和另外一些人再进行交换。由物质的交换产生了精神上进行合作的思想，而精神上的需求则进一步促使人类进行更广泛的物质交往，于是人们就由最初简单的人际交往向群落交往，再向民族交往，最后向世界交往不断拓展。

随着生产文明的发展，人类智力水平得到提升，更加明显地将物质的交往上升为精神的交往。马克思和恩格斯在考察各民族之间的联系和一个民族内部的结构时，提出了三个制约的决定性因素，即生产力的发展水平、分工状况和内部的交往发展程度。而生产力水平由分工来体现，分工的每一个阶段都产生了更广泛的人们之间的物质交往和精神交往，社会的信息需要量逐步增大，同时，交往的发展水平也制约和推动着生产力和分工的发展。

研究民族交往时，马克思和恩格斯认为战争虽然是残酷的，但本身也是一种民族之间的交往，产生落后文明向先进文明学习并改造自身的结果。交往和融合发展的程度，则取决于一个民族内部对传统的继承性的强弱程度。越顽固地坚守传统就为与外界的交往造成越大的阻碍，这在 19 世纪的中国尤为明显，闭关自守、故步自封和对传统的幻象使得中国内部产生了拒绝与外界交往的强大抵制力。马克思对此写道："一个人口几乎占人类三分之一的幅员广大的帝国，不顾时势，仍然安于现状，由于被强力排斥于世界联系的体系之外而孤立无存，因此竭力以天朝尽善尽美的幻想来欺骗自己，这样一个帝国终于要在这样一场殊死的决斗中死去。"当传统的抵抗力与外来的先进文明进行碰撞之时，就不可避免地产生矛盾，而一个民族交往水平的进步，恰恰就在这种矛盾运动中得以实现。

随着越来越多的民族卷入到交往中，世界上一切民族之间都直接或间接地建立了联系，民族交往最终发展成为世界交往。世界交往亦是生产力发展的结果。马克思和恩格斯认为，每一个人自由的实现和自身的解放是所有人的自由发展的前提，这就是共产主义的基本特征，同时，只有世界交往才能创造形成这一前提的条件。另一方面，他们也意识到，要维持共产主义的生存和发展，必须仍然依靠世界交往，交往带来生产力的进一步发展。如果只限于地域性的共产主义，脱离了与整个世界的交往，就会丧失生产力继续发展的动力，最终只能带来普遍贫困。从这一点上看，中国实行改革开放，建立社会主义市场经济制度，依托于世界的交往，有利于中国生产力的发展，从而巩固社会主义制度。

《精神交往论》"从民族交往到世界交往"这一视角的分析，使我加清晰地看到传播在整个人类社会中的重要作用。就现在来说，互联网的发展打破了时空的局限性，使世界性的交往更加频繁、密切，同时也使不同文明间更加"精神化"地融合。

维纳：《人有人的用处》

　　我在20世纪80年代初读到诺伯特·维纳的《人有人的用处》，虽然用比平常大一号的字排版，仍然只是薄薄的一本，但读来如获甘露一般。因为维纳讲出了关于社会传播现象的清晰哲理，司空见惯的传播问题被他用控制论一讲，不能不让人若有所思。比起那些用一堆传播效果调查构成的传播学这论、那论来，我感到维纳的理论才称得上是具有普世意义的传播理论，它来自当时的社会传播实践，但已经升华为分析传播现象和问题的理论。如今传播科技的发展日新月异，30年以后请新一代人（均为2013级中国人民大学新闻学院本科实验班同学）读《人有人的用处》，看来他们的感觉与我当年阅读时有相似之处。维纳的控制论理论仍然在某些方面可以用来解释新的传播现象和问题，显示出其理论的魅力。

控制论——动物和机器中控制与通信的科学

邱志伟

维纳的《人有人的用处——控制论与社会》是在他的主要著作《控制论》之后两年出版的（1950 年）。在这两年中，香农等人已经把他的一些观念发展成为信息论。维纳在《人有人的用处》中对其做了进一步发挥，目的"在于阐明我们只能通过消息的研究和社会通信设备的研究来理解社会；阐明在这些消息和通信设备的未来发展中，人与机器之间、机器与人之间以及机器与机器之间的消息势必要在社会中占据日益重要的地位"。在这本书中，维纳不仅为研究社会提供了一种全新的观点及方法，而且还描绘出未来社会的图景，警示将来会出现的问题以及提出应对的方法。维纳的警告在许多方面由于现在得到了印证而令人钦佩。

在这本书中，维纳并没有提到控制论的所有重点，而是集中在"通信"上。其哲学基础是偶然性的宇宙观。从历史上看，牛顿以来的宇宙观是必然性、规律性、确定性的。尽管研究确定性的数学——微积分与研究不确定的数学——概率论差不多同时在 17 世纪出现，但后者始终没有进入主流，即使到了 19 世纪，人们对美国物理学家吉布斯（Josiah Willard Gibbs）的统计力学也不甚明白。这些一直到 20 世纪才有所改观，其中维纳的贡献非常重要。

维纳在书中多次提到美籍匈牙利数学家冯·诺依曼（John von Neumann）和他的计算机理论、博弈论。例如，他把资本主义市场看成 N 人博弈，指出它不是稳态过程，而是变化不定、动荡无常的过程，这其中充满信息的传播问题。

对法律问题的见解，维纳更有独到之处。他说："法律问题可以看成通信问题和控制论问题，这也就是说，法律问题就是对若干危险情况进行秩序的和可重复的控制。"它设法把对方的陈述变成没有意义的东西，并且有意识地把对方和审判官之间的消息堵塞起来，其间必定产生隐瞒及欺骗。实际上，现在所实行的法律最大的矛盾在于，"法律想说的话与法律所考虑的实际情况之间缺乏令人满意的语义方面的一致"。一旦出现不一致性，法律也就变成没有共识的一纸空文。这样，法律在双重标准或多重标准下实施，有人钻空子，有人得益，有人倒霉。作为大科学家，维纳深知语言对于科学的重要，他多次指出语言的混乱会给社会造成极大的困扰和问题，而且有些地方已经把语言变成一种斗争的艺术。

法律可以定义为对于通信和通信形式之一即语言的道德控制，法律以所谓正义得以伸张、争端得以避免或至少得以仲裁这样的方式来调节各个人行为之间的"耦合"过程。因此，法律的理论和实践包括两类问题：一类是关于法律的一般目的即关于正义的概念等问题；一类是使这些正义概念得以生效的技术问题。维纳对法律问题的研究给现在的法律研究者提供了新的思路。诉讼案件的判决取决于两个方面，一是事实的认定，一是法律的适用。但法官与当事人之间的信息传播处于矛盾中：一方当事人要保证其与审判官之间消息顺畅，同时要使对方当事人与审判官之间的消息堵塞起来。

维纳对控制论的研究给现在的科学家很多的思考，"信息时代之父"这一称号他当之无愧。读《人有人的用处》这本书也给了我很多的启发，但我从这本书中所学到的只不过是维纳控制论思想的皮毛而已，更多的理论正等着我们去不断地学习。

可爱的异类

黄雅靖

维纳在《人有人的用处》一书中强调了"消息和通讯"在机器社会中的重要地位。了解维纳对信息的观点是了解他对机器与人的关系的看法的前提。

他强调信息的作用，认为有效地生活就是"拥有足够的信息来生活"。"信息就是我们对外界进行调节并使我们的调节为外界所了解而与外界交换来的东西。接受信息和使用信息的过程就是我们对外界环境中的种种偶然性进行调节并在该环境中有效地生活着的过程。"

他认为，人类是一群增熵（熵，信息的自然冗余、信息的丢失、噪声、误差或失真。通过信息的交流，获得"负熵"，消除无序，这是一个系统的信息组织水平的度量标准）的有机体。世界是增熵的过程，而人类通过语言和技术努力降低熵，以更好地生活。"我们用来控制我们环境的命令都是我们给予环境的信息。这些命令，和任何形式的信息一样，要在运输的过程中解体。他们一般是以不太清晰的形式到达的，当然不会比它们发送出来的时候更加清晰。在控制和通讯中，我们一定要和组织性降低与含义受损的自然趋势作斗争，亦即要和吉布斯所讲的增熵趋势作斗争。"

控制论是研究动物（包括人类）、自动机器和有机体的控制和通讯的理论，将二者之中的某些控制机制加以类比，从而抓住一切通讯和控制系统所共有的特点进行概括。这个共同的特点就是信息变换过程。维纳提出了机器独立于人类的可能。从维纳的学术经历来看，称他是理工科的天才也不为过。在强烈的逻辑思维指导下，他认为机器能够取代人，因为机器和人之间存在相似性。

他也强调了人的天赋优异性，表达了反对工业化过程中人类机械化的趋势，强调人有人的用处，即每个人都应该发挥自己特有的天赋。"在蚂蚁社会中，每个成员都执行着各自特定的职能……如果采用这种社会作为人类社会的模式，那我们就会生活在法西斯的国家中。""多样性和可能性乃是人的感官所固有的特性。"

虽然维纳承认人类和动物的不同，但是我并不能认同维纳关于机器可以独立于人类的观点。机器无法取代人类。维纳说："从理论上说，如果我们能够造出一部机器，其机械机构就是人的生理结构的复制，那我们就可以有一部机器，其职能就是人的智能的复制。"但是至少到目前为止，在维纳 1964 年去世后的 50 年中，人类无法创造出与人类生理结构一样的机器。

机器无法对所有环境做出应对，只能依据人类对它的设定而对某些环境做出反应。人比其他生物优越之处就在于他具有生理上的因而也具有智力上的装备，使得它能够适应环境中的重大变化。人种之所以是强有力的，只是因为人具有天赋的适应环境的学习能力，而这种可能性则是它的生理结构所提供的。机器无法取代人类的最终原因，还是由于人的生理结构带来的可能性。人是有机体，而机器再高级也是人创造的无机体。

总而言之，人类的多样性和可能性是人的结构本身所特有的东西，是其他动物和机器都无法拥有的，这也是"理解人的壮丽飞跃的关键所在"。人类应该勇敢地成为自然界和物质社会中的独一无二的异类，不被物质束缚，每个人都充分展开自己的可能性。

通信与反熵

马嘉璐

维纳是一位在数理多个领域都有卓越建树的科学家。1948 年，他提出了控制论的学说，为传播学研究提供了一个新的视角。维纳使用的"控制论"一词来自希腊文，原意为"掌舵者"，指的是有机体和机械中的通信与控制理论。他的控制论有着坚实的数学和物理等跨学科的理论基础。《人有人的用处》一书发表于 1950 年，运用控制论对各种社会传播问题进行了论证。

现代物理、化学从生物的分子层次来解释生命现象和心理现象，维纳认为这是远远不够的，需要一套新的概念，包括信息、通信、控制和反馈，来进一步加以阐释。控制论不同于机械论精确研究事物局部，而是着眼于事物的整体，揭示其模式。

"熵"是控制论中的一个重要的概念。在"一个偶然性的宇宙观念"一章中，维纳从物理学家吉布斯的"偶然性"宇宙观出发，讨论了"熵"的概念。与经典物理学所描述的严密地组织起来的，具有必然性、规律性和组织性的宇宙不同，吉布斯运用统计学分析的工具，提出了一个明确考察事件不确定性和偶然性的科学方法。这种偶然性的宇宙观就是维纳控制论学说的哲学基础。

孤立系统的熵增加，世界趋于混乱；要维持秩序和稳态，关键在于消息的进入。维纳提出用通信作为一种反熵的手段，并以此来研究社会。

理论上通信可以导致定型维持稳态，但噪声又会导致失控。因此，在《人有人的用处》一书中，维纳将重点集中在控制论中的"通信"上，主要阐明"我们只能通过消息的研究和社会通信设备的研究来理解社会，阐明在这些消息和通信设备的未来发展中，人与机器之间、机器与人之间以及机器与机器之间的消息，势必要在社会中占据日益重要的地位"。

控制论的目的就在于发展语言和种种技术，使我们能够真正地解决控制和通信的一般问题。通信的效率越高，反熵的效率就越高。消息本身作为模式和组织的一种形式，它所具有的信息本质上可以解释作该消息的负熵。也就是说，越是含熵的消息，提供的信息就越少。

在神经生理学的基础上，维纳把机械同生命有机体放在同一个概念体系下来考虑，作为局部反熵过程的例证。他认为机器和生命体一样是一种装置，是局部地和暂时地抗拒着熵增加的总趋势的。由于这种暂时和局部的对增熵的抗拒，有人能够断言进步的存在；但处于一个混乱增加秩序减少的世界，对于进步和增熵的斗争，维纳抱有一种悲观的态度。

正如书名所言，维纳将他的控制论与社会结合起来，为研究社会提供了一个全新的观点和角度，警示了将来会出现的问题以及提出应对的方法。这与他所处的时代背景不无关系：当时正是美苏冷战开始的时期，维纳以控制论为武器，批判了美国资本主义和军事工业体制，显示他个人的反抗。技术的进步使机器迅速而大范围地取代了人类活动，社会进入了一个永无终止的发现新技术以控制人类环境的时期，人类将自己变为了技术改进的奴隶。依赖机械的技术缩小了差异，使人们变得趋同，增大了增熵的趋势。这种"进步"，给未来带来了新的可能，更带来了新的限制。因此维纳在书中说："进步自身和我们反对增熵的斗争都似乎一定要以我们正在力图避免的毁灭道路为结局。"

不过维纳并没有完全放弃希望。"通信力量则要机巧地胜过堵塞通信的力量所制定的任何策略。"他在《人有人的用处》中阐释了用通信来反熵的观点，对我们进入技术日益发展的时代和信息时代，具有借鉴意义。

丹尼斯、梅里尔：《媒介论争：数字时代的重大问题》

　　《媒介论争：数字时代的重大问题》这本书，我在 1994 年就看到了其 1991 年第一版，当时论争的问题还是 16 个，抱着字典一个词一个词查阅，大体看懂。通过论争的方式讲述新闻传播的基本理论和热点问题，可以鼓励学生思考，所以一直作为必读书向学生推荐。现在我国流通的中文版是该书 2002 年第三版的译本，原标题为 *Media Debates：Great Issues for the Digital Age*，其中"数字时代"这个重要的时代背景，2004 年广播学院出版社出版时从标题上给弄没了，变成《媒介论争：19 个重大问题的正反方辩论》。现在，这本书已经有了英文第四版，论争的问题增加到 20 个。这本书并不深奥，两位作者分别扮作对立的双方，阐述同一个问题，各方都有一定的道理，但也有一定的偏颇。通过让读者辨别的方式呈现，在新闻传播学教育方式上是一种创新。果然，中国人民大学新闻学院的本科生们阅读后，留下了较深的印象。

有意思的观点冲突

刘志铮

《媒介论争：数字时代的重大问题》这本书带给我最直观的印象就是观点的冲突，不同于硝烟弥漫的战场，冲突来源于对同一问题的思想碰撞，没有火花四溅，是平和的，持对立观点的双方都只是亮明自己的观点并竭力找出证据而已。

打开视野，避免褊狭。对读者来说，当不同观点同时呈现在眼前，每一种观点都有充分理由支持的时候，读者是迷茫的，但在迷茫之后，视野却打开了。执拗于一种认识而对另一种认识一无所知，会造成褊狭。或许这本书最大的好处就是避免褊狭。书中列出了 19 个重大问题，每一个问题都没有盖棺定论，即辩论后没有胜负之分，每一种观点都没有绝对的对错，支持或是反对哪种观点都交由读者判断，当然读者也可以选择中立。这样的设计无疑给了读者充分的选择权和思考空间。它打开的不是一扇窗，而是一片天空，天空中飘着瑰丽的色彩，正是来源于观点的冲突。

理论研究，意义深远。若是为了获得新闻业务方面立竿见影的效果而读者本书，那么读者一定会失望了。书店、图书馆有许多教人如何采访、如何写作新闻的书，都比这本《媒介论争》有用多了。我一开始读这本书，就觉得是"废书"，翻译的句子之长令我感到枯燥。读了两三章后，果断放弃。直到有段时间网络上谣言盛行，我偶然打开这本书看到第四章"媒体和公众责任"，才重燃兴趣，读了下去，并一口气读完。我发觉现在的媒体处在一个极其尴尬的位置，它到底是为谁工作、为谁服务，它有没有自身的利益，它自身的利益多大程度上又会影响它所报道的内容？特别是当前，它在社会生活中究竟扮演什么样的角色，起到什么样的作用？这些问题在每一篇具体报道中或许无法回答，但这些问题对新闻传播行业整体的未来发展而言，却意义重大。

思维拓展，讨论题目。作为一个刚刚接触新闻传播理论的初学者，我读完这本书后的最大的收获是：这本书将各种观点梳理出来，呈现一个框架，让初学者明白哪些问题是研究者们关注的，关于这些问题有哪些主要的观点。可惜的是，每一章涉及一个话题，问题重大，篇幅有限。尽管作者阐述每一个观点时都举了大量案例材料支撑，但与其探讨的问题相比，仍显得远远不足，以至于阅读过程中我常常有种浮光掠影的感觉，所有的问题都只是点到为止，没有深入。这时，每章后面的讨论和研究题目提供了思维拓展的空间。似乎前面在挑战回应中提到的观点都只是抛砖引玉，前面提出的观点只是一个线索，举出的例证只是研究材料的一部分，更广阔的内容等待读者顺着线索继续发掘。

读完这本书，我仍然谈不上有多喜欢理论研究，但至少没有那么排斥了。因为我发现，理论不是人们想象的那么枯燥，里面有许多观点，甚至常常是相互对立并存着的。对立却能同时存在，这本身不是一件很奇妙的事情吗？所以，抛开那些别扭的长句，读完这本书后，我的确深感受益匪浅。

关于新闻客观性论争的启示

张婧

　　《媒介论争：数字时代的重大问题》这本书是美国新闻传媒领域两位最负盛名的媒体学者、媒体分析家埃弗利特·丹尼斯（Everette Dennis）和约翰·梅里尔（John Merrill）之间对话、辩论的产物。内容涉及新闻和出版自由、媒体与政府的关系、知情权、新闻的客观性、媒体偏见和政治倾向、新闻道德、全球性与媒体、宽带革命等与新闻传媒领域紧密相关的 19 个重要而有争议的论题，"乃是未来我们将身处其中的媒体趋势发展的宏大画面中的一部分"。

　　书中某个观点的对错不那么重要，重要的是这些问题的提出。而我们需要做的，则是过滤大量的事实，得出自己的一些想法和思考。他们所讨论的问题中，我最感兴趣的是新闻的客观性这一论题。因为它提供了关于"新闻客观性能否实现"的两种不同意见。

　　梅里尔在书中的观点是："新闻的客观性是无法实现的。"在他看来，"从头到脚，新闻业都是主观的事业"，受记者本身个人条件（价值、成见、揭示、新闻判断等）和新闻本身属性的限制，客观性也许是一个崇高的目标，但在新闻领域无法实现。丹尼斯则认为，"新闻的客观性是可以实现的"。他对客观性的定义是："客观性仅仅是一种表述信息的方式方法。"

　　其实，他们所持的观点本质上并无多大差异，梅里尔将"客观性"作为一种理念，而理念必然是一种理想化的、可望但不可即的标准。而丹尼斯的定义则更多的是从操作层面上对"客观性"作出的解释，是客观性这一理念在写作、编辑中的具体贯彻。

　　"客观性能否实现"一直是学界争论不休的一个问题，尽管客观性这个概念并非完美，但迄今为止并没有另外一个理想的概念可以成功替换客观性的理念。新闻从业者能够做的，便是"学会相信自己、相信同事、相信世界、包容世界，但同时又要怀疑自己、怀疑同事、怀疑世界的表现，不迷失于世界。而这需要在个人和机构两方面都包容不确定性，承受风险，一心求真"（迈克尔·舒德森《发掘新闻》）。在当今的新闻界，我们需要这样一个理想来引导方向，我们需要这样一个概念来规范行为。在这个意义上来说，客观性这个概念是必要的，正如陈力丹所言："客观性是你想摆脱但又摆脱不掉的影子。"（《新闻理论十讲》）

然而作为批判，梅里尔在文中的一些观点很值得我们思考。他在文中引用的语义学家早川（S. I. Hayakawa）的一句话我觉得很妙："地图不是领土"，换句话说，新闻报道从来不是事实本身，事实总是比字面所描述的广阔得多。记者在他对事实和调查的每一个关键时期不得不做的价值判断一定会反映他已有的价值观。事实的实在性规定和制约了新闻的客观性，但完全由事实堆砌的纯之又纯的、绝对不含任何倾向的新闻是不存在的。特别在一些具有争议性质的事件上，不同国家或地区不同的新闻媒介的报道角度、报道方式和报道内容都不尽相同。而这些不同都在一定程度上体现了媒体的倾向性。这是由于每个国家和地区的社会制度、价值取向、民族传统、生活习惯等背景不同，记者受本国背景和观念的综合影响，无不从特定的审视角度、特有的价值观念来观察事实及作出报道。另一位学者麦克·唐纳德谈到过，记者"在他对事实的调查和解释的每一个关键时期不得不做的价值判断一定会反映他已有的价值观。而且，这些价值观来源于他的个人经历，是他的教育、宗教经验、童年时期、家庭生活、社会和经济背景、友谊和伙伴关系、国家和文化联系以及他的情感生活和体验，还有他的理性的结果"。

客观性这一理念的悖论特征，使得它在实践层面上也颇有争议，即便满足了基本的客观性操作要求，也只是在常识层面上合乎理性，仍然可能会获得各种"不客观"的指摘。我们的新闻报道就是在这样的悖论中存在和发展的。

做思想上的"仁者"和"智者"

李莹莹

在我大二的时候，曾向同学借来《媒介论争：19 个重大问题的正反方辩论》这本书，当时我很不耐心地匆匆翻看了一下，只是觉得这本书很学术，而且枯燥，不过就是两位学者唇枪舌剑的舞台罢了。时至今日，我带着新闻与传播的观念，重新阅读了一遍，发现这是一本相当好的著作，特别对于认识新闻传播学的基本问题，是极佳的必读书目。

俗话说："仁者见仁，智者见智。"这只是我看完这本书的体会。对同一个问题，不同的人从不同的立场或角度去看，就会有不同的看法。书中两位作者针对 19 个问题进行了正反方的辩论，正是因为他们各自扮演了仁者和智者的角色，尽管作者并不一定持他写下的文字的立场，但他们始终提供了不同角度的看法。

比如这本书开篇第一个问题是"新闻和出版自由是不是一个已基本解决（已成定论）的话题"。丹尼斯认为这个问题并非一个已经得到解决的问题，而梅里尔则持相反观点。丹尼斯从自由是绝对的的角度出发，认为美国新闻界不存在新闻与出版自由，它只是作为一个高尚的社会目标存在于人们的头脑中。丹尼斯还通过大量列举实例来证明媒体的自由是如何被受限制的，告诉我们社会中存在许多力量和因素在影响媒体表现中扮演重要角色，它们制约、控制、减慢甚或抹杀自由之声。梅里尔则认为自由是相对的、不完全的，并指出美国新闻与出版自由的核心精神在于编辑自主权，美国媒体之所以能够被认为是自由的，就在于它拥有编辑自主权，在于新闻事业内部几近完全的自治，这是一种得到宪法第一修正案允许的社会意义上有节制的适度的自由，因此可以说新闻与出版自由在美国已经实现了。

再比如，双方在辩论宽带革命问题上所持的观点更为鲜明，矛盾更是对立。丹尼斯在肯定了宽带革命带来的所谓的小小的益处的同时，更多的是对宽带革命发出批评之声。他认为宽带革命污染、腐蚀了媒体和媒体内容，表现在对传统媒体的冲击，新闻内容的娱乐化、眼球化，还导致了数字鸿沟的出现等，这些都是从宽带革命的消极作用方面思考的。而梅里尔认为宽带革命促进了个人传播，对媒体和媒体内容有益。他看到的则是积极的一面，并且用思辨的语言和事实论证了自己的观点。

这本书所探讨的问题，对于没有深厚理论积淀的我而言，我不敢轻易表态支持哪一方，两位学者的观点我都很欣赏。因为在媒介研究领域，几乎没有一成不变的观点，几乎没有什么规则在任何情况下是永远正确或错误的。观点不同只是因他们看问题的角度不同罢了。

所以读完这本书，我的感受就是在媒介学术研究领域，媒体人一定要做思想上的"仁者"和"智者"，即要有多元化的思考方式。对于同一个问题，多维度、多方面地分析，只有这样才能全面认识并解决问题。思想上的多元化，可以促成伟大理论的诞生，该书的两位作者思想上的交锋，为我们带来了精神食粮。正如两位作者所言，传播和媒介研究领域并不像有些人想象的那么简单，相反，它是多方面的、多维度的。因此，要想在媒介研究领域有所建树，先要成为思想上的"仁者"和"智者"。

图书在版编目（CIP）数据

陈力丹带你读新闻传播学经典/陈力丹主编. —北京：中国人民大学出版社，2016.7
ISBN 978-7-300-23055-9

I. ①陈… Ⅱ. ①陈… Ⅲ. ①新闻学-传播学 Ⅳ. ①G210

中国版本图书馆 CIP 数据核字（2016）第 145785 号

陈力丹带你读新闻传播学经典

陈力丹　主编

Chen Lidan Daini Du Xinwen Chuanboxue Jingdian

出版发行	中国人民大学出版社			
社　　址	北京中关村大街 31 号		**邮政编码**	100080
电　　话	010 - 62511242（总编室）		010 - 62511770（质管部）	
	010 - 82501766（邮购部）		010 - 62514148（门市部）	
	010 - 62515195（发行公司）		010 - 62515275（盗版举报）	
网　　址	http://www.crup.com.cn			
经　　销	新华书店			
印　　刷	唐山玺诚印务有限公司			
规　　格	170 mm×240 mm　16 开本		**版　　次**	2016 年 8 月第 1 版
印　　张	22 插页 2		**印　　次**	2023 年 8 月第 4 次印刷
字　　数	296 000		**定　　价**	59.80 元

版权所有　侵权必究　印装差错　负责调换